企业家来信

我们的信念决定了我们所走的路

张小平 等◎编著

ZHEJIANG UNIVERSITY PRESS
浙江大学出版社

序

　　《左传》有云:太上有立德,其次有立功,其次有立言,虽久不废,此之谓不朽。这话的意思是:人生最高的境界是确立高尚的品德,实现道德理想,其次是建功立业,再次是"立言",让自己成为一个思想者,著书立说。这三者是人生不朽的表现。

　　就现实情况而言,在中国有相当一些商人仅满足于"立功","立言"是不敢的,至于"立德"更不在自己的人生修炼范围。我们身处的时代最不缺乏的便是满腔的愤怒和谩骂,知识分子都无法抚平这个世界诸多的不平,那些负责赚钱的商人又何须多说?

　　因此,我们要感谢本书中出场的这些企业家们,感谢他们让我们知道人世间还有"圣杰"在,还有努力追求"立德"、"立言"的人在。他们在成功的道路上并没有忘记和他们一起共患难的朋友、员工、家人,没有忘记反思自己,没有忘记自己的使命和责任。他们大声疾呼,把他们对商业与社会最真实、最细微的体悟一一道尽,说出他们身为企业领导人、儿女、父母、学子、政经镜像透射者以及社会创新分子的心声。

　　在管理手段多样化、信息碎片化的今天,人际关系渐趋冷漠,他们似乎厌倦了激情四射的演讲,厌倦了面对面的访谈,厌倦了镜头前一个个不能展现真实世界的自己。因此,他们更愿意通过书信或电子邮件等"无声的语言"与这个世界对话。而书信的凝练、准确、简捷、有效、人性化的优势十分明显,比开会、演讲、发布会、一对一面谈更真诚而实用,它不仅是企业对内对外最有效的沟通工具,而且也是最先进的管理方式之一。

这是一种柔性管理方式,代表了最前沿的"文化治企"理念。传统的管理理念通常建立在"理性人"的假设之上,这些物质激励和刚性约束的"硬文化"已经不能适应现代企业的管理了,"软因素"已经被很多企业管理者发现。他们知道,如果想要提高企业的管理水平,必须加强企业文化建设。所以,在本书选取的这些书信的很多方面都透露出企业家们柔性管理的技巧,包括"危机管理"、"团队建设"、"社会责任"、"人生感悟"、"文化传承"等。

人的价值高于物的价值,精神管理重于物质管理,这便是本书的精神内核所在。作为全球最富创造力与生产力的一个群体,尤其在当下,这些知名企业家的见解完全可被视作这个社会最具有洞察力、最透彻、最深远的声音之一。由此,作为承载思想价值体的信件可谓是一种无形的财富,它们为我们展示了这些企业家们在人性、亲情、管理、使命等方面的精神世界,是一部《沉思录》,更是一部《呐喊》、一部给人心底带来宁静的《瓦尔登湖》……

我们认为这些中国商业界的言论和书信文本需要分享,需要传承。然而如果只有主干的树未免显得突兀、嶙峋,所以,那些留存并传述企业家言论的商业财经领域内知名的专家学者和意见领袖的回信就显得格外重要了,这是商业土壤必需的养料,也是大树得以枝繁叶茂的生命力。

同样,为了让你我都能瞧见一个有血有肉的企业家,在编选这些书信的时候我们特地收编了一些能触动你我心灵、让我们落泪的企业家信件,它们就是我们的"人生感怀"部分。同样,为了能更加真实地展现企业家的人生,我们还精心选取了那些处于"走出低谷"的企业家,他们大多有过破产、落魄,甚至是锒铛入狱的经历,尽管他们饱受争议,但是他们没有放弃精神世界的追求。他们不断反思着自己,试图在精神世界找到自己的归宿。

最后，我们想要说的是，一个不能窥见自己内心世界，无法了解自己的人是无法知晓这个世界的，更别说获得他人的理解。这也是我们编写此书的目的，是想让我们每个人都能透过这一封封流露出企业家真实内心写照的信件瞧见自己的内心世界，和自己对话，和世界对话，和我们身边的每一个朋友、亲人、同事、同学、员工对话。

商业观察家、新唐智库创始人

张小平

目录

一 危机管理 1

企业家来信 1　马云：淘宝是大家的淘宝　3

　　曹虎点评：大象与蚂蚁

企业家来信 2　任正非：要快乐地度过充满困难的一生　12

　　师永刚点评：华为不是炼狱

企业家来信 3　牛根生：中国乳业的罪罚救治

　　　　　　　致中国企业家俱乐部理事及长江商学院同学的一封信　22

　　李翔点评：牛根生与中国商业之劫

企业家来信 4　宗庆后：致法国达能集团公开信　44

　　侯杰点评：愚蠢的达能，遗憾的宗庆后

二 团队建设 59

企业家来信 5　任正非：给新员工的信　61

　　陈雪频点评：要创造价值，先明确价值观

企业家来信 6　任正非：一江春水向东流　71

杨曦沦点评:华为,在自我更新中进化

企业家来信 7　柳传志:给杨元庆的一封信　83

左志坚点评:企业交接班是一场大考

企业家来信 8　柳传志:卸任讲话　92

苏小和点评:柳传志能走多远?

三　社会责任　103

企业家来信 9　潘石屹:我不赞成区分穷人区和富人区

给任志强的一封信　105

张守刚点评:正在加深的裂痕

企业家来信 10　陈光标:致比尔·盖茨和巴菲特　116

邱恒明点评:财富与道义

企业家来信 11　宁高宁:小国家大公司　124

王永点评:今天你骑车了吗?

——从"丹麦模式"的低碳生活说起

企业家来信 12　王健林:做一个真正的社会企业家　134

师丽丹点评:以公益之名搭建新型政商关系

四　人生感悟　145

企业家来信 13　潘石屹:写给妈妈周年的信　147

崔军点评:孝心无价

企业家来信 14　任正非:我的父亲母亲　155

朱雪尘点评:生命的意义

五　文化传承　173

企业家来信⑮　马化腾：打开未来之门　175

　　刘兴亮点评：看清症结，打通企业未来发展的经络

企业家来信⑯　俞敏洪：价值回归，拥抱明天　183

　　陈秋平点评：一次对爱心、责任和价值的拷问

企业家来信⑰　李彦宏：伟大源自平等成就每一个人　192

　　罗西点评："放之四海而皆准"的李彦宏

企业家来信⑱　李东生：鹰的重生　209

　　陈润点评：重生就是一种改革精神

六　人生低谷　219

企业家来信⑲　黄光裕：我的道歉和感谢　221

　　张小平点评：黄光裕的忏悔

企业家来信⑳　牟其中：狱中书简　230

　　罗天昊点评：雄才误人

企业家来信㉑　黄宏生：快乐的意义　244

　　韦三水点评：心灵的救赎之路

01

一　危机管理

马云：淘宝是大家的淘宝

【信件原文】

全体淘宝亲们：

　　大家下午好！首先我代表阿里巴巴及淘宝公司所有员工向大家表示衷心的感谢。感谢大家九年来对淘宝及我马云本人自始至终的信任和大力支持，感谢你们把淘宝培养成了中国最好最强最受欢迎的网络商业零售圈。没有你们，就没有淘宝的成长和发展；没有你们，就没有梦想的实现。

　　众所周知，淘宝的起步，是跟我们广大中小卖家的鼎力支持和辛勤劳动分不开的。在淘宝最困难的时候，是你们用热血、辛劳、汗水，一步步和它走过来的。淘宝是我们大家的淘宝，它不属于马云一个人！

　　九年的朝夕相处，九年的患难与共，淘宝始终和中小卖家及其他卖家一起，融洽共处、互利互惠。然而，最近，因为淘宝的一些变革，导致我们与我们的卖家客户间发生了一些不愉快的事情；也因为某些措施的欠明确性解释和一些部门的不妥善安排，导致我们虽然无意却终究对一些中小卖家造成了情感的伤害，这对我本人来说，是很痛惜的；同时我也为自己负有不可推卸的责任郑重地向你们道歉，马云在这里真诚地希望得到大家的支持。

今天，借此机会，我也很愿意诚恳细致地跟大家分享我们当初想整顿淘宝的目的与思路。

有目共睹，淘宝在经过最初的艰辛后，慢慢壮大了，现在已经成了中国网络零售最好的电子商务平台。但是，发展到现在，它也正在经历着阵痛。淘宝网上，每天的流量很大，成交量与交易额也很大。基于此，很多大卖家也会利用手中的资金优势和其他资源，吸引更多集市（相对于淘宝商城而言的全免费淘宝C店）的人流量去自己的商城。这对处于同一个平台的我们的集市卖家，是很不利也很不公平的。所以，我们需要把这两种方式分开来，把商城独立出去，"路归路，桥归桥"，以便让买家"想去集市的去集市，想去商城的去商城"，把淘宝商城分离出去就是为了保护更多的中小卖家，这样的分流不论是对我们淘宝集市的卖家还是对商城卖家，都是更加有利的。

并且，我们将通过拆分出的一淘网，利用商品搜索功能把更多的客流引到淘宝上来，包括商城和集市。这才是淘宝的大概念，也可以说是大淘宝的概念。这样，我们将会增加更多的新客户，增加更大的人流量与点击率。我们的新客户将从其他的购物网站来，这对我们整个淘宝卖家都是一件大好事。所以，我们需要团结，需要共同做好这件事情。我要说，时至今日，淘宝仍然需要众多中小卖家的支持，而不是各自为战，否则最后的结果是，我们都会走向失败。

现在，很多人还看不到这一点，看不到我们的大淘宝概念，看不到我们会有如此众多的新客户，但是我想，通过时间的证明，将会有越来越多的人看到这一点、体会这一点，以致最终受益于这一点！

对于这次某网络语音平台上的一些中小卖家聚集痛陈淘宝变革的事件，我谨对你们中一些真正卖家的难处表示理解，也感谢你们让我看到了淘宝还有很多的不足和缺点。我们欢迎真正休戚与共、客观中肯的意见，我们将在你们的建议下改掉不足,继续前行;我们也坚决反对一些非卖家中的无事生非者、居心叵测者,我们决不能姑息这种行为,电子商务平台的净土不能因你们而遭到破坏。

针对有人提出"大商城卖家不一定不卖假货"的言论,我的回复是,真有这种以假乱真、为攫取巨额利润而不择手段的卖家,无论他是大卖家,还是超级大卖家,我们都不能姑息养奸。淘宝是大家的淘宝,不是某一个大卖家的淘宝!

针对变革,我还听到了另外一种言论,就是说我马云为了赚取更多的利润,为了圈钱,所以才肆意提高价格,驱赶昔日的中小卖家脱离商城。我想请大家算一笔账。如果淘宝不进行这次改革,让它恣意散漫发展,只需要从上淘宝的卖家中抽取3%的佣金,每年淘宝销售额是1万亿元,进入淘宝的收益将是300亿元,和几十亿元的押金比较起来,您觉得,是实在地拿到300亿元划算,还是拿到60亿元的押金每年返还划算呢? 亲们:这个账您懂的。这次变革的目标不是要排挤中小商家,而是要真正地提高门槛,从罚款上消除假冒伪劣产品。

任何时候,承受压力对我来说都不是一件很困难的事情。我曾经说过,"弃鲸鱼而抓虾米,放弃那15%大企业,只做85%中小企业的生意";我也说过要做一个有良心、有责任的企业。我要跟你们说,我们今天做的、变革的,不是对我曾经说过的进行否定,恰恰相反,我们仍然并且始终如一在这么做。马云还是以前的马云、昨天的马云,他并没有变;明天的马云,还是会像昨天一样大步向前。

而对于直通车的策略,我们也将举行听证会,听取大家的意见,希望您也积极参与进来。不合理的收费我们一定会将其剔除!

全体淘宝卖家尤其是中小卖家们,任何一次的变革,都是带有创伤的。我希望我前两天公布的那些措施能够带给你们慰藉。那不是被有些人称作的

"马云的妥协"，因为淘宝和你们从来都不是你死我活的阶级敌人，而是息息相关的战友！不要被那些不相关的舆论或者其他购物网站的人员所误导。

最后，我呼吁你们更多地支持淘宝的变革，并再次感谢你们一如既往的支持和信任。谨祝你们生意兴隆、万事如意！

马　云

2011 年 10 月 20 日

【背景回顾】

淘宝网如马云本人一样，初时籍籍无名，却迅速崛起于草莽之间，以每年超过 100% 的速度飞速增长，突破 eBay 易趣的封堵，突围而出。从 2003 年 5 月淘宝网面市，到 2008 年年底，淘宝的交易额已经达到 999.6 亿元，而当时整个网络市场购物规模在 1300 亿元人民币左右。淘宝占据了整个传统 C2C 市场超过 80% 的市场份额。

淘宝金光闪闪的军功章后面，站着成千上万的卖家们。淘宝网最初采用免费的政策，吸引了大量的草根创业者，使他们基本上不用花什么钱就能开一个不错的网店，店家们赚到了钱，而淘宝平台迅速积累起了人气。

淘宝长大了，自然不想永远为卖家们提供"免费的午餐"，于是酝酿收费政策，但尝到了甜头的店主们并不买账。2006 年，淘宝的"招财进宝"就曾闹出了"罢市危机"，逼得马云亲自出面道歉。

而 2011 年 10 月 10 日淘宝商城发布的提高年费和保证金的新规，则引发了更大的反弹，"反淘宝联盟"一度集结了 5 万人，数千中小卖家通过恶意购买等方式攻击了一些无辜的商城大卖家，以此表达他们的诉求。

为了解决与中小商户之间的争端，淘宝 17 日调整新规，向淘宝商城追加投资 18 亿元，同时还宣布五项扶持措施。18 日，"反淘宝联盟"停止攻击。20

日,被悲伤、愤怒、困惑、委屈所缠绕着的、心力交瘁的马云发表了这封公开信。

【信件解读】

【感情公关】:回顾淘宝成长历程,拉近与卖家的距离

马云在信中感情真挚地回顾了淘宝的成长历程,肯定了中小卖家对淘宝的贡献和支持,这也是无法抹杀的客观事实。淘宝依靠 C2C 模式起家,用免费的政策吸引了众多的中小卖家,成为创业者的乐园,许多中小卖家体会到了从无到有的创业乐趣。淘宝也依靠着这些草根创业者建立起了一个庞大的"地摊市场",淘宝一度成为"便宜"的代名词,吸引了无数流量,这也成为淘宝起家的撒手铜。

可以说,淘宝的发展过程中,很长一段时间里跟中小卖家的关系是水乳交融的,淘宝提供"免费的午餐",卖家们聚拢人气和流量,这个"蜜月期"是不短的。用马云的话说是:"九年的朝夕相处,九年的患难与共,……融洽共处、互利互惠",饱含深情和肯定。

马云在信中还对新规给中小卖家带来的伤害作了诚恳的道歉,以化解中小卖家的抵触、抱怨和对抗的情绪,把中小卖家的"敌我矛盾"转化到"人民内部矛盾"的轨道上来。马云是一个具有"侠义"情结的人,他是纵横商海江湖、特立独行的大侠,此次事件作出这样的低姿态,不知道内心里是否盛满了"忍"字,是否把血和泪往下吞。

淘宝的发展,中小卖家是出了力的,马云并没有忘记,所以他说淘宝是大家的淘宝,它不属于自己一个人。然而,中小卖家的利益跟淘宝的利益毕竟不是完全一致的,本质上是两条线、两颗心,如何才能更好地赢得卖家的认同,化解他们的疑虑呢?

【理性沟通】:耐心交流,传达自己的战略意图

尽管在感情上来讲,马云肯定和赞扬了中小卖家对淘宝的贡献。然而,要真正让他们理解自己的战略意图还需要理性的沟通和耐心的交流。

另外,那些中小卖家多非正规军,可以说是良莠不齐,很难监管。这就导致淘宝上的商品质量很难得到保障,此前许多媒体报道的假货、水货事件,让淘宝网的声誉和信用严重受损,马云本人为此也很委屈。当然,这些原因大家彼此心照不宣。

淘宝作为阿里巴巴集团旗下很重要的一个部分,一直不赚钱,只给中小卖家提供"免费的午餐"。九年中,淘宝与商家与其说是企业与消费者的关系,不如说是盟军和伙伴的关系,他们彼此成就。然而,长久地不见效益似乎也不是一个企业能够承受的事情。婚姻尚且存在七年之痒,淘宝九年才出此新规,已属难能可贵。

eBay和亚马逊的发展历程很明显地说明,依靠中小卖家发展起来的C2C平台,发展后劲严重不足。再考虑到假货和水货的存在会导致较大的法律和道德风险,淘宝才决定实施大淘宝战略,分出淘宝商城这一B2C平台,把大卖家区别开来。

而将大卖家分流到淘宝商城,不仅可以规范他们的经营活动,使商城成为一个真正的企业化经营的B2C平台,还可以避免大家在淘宝网混战。中小卖家跟大卖家在同样的环境里竞争,很明显是处于弱势的,这样也保护了中小卖家,绝不是为了把他们踢出局。"我们希望实现让愿意付费的人付费、不愿付费的人永远免费的理想模式",这是马云的理想。

【重申立场】:做一个有责任的企业,对捣乱分子决不姑息

时至今日,淘宝真的已不是某个人的淘宝,淘宝平台已经具有了很强的社会性质,还影响了许多相关产业,比如物流行业。如今淘宝的一举一动都可能会影响到几十万甚至几百万人的生计,具有很大的社会效应。

最早的时候,马云称要一天盈利100万元,之后就变成了一天纳税100万元,而现在其开始说要创造100万个就业机会,这三个100万的变化,正描绘出马云在责任之路上前行的轨迹。如今马云重申,自己仍然坚持要做一个有责任的企业。

马云在信中解释,淘宝不是为了圈钱,自己提高价格绝不是有收集现金的爱好,并耐心地给"亲们"算了一笔账,用直观的数据强有力地论证了自己的观点。他指出,提高收费只不过是为了打击水货、假货,厘清电子商务环境。

与其说淘宝新规是一种商业行为,不如说是一种对电商行业价值体系再造的尝试。任何变革,都会有人受到伤害,也必然会遇到阻力。对于那些真正受到损失的卖家,马云表示了理解,并出台了措施扶持;而对于那些浑水摸鱼、借机兴风作浪的人,马云则一如既然地保持着自己"疾恶如仇"的"侠义"情结,决不姑息,决不妥协。

【 信件回音 】

马云是一个"决不妥协"的人,是"淘江湖"里重剑无锋的"风清扬",然而这次却放低姿态,真诚道歉。结合五项新措施和这封公开信,人们可以得出这样的结论:一个优秀的、受人尊重的商业模式或者企业必须为卖家、买家创造价值,也必须为社会承担责任。

发出这封信之后,此前"围攻"淘宝商城的一小部分人依然不买账,也有一部分卖家觉得"斗争"取得了阶段性胜利。虽然这封信并没有完全消除中小卖家们的"怨气",但是他们中的大部分人也基本肯定了淘宝网帮助人们创业做生意或者提供就业机会的积极作用,相信淘宝网完全有能力推动自身产业链上的参与者,包括中小卖家和消费者实现"共赢或多赢"的结果。

曹虎点评：大象与蚂蚁

没有永恒的朋友，只有永恒的利益。

淘宝商城事件再一次用事实证实了这个论断。在商业战争中，发起战争的一方和被动抵抗的一方都仿佛满腔委屈，争相向外界诉说自己的无辜。成王败寇，在一个不完善的商业环境中，我们期待看到各方正常的博弈，期待大象能跟蚂蚁共舞，丛林里不只是血淋淋的搏杀，也需要相依相偎的共生关系。

遗憾的是，中国的市场经济行为还缺乏必要的规则制约，争斗依然压过合作成为主流剧情。大象不经意地一转身，就能踩死大片蚂蚁，而蚂蚁抱团作战，也往往能咬痛大象。

在这场争斗中，淘宝商城无疑是身强力健的那位强势者，这样的角色往往也是挑起战争的一方。数据显示：截至 2010 年年底，淘宝拥有注册会员 3.7 亿，在线商品数达 8 亿；2010 年交易额高达 4000 亿元，是亚洲最大的网络零售商；淘宝创造了 200 万个直接就业机会。按照目前我国实行的反垄断法规定，一个经营者在相关市场的市场份额达到二分之一的即被认定为具有市场支配地位。淘宝商城早在 2008 年交易额就占了中国网购市场份额的 80％，完全具有了垄断地位，这是一个拥有强势市场地位的巨无霸企业，这次它把战火烧向了曾经最亲密的战友——中小卖家。

淘宝商城改变游戏规则的理由大义凛然：通过提高门槛，为互联网商业去粗取精、去伪存真，营造诚信经营环境。然而，商人无利不起早，除了这个冠冕堂皇的理由，淘宝难道真的不想多赚点钞票吗？答案恐怕是否定的。没有企业不想赚钱，君子爱财、取之有道，这也不是什么丑事。更何况，淘宝曾在很长一段时间为卖家们提供着"免费午餐"，为此马云很委屈：公司想挣钱是正常的,不想挣钱是不正常的。淘宝经历了九年"不正常"!

按照马云的逻辑,养了你们(商户)九年,现在是收获的时候了。这本无可厚非,事情坏就坏在收费的步子大了点,此次费用调整的幅度让商户们感觉到切切实实的肉痛,于是他们揭竿而起,指责马云"过河拆桥"、"不仁不义"。他们采取的行动盲目而极端,又何尝念及马云曾为他们搭建了一个实现创业梦想的平台呢?在这个平台上,他们曾经在长达九年的时间里一个子儿都不用上交,每一分利润都是纯的,那是一段阳光明媚的日子。

然而,好日子一去不复返了。中国的电子商务是靠免费起家的,淘宝靠免费迅速聚拢了成千上万的同盟军打败了 eBay。如今,外患已去,淘宝要对昔日的同盟军挥动屠刀了吗?其实,"免费时代"迟早要终结,任何一个企业都不可能无限期地做赔本买卖。

在淘宝成长为"大象"之后,它的身份已经不仅仅是一个企业,它同时承担了一定的社会责任。如果淘宝利用自己巨大的体量而无所顾忌地滥用市场支配地位,则无助于建立健康、稳定、和谐的商业秩序。目前,我国在电子商务领域的管理体系还不完善,《电子商务法》也没有出台。这就导致大家没有规则可循,根据商业的逐利天性,无论是强势的淘宝商城还是相对弱小的中小卖家,都必然把"利己"当成第一选择,哪里还顾得上自己的行为是否"损人"。

企业家不仅要考虑如何赚钱,还要有企业家的良心和责任感。大象不必一定要踩死蚂蚁,也可以选择与蚂蚁共舞,踏出和谐的节拍。

点评人:曹虎 科特勒咨询集团(KMG)(中国)合伙人,中国区总裁。武汉大学生物化学学士,清华大学生物物理硕士,加拿大渥太华大学 MBA,美国加州大学 UCLA 营销学博士。在工作期间曾任德国汉高(Henkel)化学集团亚太生产经理、德勤企业顾问(多伦多)公司管理咨询顾问、加拿大技术管理协会(TMA)管理咨询顾问等。

任正非：要快乐地度过充满困难的一生

【信件原文】

陈珠芳及党委成员：

华为不断地有员工自杀与自残，而且员工中患忧郁症、焦虑症的不断增多，令人十分担心。有什么办法可以让员工积极、开放、正派地面对人生？我思考再三，不得其解。

我们要引导员工理解、欣赏和接受高雅的生活习惯与文化活动，使他们从身心上解放自己。为此，我们使用为客户提供的服务作一次演示，让大家看到高雅的生活无处不在。这些生活方式在北京和上海已经比较普遍，只要多花一些钱就可以实现。

员工不能成为守财奴，丰厚的薪酬是为了通过优裕、高雅的生活，激发人们更加努力、有效工作的，不是使我们精神自闭、自锁。我们不要再把绅士风度、淑女精神当作资产阶级腐朽的东西，而自以粗鄙为荣。我们还应该看到欧美发达国家的人民的自律，它们的社会道德风尚是值得我们学习的。

欧美国家的人，大多数不嫉妒别人的成功，也不对自己的处境自卑，而且和谐相处。华为的员工有这个经济基础,也有条件比国人先走一步,做一个乐观、开放、自律、正派的人,给周边做个表率。但当前一部分华为人反映出来的现象恰恰相反。有些人表现得奢侈、张狂,在小区及社会上咄咄逼人,不仅自己,他的家人也趾高气扬;还有一部分人对社会充满了怀疑的眼光,紧紧地捂着自己的钱袋子……这些,都不是华为精神。

这些人是不适合担任行政管理职位的,他们所领导的团队一定萎靡不振。我们要引导员工懂得高雅的文化与生活,积极、开放、正派地面对人生。人生苦短,不必自己折磨自己。不以物喜,不以己悲。同时也要牢记,唯有奋斗才会有益于社会。

人生是美好的,美好并非洁白无瑕。在任何时候、任何处境都不要对生活失去信心。有机会去北京,可以去景山公园看看。从西门进,那儿是一片歌的海洋,热闹得像海啸一样奔放。那些垂暮之年的老人,几十人一簇,几百人一团,都在放声歌唱,多么乐观,多么豁达。看看他们的"夕阳红",你为什么不等到那一天?快乐的人生,无论处境多么困难,只要你想快乐一定会快乐。

人是有差距的,要承认差距的存在。一个人对自己所处的环境要有满足感,不要攀比。例如:有人少壮不努力,有人十年寒窗苦;有人清晨起早锻炼身体好,有人老睡懒觉,体质差;有人把精力集中在工作上,脑子无论何时何地都像车轱辘一样转,而有人没有做到这样。

待遇和处境能一样吗?你们没有对自己付出的努力有一种满足感,就会不断地折磨自己,痛苦着,真是身在福中不知福。这不是宿命,宿命是人知道差距后而不努力去改变。

我不主张以组织的方式来实现员工的自我解放,而是倡导员工自觉自愿、自我娱乐,通过自己承担费用的方式来组织和参与各种活动。公司不予任何补贴,凡是有补贴的活动,只要不再补贴了,这项活动就死亡了。"青春之歌"是一个好的名字,一歌、二歌、三歌……各具特色,吸引着不同性格与生活取向的人。员工在这些活动中锻炼了自己,舒缓了压力,也进行了有效的沟通,消除自闭和自傲。

只要这些活动不议论政治,不触犯法律,不违反道德规范,我们不去干预。一旦违规,我们可以对有关员工免除其行政职务,以及采取辞退等方式来解决。总之,释放员工的郁闷,应通过多种渠道,靠组织是无能为力的。

员工不必为自己的弱点而有太多的忧虑,而是要大大地发挥自己的优点,使自己充满自信,以此来解决自己的压抑问题。我自己就有许多地方是弱项,常被家人取笑为小学生水平,若我全力以赴去提升那些弱的方面,也许我就做不了CEO了,我是集中发挥自己的优势。组织也要把精力集中在发展企业的优点,发展干部、员工的优点上,不要聚焦在后进员工上。

克服缺点所需要付出的努力,往往远大于强化优点所需要付出的努力。只有自信才会更加开放与合作,才会有良好的人际关系。而员工往往不知道这一点。有些员工在正要出成绩的时候,仍不相信实践出真知、出将军,突然一下子要去考研。当然,当他全副武装归来的时候,正碰上我们打扫战场。要因势利导,使他们明白奋斗的乐趣、人生的乐趣。徐直军(华为副总裁)经常在周末、平时的深夜和一大批人喝茶,谈谈业务,谈谈未来,沟通沟通心里的想法,这种方法十分好。我们的主管不妨每月与自己的下属喝喝茶,明确传达一下自己对工作的理解和认识,使上、下都明白如何去操作。

我曾经想写一篇题为《快乐的人生》的文章,以献给华为患忧郁症、焦虑症的朋友们,但一直没有时间。我也曾是一个严重的忧郁症、焦虑症患者,在医生的帮助下,加上自己的乐观,我的病完全治好了。

我相信每一个人都能走出焦虑症和忧郁症的困境!

【背景回顾】

1988 年,44 岁的任正非在深圳创立华为,起初的注册资金仅 2.4 万元人民币。公司最初从事程控交换机的代理工作,到 2011 年,华为技术有限公司在中国民营 500 强企业榜单中名列第一。2011 年财富世界 500 强显示,华为排名上升至 351 位,营业收入 27355.7 万美元。

然而,华为高速发展的过程却并不平静。公司不断有员工因工作压力过大或者其他心理问题而选择自缢、跳楼等方式离开这个世界,在惋惜年轻生命消逝的同时,许多人质疑华为的"床垫文化"、"狼性文化"缺乏对员工的人文关怀,要求员工把自己的智力和体力发挥到最大值是不合理的,不少人呼吁企业的社会责任。

任正非对员工这种非正常的离开方式,肯定极其悲痛和惋惜。他本人也曾是一名抑郁症患者,对这种绝不令人愉快的经历体会至深,因此他用一封饱含深情的信,来传达自己对人生的感悟,并期望自己的员工能够快乐、平安地度过一生。

【信件解读】

【解放自己】:解放自己,懂得高雅生活,享受人生

华为的员工待遇优厚,在业内是比较有名的,除了基本工资还有年终奖、配股等薪酬方式。刚毕业的本科生进入华为的起薪标准为 6000 元/月左右,研究生为 8000 元/月左右,海外员工的收入会更高。华为 2010 年年报显示,2009 年公司在雇员费用方面的支出是 306 亿元,以华为 11 万员工计算,其员工平均年薪近 28 万元。另外,在华为有六成员工持有公司股票,可以享受公司业绩增长所带来的盈利。

当然，高薪背后也是高压力，"床垫文化"就是华为高压力的表现。然而，高压力并不必然形成忧郁症、焦虑症，更不是必然带来自杀现象。人要学会缓解压力，学会积极面对生活。比如，在压抑或者精神空虚的时候多去公园散步，多读书、看电影、下棋、运动等等。对于收入相对较高的华为员工来说，完全可以选择一种高雅的生活习惯，参加一些积极的文化活动，从而享受人生。

人们可能暂时无法改变自己的工作环境，但是可以调整自己的心理状态，认识到幸福生活的真正含义。幸福的生活绝不是把赚钱当作唯一的目的，对待金钱既不能做守财奴也不能奢侈张狂，而是要让金钱服务于自己的生活，提高生活品质，愉悦身心。

任正非认为华为的员工具备提高生活品质的经济基础，完全可以选择高雅的、幸福乐观的生活，而不是自己跟自己过不去，导致抑郁症甚至更严重的问题。

【正视现实】：自信豁达地正视现实，承认差距存在

华为倡导"狼性文化"，"狼性文化"一个很重要的特征就是竞争激烈，华为对个人绩效考核很严格，而且在华为不"拼命"就无法"出人头地"。员工们累了睡，醒了爬起来再干，一张床垫相当于半个家。在这种工作氛围中，员工更要学会调整自己的心态，不要盲目攀比。

比如，有的新员工刚进入华为拿到月薪7000多元，开始很高兴，但发现公司甚至同部门的同事月薪有更高的，比如有上万的，甚至几万的，然后心理就不平衡，感到压抑生气。这完全没有必要，差距是客观存在的，要学会正视现实，要学会豁达面对得失。

再比如，跟老员工比起来，新员工的收入可能暂时买不起房，那也不用着急，不要给自己施加太大的压力，很多华为人都是工作3年甚至5年后才买房，慢慢来。

每个人都有自己的优点和缺点，不要把目光聚焦在自己的缺点上，跟自己较劲。要自信，要发挥自己的优点。如果简单认为80后的年轻员工不够职业化或者心理承受能力差，那是片面的，他们更加注重个人价值，往往也更加敏感，是抑郁症患者的高发群体。因此，引导他们以自信豁达的态度对待工作生活是很有必要的。

豁达自信地进行自我心理调适是避免钻牛角尖、自己折磨自己的有效方式。面对差距或者自己的弱点，多想想自己的优势。炒股赔了，钱可以再赚；恋爱失败，可以再找，没什么大不了的，没必要自杀。多想想自己的父母、兄弟姐妹和朋友，就会更珍惜生命。

【沟通疏导】：管理层要善于和员工沟通疏导

对于精力严重透支的研发人员和工程师们来说，"狼性文化"指导之下的工作状态带来的除了高工资，或许就只剩下疲惫和压力了。如何缓解员工的心理压力，疏导不良情绪，是管理者们不可忽视的问题。人性文化的缺失往往会直接导致员工们心理受损，而心理受损会引发一系列的问题，极端的，会选择结束生命。

如何让员工们理解奋斗的乐趣、人生的乐趣？任正非为管理者们开出了一剂药方，那就是"沟通"。华为作为一家"等级森严"的企业，缺乏沟通文化，这导致企业的管理者们往往试图通过各种组织调整和会议来解决所有问题，这其实是不现实的。

作为企业的管理者，不能只做一个传达老总命令的"传声筒"，那样还不如公司出钱买一只高音喇叭。良好的沟通应该是一种双向活动，管理者不仅要懂得"管"，还要学会"疏"，及时掌握员工的思想波动或者心理情况，通过疏导，将问题消弭于无形。

中层管理者的作用尤为重要，中层对于企业，恰如一个人的腰一样，承上启下，是要上达大脑、下接地气的。如果中层跟员工的沟通不畅，那么就像一个人患上半身不遂,不仅影响企业的经营活动,还会滋生其他问题。

任正非在信中提出管理者要善于沟通,对员工要因势利导,使他们明白奋斗的乐趣、人生的乐趣。他提到一起喝茶、谈心等做法,希望管理者能够借鉴。其实,他本人通过写信来沟通的方式,效果也是很好的。

【信件回音】

对于老总的这封信,华为的员工还是很认可的。许多员工认为,这封信的观点很积极,引导的方向也很正确,这说明高层在关心员工,在重视这个问题。社会上对于华为企业文化和公司制度的批评声音比较大,但实际上外界对华为的看法并不客观,有些媒体在一定程度上将华为妖魔化了。

还有一些老总表示,很支持任正非鼓励员工要积极乐观面对人生的行为。每个人的一生都很短暂,员工和领导者在善待别人的同时,也就善待了自己。企业和员工之间不应是简单的工作关系,员工应该把企业当成家,企业也应把员工当成大家庭中的一员。

在这个社会中没有压力是不可能的,面对国内外同产业竞争,想要做得比别人好,肯定要付出更多一点。华为员工压力大是不争的事实,但关键是看个人怎么排解。公司管理层要重视对员工心理的辅导,设法为员工减负。

专家点评

师永刚点评:华为不是炼狱

2008 年 3 月 6 日中午,又有一名华为员工跳楼自杀了。而在之前的短短两年时间内,已经陆续有 7 名华为的员工自杀或猝死。一时间,对华为公司

"吃人的狼性文化"的批判声汹涌澎湃。

对那些年轻鲜活的生命过早地离去,我们自然是万分痛惜。但我们据此去全盘否定华为的企业文化,甚至妖魔化任正非这样的中国企业家,又是否合适呢?

我们总结那些被有些人痛斥的华为企业文化,会发现有这样几个关键词:心怀理想、无私奉献、艰苦奋斗、团队合作、善抓机遇、果断出击……这些行为和思想特征,放在几十年前,是备受赞誉和弘扬的雷锋精神、大寨精神和铁人精神,为什么到了今天却备受诟病呢?不能因为几个自杀的特例,就把华为看成一个人间炼狱,并因此全盘否定这些优秀的传统精神。

在华为公司,谁最有理由自杀?是其创始人任正非!因为家境贫穷,高三时他还没穿过衬衫,自卑可以让他自杀;到 40 多岁时,他一事无成,还患上了严重的糖尿病,穷困可以让他自杀;在 1987 年刚创业的 5 年时间内,他四处奔波却求贷无门,无助可以让他自杀;此后,他在国企和外资的前堵后截中苦觅一线生机,绝望可以让他自杀;2007 年年底,华为的世界头号劲敌思科宣布,今后 5 年内将在中国投资 160 亿美元,准备和华为进行一场你死我活的较量,威胁可以让他自杀……但任正非没有这样做。

别以为任正非是一个心坚如钢的硬汉,其实他也曾有过特别软弱和绝望的时候,在信中,他透露自己也曾是一个严重的忧郁症、焦虑症患者,甚至一度无法自我排解从而必须依靠医生的帮助。是肩负的责任和不服输的性格,使他最终从忧郁中重新站了起来。

从某种程度来说,华为公司所在的深圳市,是一座忧郁和焦虑的城市。据深圳市卫生局的调查报告显示:18 岁以上深圳居民精神疾病总患病率为 21.1%,在全国城市名列第一;其中,抑郁症发生率为 7%,远远超过全球抑郁症 3.1% 的发生率;焦虑障碍患病率为 9.94%,这意味着深圳每 10 名成年人中,就有 1 人有焦虑障碍;同时,深圳年均有 2000 人自杀,比交通事故造成的死亡人数还要高。

　　像深圳这样的发达城市,为什么会有这么高比例的忧郁症和焦虑症患者呢?

　　首先,是产业竞争惨烈所致。如果按某些人的建议,华为公司实行严格的8小时工作制、午餐过后再来点下午茶、晚上不用加班全部去卡拉OK、高管每年到国外去舒适地度假……这样不用3年,华为就必将会被国有垄断企业和国外行业巨头一起扼杀了。到时,舒适的华为人会一起步入绝境之中。正是因为时刻不离的危机感,让任正非和每一位华为人始终精神紧绷、不敢懈怠。

　　其次,是日益剧增的生存成本带给白领们的恐慌感。拿房价来说,在深圳、上海、北京等大中城市,近几年来是数倍地往上翻腾。另外,白领们还要想方设法买更好的小车,要为忽上忽下的股价提心吊胆,要为下一代昂贵的教育费未雨绸缪……如此种种,让白领们在焦虑中停不下自己的脚步。

　　再者,现代年轻人的责任感和心理自我调解能力越来越差,这是一个不容忽视的问题。因为缺乏吃苦耐劳精神的灌输和培养,很多人往往遇到一点困难便充满挫折感,最后选择了自暴自弃。

　　惨烈的产业竞争环境,决定了华为之类的高科技公司必须进一步加强艰苦奋斗的作风。但在此前提下,并不意味着企业就无所作为了。时代在进步,能不能把几十年前的无私奉献改为尽可能的有私奉献?另外,在力所能及的情况下,是否能积极地为自己的员工创造发泄压力和加强沟通的渠道和条件?

　　从政府层面而言,能否尽到自己职责,对股市、房市、车市、教育等这些和白领们休戚相关的行业进行有力的政策调控,从而避免白领们在奔向小康生活的大道上一不小心滑向房奴、车奴等的困境之中?

　　而至为关键的,是年轻人如何加强自身的心理调解能力。受此困惑的任正非为自己的员工们想出了一些具体的办法:"人生苦短,不必自己折磨自己。有机会去北京,可以去景山公园看看。从西门进,那儿是一片歌的海洋,热得像海啸一样奔放,那些垂暮之年的老人,几十人一簇,几百人一团,都在放声歌唱,多么乐观,多么豁达……"

如果景山公园快乐的老人们还不能治愈好你的忧郁症,那也没必要跳楼,完全可以学习广告中一蹦一跳的黄健翔,高高兴兴地跳槽去吧!你可以暂时放低自己的生活欲望和要求,找一家待遇和压力都低得多的企业去舒缓一下神经。

等重振精神后,你可以再回到华为,重新陪那个叫任正非的老头一起拼命去!

点评人:**师永刚** 曾从军 15 载,现为香港《凤凰周刊》杂志社执行主编,作家,图书策划人,媒体研究人。内地画传热潮的策划与发起者,曾策划编著《宋美龄画传》、《蒋介石图传》、《邓丽君画传》、《切·格瓦拉画传》等 20 多本画传。另有研究凤凰卫视的专著《解密凤凰》,研究《读者》杂志的《解密读者》,研究美国《花花公子》杂志的《兔子先生》与美国《时代》周刊的传记《中国时代》等。现为南京大学等数所大学客座教授。

牛根生：中国乳业的罪罚救治

致中国企业家俱乐部理事及长江商学院同学的一封信

【信件原文】

中国企业家俱乐部理事及长江商学院同学：

三鹿婴幼儿奶粉事件惊扰了每一个中国人的生活。宝宝的病痛、母亲的眼泪、消费者的责骂，都让我痛彻心扉。

作为中国企业家俱乐部的轮值理事长和长江商学院同学的老大哥，出此大过，让中国品牌蒙尘，真是抱歉至极！同时，对各位理事、各位同学给予蒙牛、奶农以及中国乳业的竭诚帮助，深表谢忱！现将事件的范围、起因、经过以及蒙牛采取的行动汇报于此，望大家赐教。

一、事件范围

有人打过一个比方：如果把这一时间比作"地震"，那么，三鹿是"震中"，其他中国乳制品企业是"余震"。其实，短短一个月，三聚氰胺所殃及的范围已由"中国乳业"而及"世界乳业"、"含乳产品"和"食品产业"……

第一阶段，中国乳业祸不单行。三鹿事件爆发后，伊犁、蒙牛、光明、三元、雅士利、圣元等几大民族品牌均深陷漩涡。

第二阶段,世界乳业拉响警报。据有关报道,雀巢、联合利华、新西兰乳企等一批跨国品牌均被检出。

第三阶段,含乳产品卷入其中。奶糖、巧克力、饼干、蛋糕、米糊等被检出,卡夫、玛氏、吉百利、乐天、金帝等跨国企业也未能幸免。

第四阶段,其他食品也起波澜。据报道,科学家在莴苣、芹菜、西红柿、土豆以及蘑菇等农作物中,都发现有残留的三聚氰胺;尤其在蘑菇中,其残留值最高达到每公斤 17 毫克左右。

正如一篇报道所讲,"世界陷入三聚氰胺恐慌中"。

二、祸起奶源

三聚氰胺事件发生后,全社会都在追问:究竟是在哪个环节加入的?

业内人士异口同声:"问题出在奶源环节。"

但部分业外人士声高震野:"问题出在企业环节。"例如中央电视台的一则早期报道就认为是企业添加的,《联合早报》一篇报道中某知名人士也断言是企业添加的。在这个非常时期,难免有一些拥有很大话语权却又不十分了解情况的人,误传信息,误导大众。

虽然众说纷纭,但来自中国国家机关的调查结论毕竟在所有的声音中是最具公信力的,因为支持这个论点的是全国公安战士的浴血奋战。国家工业和信息化部李毅中部长 10 月 3 日在答记者问时说:

"三聚氰胺是化学品,是合成树脂的原料,从分子结构看,根本不含蛋白质,严禁用于食品加工业和饲料业。三鹿奶粉事件发生后,有关方面集中展开了对奶制品三聚氰胺污染情况的调查。到目前为止,尚未查出奶制品生产企业在生产过程中人为加入三聚氰胺的现象。在对河北省三鹿集团的 200 份原料奶所进行的三聚氰胺检测中,发现其中 56 个批次奶品中含有三聚氰胺,涉及 41 个原供应站。这说明目前主要集中在原料奶的收购、储存环节。

不法分子将三聚氰胺添加到原料奶中,钻的是凯氏定氮法测定奶粉蛋白质含量的漏洞。国标 GB/T5413.1—1997《婴幼儿配方食品和乳粉蛋白质的测定》明确,使用凯氏定氮法测定奶粉中蛋白质的含量,这一方法是目前国际通用的测定蛋白质的方法。凯氏定氮法,是指通过测定氮元素的含量,并利用氮元素与蛋白质换算系数,来计算乳制品中所含蛋白质总量的方法。在分析过程中,所有含氮物质均被统计成蛋白质总量。三聚氰胺含氮量高达 66%,一旦被掺入乳制品,就可以提高氮的含量,造成原料奶蛋白质含量虚高。而其价钱,只有蛋白原料的五分之一。于是一些不法分子就钻空子,在奶液中添加三聚氰胺,误导为'蛋白精'。这也暴露出我们在食品质量监管中存在重大安全漏洞。"

目前中国乳制品企业的奶源,从控制模式角度看主要来自两个方面:一是自有奶源,其实现了"从乳房到工厂,从工厂到餐桌"的全封闭运行,完全杜绝了掺假的可能;二是社会奶源,即由社会上的奶站代采原奶后再卖到企业。这次"三聚氰胺事件",就是极少数祸国殃民的不法奶站钻空子造成的。企业最大的责任,就是没能把不法奶站送来的掺有三聚氰胺的原奶挡在门外,在管理上出现了重大疏漏。虽然受污染的只是一小部分奶源,却给相关消费者带来了严重的灾难,也给全社会造成极度的恐慌!

有人说,在奶源领域出现不法分子非法添加三聚氰胺事件,是由于乳业发展速度太快,原奶供应不足造成。这个观点值得商榷,缘由有四:(1)中国乳业发展速度快是需求拉动的结果。需求大,配置的资源就多,发展速度就快,这是市场经济的基本规律。(2)中国奶源只是在淡季出现适度短缺现象,到了旺季(夏季)往往还会出现过剩倾向——上游出现"杀牛倒奶现象",下游出现"奶贱于水现象"。以内蒙古为例,买牛、供奶的速度排在全国前列,旺季牛奶过剩现象就非常突出。(3)中国乳业这 10 年的发展速度并不是全世界最快的,韩国、日本都曾经历过高速发展期——中国乳业 1997—2007 年发展最快,年均增长率为 19%;韩国乳业 1970—1980 年发展最快,年均增长率为 24%;日本乳业1950—1960年发展最快,年均增长率约为18%。(4)任何时代都不能把造假的原因归结为供需缺口——假黄金、假鸡蛋、假酒、假币……它们有的稀缺,有的不稀缺,但都不能将造假现象归因于供求关系。

不法分子是从什么时候开始添加三聚氰胺的?从目前河北警方破案的情况来看,大约是从2007年第四季度开始的。传到内蒙古的时间要晚一些。

香港媒体把三鹿事件称为中国乳业的"9·11"。美国的"9·11",恐怖分子用飞机撞哪座楼,哪座楼就倒塌;乳品的"9·11",不法分子把三聚氰胺加在哪,哪就出事。

三、知不知情

1.蒙牛人天天喝蒙牛牛奶,购买方式与内地消费者完全相同

三聚氰胺事件爆发后,社会一迭声地问:"你知不知情?"

不仅我不知情,我们的团队也不知情。

我和我的员工,天天都喝蒙牛牛奶。我们管理层居住的小区叫"圆缘小区",这个小区里有一个社会上的超市开的连锁店,叫"金昌超市·蒙牛店"。这个连锁店和呼和浩特的其他超市没有什么区别,进货渠道相同、产品种类相同,从特仑苏到利乐枕到百利包,从白奶到酸奶到奶粉,应有尽有。消费该店产品的人,99%是蒙牛的管理层成员及其亲人。有记者在调查时细心地发现:"即使是蒙牛总部员工生活区旁的连锁超市,三聚氰胺事件爆发后,蒙牛液态奶销量同样降幅明显。例如蒙牛高钙牛奶,该店该产品7月份的零售收入为1185.9元,8月份的零售收入为1172.7元,而9月份三聚氰胺事件发生后,前22天的零售收入只有482.5元。"购买量事发前月月增高,事发后骤减一半,这也证明蒙牛员工和家属事前并不知情。

两年来,俱乐部的各位企业家先后率领几十个团队来过蒙牛,每次会桌、餐桌必上蒙牛产品,蒙牛团队和大家都是一起饮用的。

就在三鹿事件爆发前一个月,俱乐部的理事、荣誉理事还曾齐聚蒙牛。在

历时三天的活动中，诸位企业家、学者以及蒙牛管理层成员，从纯牛奶到酸奶，从乳饮料到奶茶，从奶酪到雪糕，大家几乎吃了一个遍。如果我们知情，既不会如此招待朋友，更不会这样对待自己。

事件爆发前四天，荣誉理事柳传志先生带领联想控股管理团队109人参观指导蒙牛，与蒙牛管理团队一起吃喝的仍然是蒙牛各类乳制品。

每年到蒙牛参观的游客有50多万，参观中多数时候会安排一个环节：每人品尝一支蒙牛雪糕（或一包蒙牛牛奶）。我们的接待人员、解说人员几乎天天与来宾一道饮用着。

至于我们蒙牛员工的日常消费，包括管理层团队成员的日常消费，则完全与内地其他消费者一样，分别从市场上购买自己喜欢的蒙牛乳制品，从高端产品特仑苏到低端产品百利包，都在消费。最近也有记者对此进行过明察暗访。同时，我们40多个生产基地都有国家派驻的工作人员，他们每天看着、听着、监督着。

10月16日，24家中外媒体（其中，国外媒体9家，港澳台媒体8家，大陆媒体7家）的39名记者走进蒙牛，依次参观了中国第一个万头奶牛现代牧场，全球自动化、智能化水平最高的总部第六期生产线，全球最大的乳品研发中心之一……看完之后，90%以上的记者表示"震惊"。他们当即得出结论：在这次事件中，这样的企业不可能存在主观故意。

上述情节足以说明到底是否"潜规则"，到底知不知情。

2."出口牛奶"与"本土牛奶"

有网友问，蒙牛最好的牛奶是不是都卖给了港澳人和外国人？

其实，蒙牛生产的最好的牛奶，95%以上卖给了中国内地的消费者，用于出口的只是零头。

在这里，有必要先交代一下牧场的类型。

[资料]中国目前的奶牛养殖模式主要有5种：

第一种,是万头中以上的超大型现代牧场,目前全国投入运营的有 5 座(每座规模为 1 万头至 3 万头),仅蒙牛有。来自该类牧场的原奶占蒙牛奶源的 8% 左右。

第二种,是千头中以上的大型现代牧场。来自该类牧场的原奶占蒙牛总奶源的 15% 左右。

第三种,是 200 头至 1000 头牛的中型现代牧场。来自该类牧场的原奶占蒙牛总奶源的 15% 左右。

第四种,是一二百头牛的小型牧场。这里面现代饲养方式与传统饲养方式各占一半。来自该类牧场的原奶占蒙牛总奶源的 20% 左右。

第五种,是"分散饲养,集中挤奶"的传统模式,即一家一户分别散养若干头,但都是将牛赶到指定的奶站统一挤奶。该类模式所供原奶占蒙牛总奶源的 40% 左右。

目前,蒙牛来自现代牧场的奶源占比达 60% 左右。

与传统牧场相比,现代牧场具有五个特点:一是 TMR 饲喂;二是全封闭的机械化挤奶;三是规模养殖,分群饲养(即泌乳牛、青年牛、犊牛、干奶牛分别饲养);四是选用国内顶级种公牛进行人工冷配;五是牧场全封闭管理,杜绝疫病侵入。

在过去 9 年中,蒙牛大力度扶持奶农养殖奶牛,如发放种草补贴、推进品种改良、推导疫病防治、提供养牛保险、培训现代养殖技术等,仅发放的养牛贷款每年就达 1 亿元以上……

由上可知,牧场的类型不同,导致原奶的成本不同;原奶的成本不同导致产品的价格不同——高端奶售价常常是普通奶的几倍!

高成本的高端奶卖给了谁?绝大部分卖给了内地消费者,仅有一部分出口到国外及港澳地区(港澳牛奶售价通常是内地的 2~3 倍)——这可以从一组对比性数据中看出:2007 年,蒙牛总销售收入为 213 亿多元,出口收入仅为

0.85 亿元，由此可以推知，制作出口产品所消耗的原奶在蒙牛奶源总量中所占比重不会超过 0.4%；而在蒙牛奶源总量中，仅万头牛以上的超大型现代牧场所产原奶就占了 8% 左右，现代规模牧场所产原奶则占了 60%。

换句话说，蒙牛在内地市场上所销售的是全品相产品，既有用现代牧场高成本原奶制作的高端产品，也有用传统牧场较低成本原奶制作的普通产品，消费者可以根据自己的购买能力及购买意愿，自主选择适合自己的产品。同时，不同成本的原料导致不同价位的产品，这种情况不仅存在于食品行业，而且广泛存在于制造、服务各行业。因此，这里面存在的只是差异化产品以及差异化选择，并不存在差别待遇或歧视性待遇。无论是香港还是内地，蒙牛乳制品的安全标准都是一样的。

四、大灾大救

三鹿事件爆发后，患病儿童的康复牵动着每个人的心。国家出台了一系列整顿乳业、保障食品安全、维护人民群众身心健康的重大举措……

胡锦涛总书记多次发表重要讲话，指示要"以人为本"，始终把人民群众的冷暖安危放在心上，把最广大人民的根本利益作为贯彻落实科学发展观的根本出发点和落脚点。

针对不法分子在原奶中添加三聚氰胺、个别企业在发现问题后晚报瞒报的现象，温家宝总理在探望患儿后所发表的谈话振聋发聩：一切环节都要"讲良心"！

内蒙古乳业在自治区、呼和浩特市两级政府的领导下，采取了一系列的自我整治行动。

1.善后：第一时间作出承诺，保障婴幼儿安全

蒙牛虽然去年销售收入排在行业第一，但属于"大品牌，小奶粉"（奶粉业务主要是为了调节奶源淡旺季平衡，将旺季过剩原奶加工为奶粉）。蒙牛奶粉（业务）本身就小，而婴幼儿奶粉产量则位居行业第 24 位。在本次出问题的婴

幼儿奶粉中,蒙牛问题奶粉的数量不及出问题前五家企业任意一家的1/20,同时,蒙牛的含量也是较低的。另外,在香港对乳制品的首次检测中,抽检蒙牛36个批次的产品,36个批次结果全部合格;其后又多次检验,蒙牛合格率均达100%。

部分婴幼儿奶粉被检出问题后,蒙牛在第一时间作出了承担责任的承诺,并及时召开了董事会和全员大会,给经营团队指明了责任和方向。对有关人员该处理的处理,该撤职的撤职。

2.堵漏:检验从零起步,"倒奶"形如"倒血"

三聚氰胺检验是中国乳业前所未遇的新课题,此前整个行业对此都处于"无意识,无手段,无标准"状态。

以蒙牛为例,事件爆发后,集团40多个生产基地的原有检验设备中可转用于检验三聚氰胺的设备只有10台,试剂则根本没有,等于"从零起步"。紧急采购!但在"打了几百个电话,跑遍几十个厂商"抢购回26套设备后,相关设备、药剂在国内再也买不到,只能在全世界范围内紧急寻购。

第一周,设备来不了,检验能力不足,但又不能把未经检验的原奶投入生产,这时候只好倒掉,我们总共倒了近3万吨原奶,相当于190多万头奶牛一天的产奶量,约损失1亿元。这些损失,我们已向奶农承诺,国家或蒙牛将全部承担。

由于三聚氰胺检验设备不足、检验时间长,在全国各个生产基地前,候检的奶车都排起了长队。

往往只检完前面20%奶车里的牛奶,后面80%的奶车里的牛奶就已经坏了,只好倒掉。

天阴沉沉的,不见太阳。一位奶车司机木然地看着汨汨流淌在地上的牛奶,"唉!"一声叹息,刺痛了周围人的耳膜……

从白天到晚上,一车车牛奶倒个不停。

原奶运作程序一般是这样的:奶牛一天需挤奶三次,每一次,奶农都是把奶牛赶到奶站进行统一挤奶;挤好的奶集中存放在奶站的制冷罐中降温到 4℃左右;然后,再由奶车把制冷罐中已经降温的牛奶一次次地运送到企业。由于检验速度慢,奶车没有及时返回来,制冷罐就被撑满了,于是无法按正常的节奏继续接受新的牛奶,被迫关站,结果导致奶牛"挤了上顿,挤不了下顿"。奶牛贮满牛奶的乳房是不能等的。没办法,全国各地被"堵塞"的奶站只好将牛奶直接排地。

为了迅速扩大检验能力,不让奶农继续倒奶,集团分布于全国 40 多个生产基地几乎联系了国内所有具备检验潜力(进一步开发可转化为"能力")的机构;仅在呼和浩特地区,就联系了内蒙古农业大学、内蒙古大学、内蒙古医学院、内蒙古农科院、疾控中心、药检所、产检所 7 家机构……

公司乌兰浩特生产基地,工厂没有检验三聚氰胺的设备,所在城市也没有。无奈,只能将样本送到 500 公里之外的长春进行检验,这样,等检验完毕,已经是 12 个小时之后的事了,即使检验不含三聚氰胺,其他指标也不符合质量标准了,牛奶只能统统倒掉。

公司保定生产基地需要送样到北京检验。

包头、巴盟需要送样到呼和浩特市进行检验。

山西大同、雁门、山阴,都需把样本送到集团总部和林格尔生产基地进行检验……

国家工业和信息化部李毅中部长的话真实地道出了这种窘境:"在现行的国际标准和我国国家标准中均未规定三聚氰胺指标及相应的检测方法。目前有关方面已着手制订《原料乳与乳制品中三聚氰胺检测方法》,正在征求意见,相关国家标准正在报批中……"

"鲜奶和奶制品质量检测是目前乳制品企业面临的突出问题。一是检测设备不足。绝大多数企业缺少检测三聚氰胺的仪器,对原料奶、产成品的检验要委托少数专门机构承担,样品多、效率低、耗时长。二是检测技术单一,检测成本较高,检测速度慢。一个批次的检测需要 2～3 个小时才能得出结果,给企业生产经营带来很大影响。目前有关方面正在研发奶制品中蛋白质和三聚氰胺含量的快速检验方法和仪器设备⋯⋯"

3. 救奶:全国总动员

在此危急情况下,党中央、国务院采取积极措施,果断作出了保护广大人民群众根本利益的多项举措。几万名国家工作人员进驻生产第一线,与我们一起采取可能的措施来克服困难,相关部委的所有司局几乎夜夜灯火通明,许多个夜晚,他们在半夜两三点依然召集会议,找来企业了解情况、给予支持。从中央到地方财政,从贴息贷款到政府直接补贴再到资金封闭运行,在企业尚未提出之时,这些方案都已经完整出台;企业提出的困难和需求,政府部门几乎都在第一时间给予响应,中央部委的电话,往往因为企业的困难而直接打到了最基层的工作单位。一个多月以来,奶业风波所引发的国务院专门会议、高层领导的关注与批示以及参与执法、行动的部委数目,应该说都创下了新中国成立以来的最高纪录。党中央、国务院领导着全社会展开的这次有史以来最大规模的监管行动,同时也成为有史以来最大规模的挽救行动。中国的民族乳业品牌如果不从这次危机中崛起而新生,我们这一代乳业人,可以说是万死莫赎。

内蒙古作为我国乳业核心区,自治区、市、县、乡所有第一负责人都直接扑到了乳业上。自治区主要领导人多次召集专题会议,坚决贯彻中央指示,切实维护消费者利益,严厉打击制售三聚氰胺的元凶以及在收购储运环节添加此物的不法分子,并采取日报制度,确保食品安全;为了保障奶农利益和奶源安全,在征得国家质检总局的同意后,自治区政府还创造性地推出了"三盯一封闭"的重要举措:人盯牛,人盯站,人盯车,全过程封闭运行。为此,蒙牛陆续派出 8000 多名员工到这场确保"万无一失"的战斗中,为奶农与消费者同时保障了安全。

在奶站装满牛奶后，对每辆奶车的罐口都要进行严格铅封（一次性的），到了工厂后才可以启封开罐。

交完奶后，奶罐车在这里统一接受"三洗"：酸洗一遍，碱洗一遍，开水和蒸汽烫一遍。这一做法由蒙牛于2000年在全国首创，保证后续奶源在这个环节不受微生物感染。据有关资料显示，洗与不洗，细菌数相差60倍。

目前，蒙牛集团已新购入5000多万元的设备和试剂，设置了四道检验关：第一道关，原奶批批检验；第二道关，辅料批批检验；第三道关，成品批批检验；第四道关，引入第三方机构对成品进行抽检或复检。

五、大治大兴

国家与国家的竞争，战争年代靠军队，和平年代靠商队。

中国乳业是年轻的产业，幼稚的民族企业是在曲折中前进。

在党中央、国务院的英明领导下，民族乳业经历了前所未有的"大治"，管理更严整，链条更完善，从"田园到餐桌"的安全体系进一步确立。2008年10月，国务院发布了《乳品质量安全监督管理条例》，国务院五部委联合发布了《关于乳制品及含乳食品中三聚氰胺临时管理限量值规定的公告》，这成为乳品安全建设中的重要里程碑。

拿蒙牛来说，解决奶源安全问题，我们正在两条腿走路——

一是大力推进牧场现代化建设，除了发展万头、千头、百头现代牧场以及养殖小区，还将着力推进奶联社等养殖模式。

二是加强奶站管理，除了上面所说的"三盯一封闭"，我们还准备给奶站安装摄像头，24小时监控，让掺假没有机会；同时，条件成熟时，可让奶农以奶牛及奶站入股企业，形成奶农与企业"利益一体"的新型股份制模式。

当然，从更宏观的角度看，食品始终是一个多元素、多维度的系统工程，在这个永续循环的生态圈里，食品企业既要与上下游的市民、农民、股民、网民形成一个无断裂、无缝隙、无障碍的"封闭型责任体系",又要与这"四民"结成一个共生、共享、供应的"均衡型利益体系"——只有这两个体系都强、都赢,构成一对"平行轨",食品安全的"火车"才能真正跑起来。

我相信,一个犯过错误的企业、犯过错误的行业,一旦重新站起来,那就不再是"旧我",而是一个千恩万谢、千思百虑、千方百计向全社会赎罪的"新我"。

大治之后,必大崛!

六、民族阵线

1. 另一种险境

在日常交流中,理事和同学问到战略的事,我能说清;问到运营的事,我有时就解答不了。为什么? 因为2006年2月我就辞去了主持日常经营事务的总裁一职(这一方面是受联想控股柳传志总裁和万科王石主席的影响和指点,另一方面也是顺应国际大公司两权分离的惯例作出的决定),不久将企业法人代表资格也交给了总裁。根据工作进度,我从当年一月参加一次生产经营例会渐进到现在半年只听一次会,所以,运营上的具体事情,了解得不全面。在此还请谅解了。

"三聚氰胺事件"是中国乳业的耻辱,蒙牛的耻辱,我的耻辱。它打断了人与人之间的信任链,一夜之间让人们开始"倒过来看世界"。

网上有不少质疑和谩骂,这我都能理解;过去信之愈深,今天责之愈切。不过,网上的留言,成分也很复杂。如有人就给我造了个假博客,又有人给我女儿也造了一个假博客,他们还不断往我的真博客里发布诽谤性评论,我不清楚这背后的主谋到底是什么人。

股价暴跌,导致蒙牛股份在价值上大为缩水,老牛基金会抵押给摩根的股票也面临被出售的危险。这引得境外一些资本大鳄蠢蠢欲动,一面编织谎言,一面张口以待……

能不能及时筹足资金,撤换回被质押在外国机构里的股份,关系到企业话语权的存亡。作为民族乳制品企业的蒙牛,到了最危险的时候!

2.超越常规的信任

得知蒙牛所处的窘境,为了防止境外机构恶意收购,柳传志总裁连夜召开联想控股董事会,48小时之内就将2亿元打到了老牛基金会的账户上。

新东方俞敏洪董事长闻讯后,二话没说,火速送来5000万元。分众传媒的江南春董事长也为老牛基金会准备了5000万元救急。

中海油傅成玉总经理打来电话,中海油备了2.5亿元;同时派人来企业了解情况,什么时候需要什么时候取。

田溯宁、马云、郭广昌、虞峰、王玉锁等都打来电话,表示随时随地可以伸手援助。

香港的欧亚平联系境内的王兵等长江商学院的同学,还买了许多蒙牛股票,以支撑和拉升股价。

北京大学中国经济研究中心周其仁主任、北京大学光华管理学院张维迎院长早前预定了访问蒙牛的日程。事件发生后,他们坚定地表示,预定行程不变,率团带来40多位经济学家……

90%以上的理事、同学从不同的角度,在人力、物力、财力等方面给予支持。

这些行动,这些声音,很大程度上已经上升为一种民族阵线的增援。正如联想的柳总所言:"我们不只是相信老牛、支持蒙牛,我们还看到了你身后几百万牛农的生计问题(不杀牛,不倒奶),几亿消费者的安全问题。"

在用友客户大会及达沃斯年会之后,刘东华社长给我打电话说,各理事成员纷纷给他打电话表示相信老牛、支持蒙牛,并愿意伸出援助之手,帮助企业渡过难关……东华社长还说,让他没想到的是,这是他当社长十几年来,第一次遇到这么多人在一件事上这么齐心、这么主动的情况……

理事们、同学们的高度信任,说实话,让我既感动,又惭愧。在此,我也提醒各位理事、同学,一定要以蒙牛为鉴,防范类似风险。至于蒙牛(老牛控股),最后即使白送了弟兄们,也绝不愿被外国人买走。在这里,再一次向大家鞠躬致谢了!

3. 老牛将用行动感恩

东华社长在天津召开的夏季达沃斯年会上说:"越是老牛周围的人、越是熟悉老牛的人,包括他的团队、员工、业务合作者,遇到事情就越能客观公正地评价他;而那些不熟悉、不了解、没有业务往来的人,也是在这件事上最容易误读、误解老牛和蒙牛的人,这本身就很说明问题……""他的团队跟着他那么发力干,就是因为相信他对自己常说的'产品即人品'、'小胜凭智,大胜靠德'、'为国家打造一个百年老店,为民族创建一个世界品牌'这些话是认真的。当然,老牛这个人'乐于分享,追求共赢'的价值观也是一个关键因素,他想通过自己的努力,让更多的人感到快乐。"

危难见真情。我最感激的是那些了解我的人在此危难时刻给予我的高度信任。你们都知道,我从小没有亲爹娘,小时候差点冻死、饿死在街头,要不是赶上这样的好时代、好制度、好环境,哪有出头之日?现在股能捐、权能让、慈能行、活照干,所剩无几,只留使命!

先前曾有同学私下议论老牛是不是人大代表、政协委员,其实都不是。我是一个干粗活出身的人,没念过太多的书。小事不全明白,大事不全糊涂。在国有企业干的时候,老婆才 30 岁出头,就让回家了,怕她成为企业的特殊员工。创立蒙牛后,直系亲属都不准进公司。我的儿子、儿媳、女儿,至今没有固定的职业,总是东打一天工,西打一天工。我们全家四口人,没有一个是持有外国卡的。在呼和浩特之外,我也没有买过一处房产。

有位理事曾说:"老牛这人的特点是'只要有想法,就会有做法;只要有看法,就能找办法',因此,老牛常常被央视选为创业路上的拓荒代表,成为给青年励志创业节目干活最多的人之一……实际上,媒体动员我们各位上镜的主要理由，就是你不能只是把自己的企业做好，也要为中国产生更多像你们这样的好企业多作贡献、多投时间。"

现在，出了这么大的乱子，添了这么多的麻烦，我最想对大家说的是，我为有你们这样志同道合的兄弟、朋友、亲人而骄傲，在我人生最困难的时候，你们每一句温暖的话、每一次热切的行动，甚至每一个信任的眼神，都让我眼圈发热、回味再三……在这心灵流浪的日子里，是你们给了我"家"的感觉……无以为报，唯有行动！我将沉下心来，发扬创业精神，用实际行动，把自己的事情做好，把你们的深情厚谊通过蒙牛的"再生之身"传递给生态圈里千千万万的人们，虽然企业有可能损失几十个亿，但我们绝不让诚信受损失！

眼下全球经济遇冷，多米诺骨牌效应正在逐步放大，请大家一定汲取我们乳品行业这个反面教训，举一反三，以坚定的决心、饱满的信心渡过这场危机，同时，也不忘"缝好棉衣，准备过冬"。

再拜！

牛根生

2008 年 10 月 19 日

【背景回顾】

1998 年，穷苦出身的牛根生被伊利乳业从副总裁的位置上赶走；次年，他另起炉灶打造蒙牛，在没有奶源、没有厂房、没有市场的情况下起步；到 2007 年年底，销售收入达到 213.18 亿元。

然而，2008 年，中国乳业经历了一场大地震，地震源自一种"化学武器"三聚氰胺。整个中国乳业遭受重创，蒙牛、伊利、光明三巨头总共亏损近 30 亿元。蒙牛飞速发展的趋势戛然而止，更令蒙牛担心的是，高增长预期化为泡影之后,摩根士丹利、花旗、瑞银等国际投行开始逆市增持蒙牛股权。而老牛基金会抵押给摩根士丹利的一部分蒙牛股权(此部分股权占蒙牛香港上市公司4.5%)可能会被动出售,蒙牛控制权很可能旁落。

在企业控制权不保,甚至企业面临生死存亡危机之际,牛根生内心的焦虑可想而知。因此,他以此"万言书"和眼泪向中国企业家俱乐部诸好友求救。

【信件解读】

【推卸责任】:问题不在蒙牛,蒙牛毫不知情

在信中,牛根生表达了这样的观点:三聚氰胺的问题不仅中国有,全世界都有;不仅内资品牌有,外资品牌也有;不仅存在于乳业,含乳产品甚至整个食品产业都有,这不是个别现象,而是普遍现象。问题不是出现在蒙牛身上,"问题出在奶源环节",是一小撮不法个体奶农在奶源中添加造成的,而且"传到内蒙古的时间要晚一些"。蒙牛有严格的质量流程,责任只是没能检出毒奶,属于管理疏忽;蒙牛的整个团队对毒奶并不知情,牛根生本人也不知情。

化解危机,很多企业也许都会选择这种轻飘飘的"打太极拳"的方式。但是,选择承担责任还是推卸责任,最重要的不是能否撇清自己——事实上,在"三聚氰胺事件"中,任何出现问题的企业都是无法也不可能撇清的,区别只在于消费者能否认可企业作出的姿态。

如果企业的态度有问题,就很容易给公众造成推卸责任、敷衍了事的印象,难免引起消费者的反感。在这一点上,国内企业可以借鉴一下危机公关案例中的经典——美国强生公司的"泰诺门"。

1982年,有人服用强生公司的泰诺药片中毒死亡,媒体大肆渲染,引发恐慌。强生公司组成了危机公关团队,并很快查明是有人故意投毒,责任并不在强生公司。同时,强生公司还是紧急召回并销毁市场上所有的泰诺片,损失高

达 1 亿美元,还连续做广告道歉并提醒公众停止使用泰诺产品。尽管此事为人为因素,但是强生依然对受害者家属进行了赔付。凭着这些努力,强生在事后 5 个月就收复了事前 70％的市场份额。

消费者是苛刻的,又是宽容的,是容易被感动的,而不是容易被"糊弄"的。一个企业出了问题,只要本着坦诚、负责的态度去处理,相信会很快得到消费者的谅解。

【补救措施】:列举蒙牛补救措施,打消消费者疑虑

牛根生指出在"三聚氰胺事件"之后,蒙牛第一时间作出了许多补救措施:第一时间作出了承担责任的承诺,并及时召开了董事会和全员大会,处理了相关人员;完善检验机制,设置"四关"检验,宁愿把牛奶倒掉,也不放松标准,并为遭受损失的奶农"买单";首创"三洗法",保证后续奶源在这个环节不受微生物感染。

相信信中所列举的这些举措是实实在在的,也是蒙牛正在用心做的。列举出这些措施的做法其实很明智,也很有正面效果。企业发生危机,如果本着不避讳、不欺骗,而积极主动地去承担责任,挽回损失的做法,是很容易取得成效的。因为实实在在的措施更能赢得消费者的信任,这与站出来大喊"我敢保证,没有问题牛奶"的效果不可同日而语。

其实,商场上有很多这样的例子,无论是规模多么大的公司,其产品也难免出现瑕疵,及时承担责任,积极采取补救措施,不仅不会失去消费者,反而能为自己的形象加分,甚至可以把坏事变为好事。比如,2009 年 8 月丰田就因其生产的汽车刹车踏板存在安全隐患而大规模召回了凯美瑞、雅力士、威驰及卡罗拉轿车,涉及车辆总计 688314 辆。这一举措被外界解读为企业有责任心的表现。

【民族阵线】:急切求助,大打民族牌

在信中,牛根生高举民族品牌旗帜,试图说明"救蒙牛"的必要性。蒙牛应该救，这是肯定的，因为蒙牛背后是千千万万奶农的生计和利益，是关系社会稳定的大事。但是，用企业责任绑架民族品牌的做法却是值得商榷的。

当时的蒙牛很危险，股价暴跌，价值缩水。资本大鳄蠢蠢欲动，牛根生高管层的控制权面临被夺走的危险，能不能及时筹足资金，确实关系到管理层在企业里话语权的存亡，但跟民族品牌是扯不上关系的。市场经济的基本原则就是优胜劣汰，蒙牛即使倒了，也可以再站起别的民族品牌，会有新的民族品牌取而代之。

更何况，蒙牛背后的股权结构，外资占很大比重，实际控制人是摩根士丹利，公司的注册地在开曼群岛，总部在香港湾仔分域街 18 号捷利中心 10 楼 1001 室，这能算民族品牌？当然，全球化导致民族企业难分真假，或许在蒙牛人看来，自己就是一家民族品牌，在国外注册是为了避税。蒙牛 2007 年的年报显示："于 2007 年，21 家子公司享受税务减免。该等获税务减免的子公司之应课税利润合计约人民币 11.34 亿元。"

但是，民族品牌这张牌不要轻易去打。民族品牌就要承担起相应的责任，做不到这一点或者犯了错误，就要承担相应的责任，不能寄希望于别人的同情。这才合乎情理，合乎法律，市场是不相信眼泪的。

【 信件回音 】

总体来说，这封信应该说没有起到预期的效果。这封信的时机掌握得不够好，牛根生作为中国企业界的"道德长者"，一向以责任感著称，包括他的"裸捐"行为，一度成为人们眼中的楷模。然而"三聚氰胺事件"发生时，他并没有及时站出来，等到危机将要结束的时候却又发出这封信，难免会让人们误解当初是心虚没有担当，现在则仅仅是为了企业而不是为了整个行业和消费者而"流泪"。

另外,这篇信的内容也值得商榷,尽管感情丰富,但感觉还是有些公文风格。而一篇公文风格的官样文章在这个时候发出来,注定会被冷嘲热讽。因为任何辩白在受害的消费者面前都是苍白的。

大多数人认为,如果牛根生在"三聚氰胺事件"发生后及时露面,真诚地为整个乳业的过失道歉忏悔,不是为蒙牛而是为行业未来忧患流泪,才是有大胸怀、有行业领袖气质的表现,才能真正为自己增分。

专家点评

李翔点评:牛根生与中国商业之劫

四年之后,重读牛根生这篇《中国乳业的罪罚救治——致中国企业家俱乐部理事及长江商学院同学的一封信》,仍然感慨万千。

牛根生在中国企业家俱乐部的内部会议上散发此封信件后,经过参加会议者事后的叙述,我对其内容已经有所耳闻。我相信,参会者中的很多人也并没意识到这封信会有多重要。因为告知我此事的人就说,自己并没有将信带走。但是,没有想到,随后一家媒体获得此信,并且将之发表,又在互联网上引发了一场争论。

当时争论的焦点基本集中在这封信的最后一部分,即牛根生以民族产业之名来呼吁他的同学和朋友们的帮助。"能不能及时筹足资金,撤换回被质押在外国机构里的股份,关系到企业话语权的存亡。作为民族乳制品企业的蒙牛,到了最危险的时候!"这导致了他的一部分朋友"躺着中枪",比如,有网友当时质疑说,中海油是国有企业,非傅成玉一人所有,傅成玉怎能慷慨解囊,去帮助牛根生渡过此劫?

这也是这封信和牛根生的策略中,最早被窥出破绽的一处。一个私营企业,动辄言及国家民族,以国家民族的名义为自己的利益辩护,已然让人反感。不知道牛根生是否考虑到此前娃哈哈的宗庆后在同达能的商业纠纷中就曾祭出民族产业大旗,先是赢得了群体一片喝彩,随后当公众恢复理智,就开始惹人反感?以公众利益的名誉为自己所有的一家公司辩护,已经容易惹人诟病。更何况,蒙牛还位列三聚氰胺奶的问题企业名单。一家侵害了公众利益和民族利益的私人企业,又搬出公众利益和民族利益的金字招牌,就更容易惹人生厌了。

如今时间已过去四年,重读此信仍然让人感慨,自然就有了除以民族之名为一己产业辩护之外的东西。这封信中,至少有以下几个地方是不符合以牛根生为代表的中国民营企业家应该维护和倡导的商业文明的:

首先,第一反应是卸责,而非主动承担责任。牛根生在信件中称:"这次'三聚氰胺事件',就是极少数祸国殃民的不法奶站钻空子造成的。企业最大的责任,就是没能把不法奶站送来的掺有三聚氰胺的原奶挡在门外,在管理上出现了重大疏漏。虽然受污染的只是一小部分奶源,却给相关消费者带来了严重的灾难,也给全社会造成极度的恐慌!"四年之中,三聚氰胺的阴影数度出现。甚至有媒体曝出,已经查明含有三聚氰胺的蒙牛产品,仍然在市场上流通。这岂是"极少数祸国殃民的不法奶站"所能解释的?

既然本着卸责的心理,一家公司和一家公司的灵魂人物当然不会认为自己做错了什么。如果做错了,也只是没能识别出那"极少数祸国殃民者"而已。如果一家出现如此重大安全事故的公司,有的是此种心态,那么,也不奇怪为何蒙牛在此次大劫难之后,仍然余波不断了。因为这家公司根本就不会认为自己做错了什么,而只是将之当作一次简单的公关危机对待。

其次,热衷于向公众灌输"阴谋论",将自己打扮成受害者。牛根生称:"网上有不少质疑和谩骂,这我都能理解;过去信之愈深,今天责之愈切。不过,网上的留言,成分也很复杂。如有人就给我造了个假博客,又有人给我女儿也造了一个假博客,他们还不断往我的真博客里发布诽谤性评论,我不清楚这背后的主谋到底是什么人。股价暴跌,导致蒙牛股份在价值上大为缩水,老牛基金会抵押给摩根的股票也面临被出售的危险。这引得境外一些资本大鳄蠢蠢欲动,一面编织谎言,一面张口以待……"如若果真如此,那公众岂不是"投鼠忌器",也要容忍一家公司损害公众利益的行为?

第三,大打情感牌,而不是理性解决问题。"由于三聚氰胺检验设备不足、检验时间长,在全国各个生产基地前,候检的奶车都排起了长队。往往只检完前面20%奶车里的牛奶,后面80%的奶车里的牛奶就已经坏了,只好倒掉。天阴沉沉的,不见太阳。一位奶车司机木然地看着汩汩流淌在地上的牛奶,'唉!'一声叹息,刺痛了周围人的耳膜……从白天到晚上,一车车牛奶倒个不停。"莫非这些奶都要让人食用了才好?三聚氰胺检验设备不足,这个问题与付费购买产品的消费者何干?一个公司本来就应该承担的最基本的责任,怎么也成为一张苦情牌,可以天经地义打出来博取同情?

第四,这封信的对象是"中国企业家俱乐部理事和长江商学院同学"。即使信已写成这样,牛根生仍然认为,他有责任去解释清楚的群体,是自己所属的那个小圈子,由那些对他信任有加并且慷慨解囊的企业家朋友们组成。而那些对他信任有加,也在不断以钱投票、购买蒙牛产品的消费者,则得不到他的解释和致歉。

由于这封信极有可能仍是蒙牛此前做得极好的公共关系部门人员代为撰写,因此,我不是很清楚,牛根生是否真的认为信中所言:"'三聚氰胺事件'是中国乳业的耻辱,蒙牛的耻辱,我的耻辱。它打断了人与人之间的信任链,一夜之间让人们开始'倒过来看世界'。"站在四年后的今天来看,"三聚氰胺事件"对整个中国商业世界的伤害前所未有,而且仍未抚平。中国富人或者中国民营企业家一直就在同中国文化中的"仇富"、"为富不仁"等心理暗示苦苦争斗。"三聚氰胺事件"则像上天同这些富而仁的中国民营企业家们开了一个残酷的玩笑，可能是嫌这个玩笑在当时开得还不够残酷，上天又时不时地继续加些佐料。这些佐料，我们通过此后蒙牛不断发生的负面新闻就可以看到。

牛根生说："我相信，一个犯过错误的企业、犯过错误的行业，一旦重新站起来，那就不再是'旧我'，而是一个千恩万谢、千思百虑、千方百计向全社会赎罪的'新我'……虽然企业有可能损失几十个亿，但我们绝不让诚信受损失！"今天看来，这封信中唯一让人感动的豪言壮语，是一个多么大的讽刺。

回到这封信，牛根生千言万语，其实远不如一句话：是的，我错了，我会承担责任，而且以后不会再犯类似错误。

什么时候，中国公司才能学会承认错误，并且承担责任呢？

点评人：李翔 《财经天下》周刊主编，曾任《时尚先生》总编辑、《经济观察报》主笔。出版有包括《商业领袖访谈录》、《商业的心灵》、《沸腾的十年》、《谁更了解中国》、《与商业明星一起旅行》等多部作品。

宗庆后：致法国达能集团公开信

【信件原文】

尊敬的里布董事长先生及各位董事：

你们好！

本人自 1996 年 4 月担任娃哈哈与达能公司合资的 5 家公司的董事长，一直到目前担任娃哈哈与达能合资的 29 家公司与 10 家二级公司的董事长，历时已 11 年 2 个月。由于本人无法忍受合资公司贵方两位董事（即贵集团亚太区总裁范易谋先生与中国区主席秦鹏先生，下同）的欺凌与诬陷，我的名誉与感情受到了极大的伤害，同时也需要腾出精力和时间来应对贵公司提起的法律诉讼，按范易谋总裁的说法，我将在诉讼中度过余生，因此，不得不辞去娃哈哈与贵集团合资的 29 家公司及 10 家二级公司的董事长的职务。为了给合资公司大股东一个交代，现将本人这 11 年 2 个月在合资公司任董事长期间的所做工作及对贵方两位董事的看法陈述如下：

一、我任娃哈哈与达能合资公司董事长期间做了些什么

1. 1996 年，合资公司仅有 5 家企业；发展至今已有 29 家合资企业及 10 家

二级企业,合计 39 家合资公司。

2.1996 年,合资公司的销售收入为 8.65 亿元人民币;2006 年的销售收入为 140.52 亿元人民币,增长 16.25 倍,累计实现销售收入 687.58 亿元。

3.1996 年实现利润 1.11 亿元,2006 年为 10.91 亿元,增加 9.82 倍。累计实现利润 69.65 亿元,用于分配 60.34 亿元,其中达能分回红利 30.77 亿元。

4.双方包括 10 家二级公司的其他股东合计投入资本金 33.29 亿元,实际投入固定资产 44.39 亿元,至今仅购置设备、土地、建设厂房的资金尚缺口 8.8 亿元,尚不计其他生产流动资金,全是我方设法筹措的。合资公司资产 1996 年为 10.49 亿元,2006 年已增至 78.9 亿元。

5.资本金回报率:1996 年为 15.8%,2006 年增至 43.89%。

6.今年 1～5 月,尽管贵方两位董事欲置本人于死地,但本人还是在负责任地管理合资公司,今年 1～5 月份销售额实际增长 25%(按合资公司自己的销售额对比),1～5 月份利润增长 25.12%。

从以上成果看,本人自认为在担任合资公司董事长期间是尽责与称职的,为合资公司的发展作出了不小的贡献。从今以后本人不在其位,亦决不会再谋其政,恕我不能再为其负责。

二、合资公司任职 11 年 2 个月的感受

1.贵方董事永远有理,随时可以把刀架在你头上

贵方董事一方面对本人提出了每年利润增长的要求,而另一方面又通过其董事会占多数的优势,对本人作出了许多限制条款的决议。例如:要求作为执行董事的我"在每一财政年度结束前至少一个月,向董事会提交下一财政年度的总预算",其中包括:"每项主要固定资产开支均需备有一份详细的可行性研究报告"(任何金额超过人民币 1 万元支出项目均视为主要固定资产开支项目);并规定 5 项"尤其须经董事会事先批准"的内容,其中有:"非有关雇用合

同所规定,向执行董事本人或向公司或其附属公司的其他人士支付的任何种类的款项"。如果执行这个决议,那我们每一项经营活动均需做一个详细的可行性研究报告,等待董事会的批复,甚至连出一趟差均要等董事会的批复,而这些贵方董事平时在什么地方都不知道,这个企业究竟如何经营下去?如果你不理他擅自干了,他随时可以以违约为由"砍你的头",如果你守约影响了经营其又可以以经营不善为由"砍你的头"。回想与他们激烈争斗的 11 年 2 个月我还算是命大、长寿的,与乐百氏中方经营者早被人"砍了头"、赶出了疆场相比还是幸运的。

2. 与不懂中国市场与文化的贵方董事合作是相当艰难的

由于贵方委派的董事根本不懂中国的市场,捕捉不到商机,而且除了每季开一次董事会要我们汇报经营状况、分析市场形势、提出下阶段营运方案,平时可以说根本看不到他们的人,而且可以毫不夸张地说他们可能对 39 家合资企业大门朝哪里开都不知道。本人为了合资公司的发展,多次向董事会提出开拓市场和开发新品的合理化建议,如增加水线扩大瓶装水的生产能力、生产非常可乐及根据市场的需要和响应政府部门的号召,到一些欠发达地区,同时亦是市场处女地的区域建厂,不仅有帮助贫困地区脱贫的社会效益,同时也会产生可观的经济效益等等,但屡屡遭到他们的否决。在这种情况下,为了合资公司的发展,本人也只好干了,否则我如何履行作为一个实际经营者为股东创造利益与回报的责任?而他们既反对亦知道我干了,亦没有采取任何限制的行动,幸运的是我干成功了,大大提高了合资公司的投资回报率,使合资企业得到了突飞猛进的发展,才免遭像乐百氏管理层被赶踢出局的厄运。

3. 既不想承担风险,又不愿履行责任,总想攫取别人的利益,对合资公司没有丝毫帮助

在合作的前几年,贵方委派的董事对我们提出来的发展项目总是不愿投资,而等我们投资了、产生效益了,他们又要硬挤进来了,不给他进还不行,实

际上是让中方承担前期投资的风险。等到后几年看看我们每一次都很成功，当年投产当年产生效益，总算是愿意投了，但投了之后一下子尚产生不了效益又要求退出，南阳的方便面项目就是如此，还非得要我们将股权买回去。我们的合资公司是1996年4月成立的，而贵方董事却要求我们将合资前的3月份利润亦要分给他们。11年来根据技术服务合同，贵方从合资公司拿走了8000多万的技术服务费，而这11年来却没有提供过任何技术服务，他们的所谓"合同规则"、"契约规则"又到哪里去了？连我们筹建一个科研中心需要到法国去参观考察一下，他们都要向我们收取陪同人员的差旅费，每人1.2万欧元的陪同费，如果要接受培训还得付每人每月1.2万欧元的培训费。他们派了一个技术总监来，非但没有提供任何技术，反而在收集我们的配方工艺，我们与你们在印尼合资的乳品厂至今亏本，他们连报表都难得给我们一份，而且从设备选型、配方工艺一直到安装调试、解决质量问题都是我们派人无偿予以解决，相比之下你们是否亦太小家子气了。最近范易谋还说营养快线是与我们共同开发的，请去问一下我们的科研人员到底是谁开发的，也可问一下贵方的二位董事，他们现在能否生产一批与我们一模一样的营养快线让我们看看。

三、并购不成，就搞个人人身攻击，欲将我置之死地而后快

1. 贵集团欲收购我们与贵集团非合资企业的51％股份，说实话这些公司均是以我公司员工集资为主建立的，实际上亦是为了稳定队伍、增加员工收入而建的，这些公司的成立亦是贵集团董事清清楚楚知道的，而且产品本身都是通过合资公司销售公司销售的，而他们开始要求以净资产的价格收购这些公司51％的股份，然后给我6000万美元补贴的方法来收购，你们想想员工能同意吗？他们通过辛勤的劳动将这些公司发展起来了，承担了风险，付出了心血，而你们却平白无故地要以净资产去收购他们的股份，这不是与抢劫一样？而且本人为了这点私利去损害员工利益，这种事本人会干吗？说严重一点，他们是在贿赂我，要我去侵害小股东的利益，而达到他们廉价收购的目的。即使后面以 40 亿元收购价收购,亦是低于投资额的,员工亦是不会干的,公司的股权已是他们的命根子。而收购不成即采取利用媒体,不惜造谣对我及我的家人进行恶毒攻击,到政府处告黑状,企图将我置于死地,还有什么加拿大护照、离岸公司等等,请拿出证据来! 他们无非是想给人造成宗庆后嘴巴上在保护民族品牌,实际上他连中国人都不是了,在维护加拿大、美国的利益的假象而已。而且我的妻子在你们未投资娃哈哈之前就是娃哈哈的员工,为娃哈哈辛勤了一辈子,现在退休了,为了公司的奶粉供应紧张问题还在不计报酬地去黑龙江等地奔波,她又惹你什么了? 我女儿大学毕业在公司打工又惹你什么了? 难道我廉价卖给你们了,连我女儿生存工作的权利都没有了? 我和娃哈哈与你们的矛盾,与她们又有何相干? 你们的两位董事有理就与我来说,甚至法庭上见,何必伤害我的妻女,破坏我的家庭生活。我深深地感到与这种人相处是很危险的,因此考虑再三是不能再与你们相处下去了,否则脑袋掉了都不知道是怎么掉的。而且把矛头对准我的妻女,是否想以绑票的手段来敲诈我、制服我? 堂堂一个世界著名的法国大公司,难道真的到了这一境界了吗?

2.言而无信,手段不地道

并购遭拒绝,你们的二位总裁与主席又多次通过法国驻中国大使馆向我国政府施压,而且将此事提高到中法两国关系的高度上来,将企业之间的并购与反并购的问题加以政治化,难道说让你低价并购了中法关系就好了,不让你并购中法关系就不好了? 施压不成又花巨资委托公关公司利用媒体,恶毒攻击本人,甚至还重金雇用英国尚未在中国注册的保安公司及邦信阳公司派人对本人及娃哈哈公司进行 24 小时跟踪监视,拍照摄像,被警方查获三次。这已严重地侵犯了本人的人权、隐私权,本人保留司法诉讼的权利。还通过猎头公司以高于原有收入的三倍、欧洲培训、全球度假的承诺挖我们销售、管理精英,向员工与经销商发函唆使他们背叛娃哈哈,我真不理解作为合资公司控股的大股东对合资公司另一股东做这样的事,到底为什么? 娃哈哈与你的合资企业每月都有详细报表报给你,每年你们指定的普华永道会计师事务所对合资企业进行二次审计,都有详尽报告给你,如果再想了解什么,你就问好了,何必采取这种手段来对付自己的合作伙伴? 在整个纠纷谈判过程中,上午还要求政府协调,双方不打口水战,不向媒体发表言论,下午就到上海举办新闻发布会,发表不实言论,为此我们被迫发表了三点声明后,你们又找政府协调要我们不发表任何主张,我们承诺了政府之后就此闭口,没有说过话,而且亦没有接受记者的采访,还引起了媒体的不满。而你们却不断地发布各种各样的攻击性言论,同时一会儿说我们非合资企业非法将产品通过合资的销售公司出售产品,一会儿又要求我们非合资公司的产品低价通过合资公司销售,还说什么付给了我高额的报酬,我管了与你合资的 39 家公司,仅从一家公司中拿工资,开始仅拿到了每月 100 多欧元的工资,你们认为我这个工资合理吗? 最后还是员工看不下去了,提出来给我加工资,现在才拿到不到 3000 欧元的工资。就算你们所承诺的每年利润的 1‰ 奖金(还制定了很多指标,如达不到还得扣减或取消)及每年 10 万左右欧元的工资补贴都能拿到手的话,我想我亦可能属于世界上最廉价的董事长兼 CEO 了,而他们还将此作为我的罪状向政府告状,天理何在!

四、11 年 2 个月的反思

本人最近对 11 年 2 个月与他们合作的过程进行了反思,我一直坦坦荡荡,总是以和为贵,以情服人。这亦可能是与我们的民族特性有关,一是我们中华民族是一个讲情理的民族,像商标问题,当初由于我们坚持要打娃哈哈牌子,因此他们提出来要将商标转让给合资公司,我们认为亦是符合情理的,当转让不成,他们要求签订商标许可合同时要求"前提必须是双方原来在合同中有关商标的协议和规定不可改变,而对合同的修订原则上必须为各方对商标的法律权利和义务不能有所改变",实质上就是要我们签订一个变相的转让合同,但当时碍于情理,我们还违心地与他们签了两份有违中国法律的阴阳合

49

同。因为当初已答应转让,而现在转让不成要满足以前的承诺。二是我们中华民族是一个宽容的民族、与人为善的民族,因此总是把好东西先给人家,自己吃点亏亦要让人家满意。与达能合作的 11 年 2 个月,由于过度宽容、与人为善,反而被他们认为软弱可欺,得寸进尺,造成了目前被贵方董事任意欺凌的后果。

五、达能,斯德哥尔摩见

去年他们一提法律诉讼要到斯德哥尔摩提出仲裁,本人就感到头皮发麻,因为既不懂语言又不懂西方文化,又怕被人歧视,说不清、道不明。现在想明白了:一是我们认识到,诉讼与仲裁是一种文明的处理矛盾与纠纷的办法,我们要学会诉讼,敢于诉讼。二是温州正泰集团在法国与法国人打官司亦打赢了,说明世界上正义与公正还是主流。三是现在我们中国亦有了说得清、道得明的人才了,他们会帮我们去说清道明的。四是我们并没有违约、违法,首先违法的是你达能,而且达能中国区的管理层一直漠视中国的法规,因此在整个合资过程中留下了许多违法的事实,因此达能还不一定会赢,我们亦不一定会输。在此我亦不想与你们细述,因为我们要遵守仲裁要求保密的仲裁规则。五是斯德哥尔摩是一个公正的仲裁机构,不会因为与你的肤色相同而偏袒你,必定会作出公正的裁决。因此本人从今以后不与你说了,亦不与你干了,亦不与你玩了,要养精蓄锐到斯德哥尔摩与你去讲理了,中国伟人毛泽东的一句诗词"不管风吹浪打,胜似闲庭信步",可以真实地反映我目前的心情。

六、今天本人告别达能,希望明天达能不要告别中国

达能在中国的名声因娃哈哈而起,娃哈哈亦曾是达能投资的楷模,达能与董事长先生您本人亦曾对娃哈哈与本人赞赏有加,而目前娃哈哈又是贵方委派的董事眼中的敌人,而且在媒体上将娃哈哈与本人恶意丑化,已引起了娃哈哈员工与经销商极大的愤怒,同时亦引起中国人的义愤。本人自认为还是比较大度的,而且如果贵方董事仅仅与娃哈哈及本人合作不好,可能与本人有关,而你们在中国的其他合作伙伴不是被搞掉了,就是被搞得怨声载道,我想你们该考虑一下到底是为什么,是否该改变一下你们的思维,改变一下你们的工作方法,是否该尊重一下中国人,尊重一下自己的合作伙伴,否则我看达能告别中国之日为期亦不远了。

由于以上原因,本人无法再担任与达能合资公司的董事长的职务了,实际上本人服务期至 2005 年就已结束了,现在已是超期服务了。这两年还在干无非是珍惜这一事业,珍惜跟随我 20 年的员工队伍、经销商队伍而已。中国人有句古话:"惹不起还躲得起",有本事赚钱什么事情不好干,何必再辛辛苦苦找烦恼。实际上我在 5 月 9 日已向董事会提出辞去合资公司董事长职务,后来他们找政府协调要求我继续担任,但现在你们一方面诽谤我,欲将我置之死地而后快,而另一方面还要我干,还要我给你们制定 2007 年的发展计划,我看换了你们亦是不会干的。目前我方已委派了新的董事,并已通知了贵方亚太区总裁,希望他们能与我们新委派的董事有更好的合作。

　　此致

敬礼!

宗庆后敬上

2007 年 6 月 7 日

【背景回顾】

1987 年 7 月,42 岁的宗庆后申请登记了一家国有校办企业——杭州市上城区校办企业经销部,总资产 20 万元,自己并非实际出资人。第二年为别人加工口服液,第三年成立杭州娃哈哈营养食品厂,并靠娃哈哈广告一炮打响。目前娃哈哈公司为中国最大的食品饮料生产企业,全球第五大饮料生产企业。

1996 年,急需资金周转的娃哈哈公司与欧洲第三大食品集团——法国乳品与饼干业巨头达能集团等外方合资成立 5 家合资公司,共同生产和销售娃哈哈系列儿童食品饮料。其中娃哈哈持股 49％,达能持股 51％,并坚持合资不合品牌,由中方全权经营管理。1999 年开始,娃哈哈建立了一批非合资公司,继续用"娃哈哈"的品牌进行经营活动。

2006 年,达能认为非合资企业使用"娃哈哈"品牌违法,其经营活动对合资公司形成市场竞争。并要求用 40 亿元人民币的价格并购娃哈哈集团下属的总资产达 56 亿元的其他非合资公司 51％的股权,被娃哈哈拒绝。"达娃之战"浮出水面,双方展开了各个层面的公关大战。

【信件解读】

【列举功劳】:陈述辞职理由,列举自己的功劳苦劳

在信中,宗庆后尽述 10 多年来对娃哈哈合资公司的功劳:包括合资公司发展到 39 家的规模,累计实现利润近 70 亿元,达能分得 30.77 亿元红利等等。用这些数据来证明自己工作的尽责与称职,说明自己对合资公司所作的贡献。

据不完全统计,2006 年上半年中国并购交易额达到 410 亿美元,同比增长71％。外资对中国企业的并购行为,从根本上来讲就是一种资本逐利的行为,资本不是天使,不论外资内资,都是一样的。

对于达能集团来讲,其实他们觉得自己获得这样的收益是完全正常的,也是合理的。因为任何一家企业的投资行为,都是为了获利。达能在中国投资娃哈哈、乐百氏、光明、蒙牛等一系列企业,都是这个目的。达能来中国就是来赚钱的,哪怕就是跟宗庆后闹成这样,他们还是会愿意与宗庆后重回谈判桌的,毕竟,赚钱比解气更重要。

宗庆后一再宣称达能投资 15 亿元,不算资产增值,10 年仅利润就得到 38

亿元。但作为合资企业的实际管理者和经营者,宗庆后为合资企业赚钱是天经地义的事情,也是他作为 CEO 的职责所在。不能为此觉得亏,宗庆后的非合资公司占娃哈哈集团所有公司的 61％,总资产 56 亿元,利润逾 10 亿元,达能没分到这部分,它还觉得亏呢。

这其实也为很多中国企业提了一个醒,很多企业在寻求与外资合作的时候,一心只想如何借助对方的资金做大做强,却很少注意到双方权利义务的平衡性,导致自己的"革命成果"被他人"摘了桃子",徒然为他人作嫁衣裳。而如果为了扭转这种局面而进行违规操作,就很容易被对方抓住把柄,让自己处于不利的地位。

【反思控诉】:控诉对方的言而无信、人身攻击

按照娃哈哈的经营业绩来看,宗庆后干得相当不错。那么,干得好好的为什么要辞职呢?信中也做了交代,那是因为对达能的言而无信和人身攻击已经忍无可忍了。

在信中,宗庆后指出董事会对他本人作出了许多限制条款,他认为这是不合理的。其实,有些条款可能苛刻了一些,但是对于这类条款,其实在国际投资合同中是普遍存在的。包括反稀释、优先分红、清算优先权、回赎权、随售权、带领权、知情权、监督权、资金共管等等,都是为了保护投资者利益所惯用的法律手段。

对于业绩绑定的条款,我们通常称之为"对赌协议",对赌协议在国际资本市场广为运用,它的存在有其合理性,也有风险性。比如 2006 年,"太子奶"与英联、高盛、摩根士丹利等三大投行"对赌",因未完成销售额增长 30％ 的目标,李途纯净身出户,彻底失去了自己一手创办的企业。

宗庆后还指出达能对合资公司的"不负责任"。10 年来,达能集团对娃哈哈技术、管理、研发上的帮助几乎等于零,却拿走了 8000 多万元技术服务费,达能的董事、工作人员等,平时根本不见人影,就只等着分享利益,典型的责任与利益不对称。

最让宗庆后气恼的,也许就是达能对他的人身攻击。达能雇佣保安公司,对娃哈哈及宗庆后个人进行 24 小时跟踪监控,严重侵犯了个人隐私。包括用高薪的手段挖合资公司的墙角,这些行为都是没有大公司风范的"小人行径",是令人不解和愤慨的。

【无奈宣战】:向达能宣战,奉陪到底

宗庆后总结自己与达能合作的 10 多年里,因为自己过度宽容,反而让对方得寸进尺,把自己逼得无路可走,因此决定向达能宣战,在这场风波里奉陪到底。

信中,宗庆后说到自己要养精蓄锐到斯德哥尔摩与达能讲理,表达了一种强硬的姿态。其实,达能在这场纠葛中同样也不痛快,达能一定是宁愿回到谈判桌上而不是对簿公堂的。斯德哥尔摩是什么地方? 这家 1917 年成立于瑞典的仲裁机构,目前可以受理世界上任何国家当事人所提交的商事争议。按照国际有关条约,瑞典斯德哥尔摩商会仲裁院的裁决具有法律效力,胜诉一方可以直接向中国的司法机关申请强制执行。这真的是一所"公堂"。

2006 年 5 月 9 日,达能在斯德哥尔摩对娃哈哈正式提起 8 项国际仲裁申请。申请仲裁的理由之一是,自 1996 年签订合资合同之后,杭州娃哈哈集团在多个非合资公司中使用娃哈哈品牌,构成了不正当竞争。

而显然,宗庆后有所恃。除了自己身后的团队和经销商的支持,达能在整个合资过程中也留下了许多违法的事实,自己也握着达能的"小辫子",因此,鹿死谁手,尚未可知。

其实,"达娃之争"发展到今天,有其历史原因。当年达能与娃哈哈合作,是在改制困境中进行的,其中有些合同条款显失公平,或者说是有些"灰色地带"。因此,如果达能和娃哈哈不得不走上公堂的话,可能对两方都很不利。结果可能会"双输"。

【信件回音】

撒开达能与娃哈哈之间的是非曲直、细枝末节,宗庆后的这封信字里行间大打"悲情牌"、"民族牌",可以说有得有失。在特定语境下,把达能描绘成"资本玩家",把自己塑造成"弱者",的确能得到一些人的同情。只不过,舆论层面上的一部分支持,在法律上不见得有效。

另外,偏激的民族主义情绪很多时候对理性的商业规则是无能为力的,生意就是生意,商业行为遵循商业规则,站在道德的制高点上纵然容易获得大众的同情与支持,但也很容易成为箭靶。对于一个把许多拥有外资股权的非合资公司都挂在美国籍的女儿名下的"民族品牌"维护者来说,道德的大旗有时候过于沉重。

杭州市经贸委和国家商务部也明确表明"这属于法律上的纠纷,应该通过法律的途径解决"。市场经济有市场经济的规则,激情不能代替律师,诚信和契约才是解决市场问题的标尺。总之,这封信中所表达的情绪化,在理性的商业社会中能发挥多少作用,有待商榷。

专家点评

侯杰点评:愚蠢的达能,遗憾的宗庆后

2007 年 8 月份,一名自称"税务研究爱好者"的举报人,实名举报宗庆后隐瞒巨额境内外收入,未如实申报个人所得税。而媒体从美国联邦税务法院网站了解到,宗庆后针对美国税务部门要求其缴纳约 2000 万美元税款和罚金的诉讼申请,将于 2009 年 6 月 22 日开庭审理。

宗庆后被指责偷税事件后,不少媒体以及业内猜测,幕后捅刀者高度疑似达能。听到这种言之凿凿的推测之后,第一感觉就是震惊。我有点不明白,达能到底想要什么?把宗庆后置于死地,他们又能得到什么?其实我们都很清楚,而达能其实更清楚娃哈哈最有价值的核心无疑就是宗庆后本人。你把宗庆后灭了,所谓树倒猢狲散,唇亡齿寒,娃哈哈的管理层、经销商必然会愤怒相向、倒戈而去。这么搞,你达能得到的不过是娃哈哈这具空壳而已!如果把宗庆后彻底打倒,那么将会对达能公司的利益造成严重损伤,这是一个昏招。

其次这事让人感到心寒。所谓杀敌一千、自损八百。这个道理作为国际并购老手的达能不可能不懂,但他们还是悍然甩出撒手锏,只能说明他们已经"黔驴技穷"了!从利诱、到威胁、到告上法庭、再到背后捅刀子,达能可以说是气急败坏、无所不用其极,其手段和做法,想想都让人不寒而栗,出离愤怒。"让宗庆后在诉讼中度过余生!"这句话如此看来还真不是小孩打架的互放狠话。

另外这事在让人痛恨之余,还让我觉得达能似乎也有点愚蠢。因为支持藏独一事,当时中法关系进入了一个尴尬时期,在中国民间甚至掀起了一轮反法浪潮。就在大家激情汹涌地抵制家乐福等法国企业的时候,达能却恰逢其时地冒了出来,凶狠而坚决地想砍掉宗庆后这面被视为中国民族食品产业之一的大旗,这不是火上浇油、引火烧身吗?想想很可笑,别人唯恐避之不及,你却主动往枪口上撞,非得把自己弄成众矢之的而后快,真是让人哭笑不得!

其实,在 2005 年 7 月之前,作为大股东的达能,一直把管理大权交给其创始人宗庆后,在坐享其成的同时,也对宗的小动作睁只眼闭只眼。但脆弱的平衡被范易谋这个四十出头的法国年轻人一脚踢翻。

曾担任过集团首席财务官的范易谋,于 2005 年 7 月 1 日被派往达能亚太区任总裁。屁股还没坐热,范易谋便悄悄展开对娃哈哈及对宗庆后本人的调查。调查发现,宗庆后从 1994 年就开始发展体外循环的非合资公司,当时已达 40 多家,总资产为 56 亿元,利润高达 10.4 亿元,竟然比合资公司业绩还高。

严谨而固执的范易谋认为,这些公司和合资公司存在竞争关系,损害了达能集团的利益,是"非法"的。于是得理不饶人,企图把宗庆后逼入死角。这位 44 岁的法国年轻职业经理人甚至放言,要让那位 63 岁的中国老一辈企业家在诉讼中度过余生。

同样固执和强硬的宗庆后,岂得容得下这口气?他聪明地把民族情感、公司利益、经销商利益和自己个人的利益捆绑在了一起,跟对方斗得不亦乐乎。

其实,也有不少理智和冷静的专家指出:娃哈哈和达能之争,纯粹是市场范围内的合约之争,应该交由相关法律来解决,如果悍然煽动"义和团般的民族对抗情绪",反而有损中国的大国形象和法律尊严。

偏激的民族主义情绪很多时候对理性的商业规则是无能为力的,生意就是生意,商业行为必须遵循商业规则,站在道德的制高点上纵然容易获得大众的同情与支持,但也很容易成为箭靶。

作为中国老一辈的优秀企业家,宗庆后有能力、懂世故、通情商,在中国的市场上游刃有余。但他却缺乏现代企业的相关常识,从而签订了"不平等"的条约,又因为缺乏市场的契约精神,以至于落下了"毁约者"的不良形象,非常遗憾。

作为双方的主角,宗庆后和范易谋已经刀来剑往地进行了数个回合的争斗。娃哈哈和达能之所以险些陷入两败俱伤的死胡同,正是因为双方由利益的较量滑向了面子上的意气之争……

通过此事,双方应该好好反思一下自己的长短与优缺,力争达到双赢的结果,而不是双输。

点评人：侯杰 著名财经评论员,中央人民广播电台经济之声执行编委,证券一部副主任,财经评论员、财经主播。多年从事有关全球财经、资本市场、证券股票、公司并购等相关领域的报道和研究,观点犀利、独到。

02

二　团队建设

任正非：给新员工的信

【信件原文】

各位新同事：

您有幸进入了华为公司，我们也有幸获得了与您的合作。我们将在共同信任和相互理解的基础上，度过您在公司的这段岁月。这种理解和信任是我们愉快共同奋斗的桥梁和纽带。

华为公司是一个以高技术为起点，着眼于大市场、大系统、大结构的新兴高科技企业。公司要求每一位员工，要热爱自己的祖国，任何时候、任何地点都不要做对不起祖国、对不起民族的事情。

相信我们将跨入世界优秀企业的行列，会在世界通信舞台上，占据一个重要的位置，这是我们的历史使命。公司要求所有的员工必须坚持团结协作，走集体奋斗的道路。没有这种平台，您的聪明才智是很难发挥并有所成就的。因此，没有责任心、不善于合作、不能集体奋斗的人，等于丧失了在华为进步的机会。那样您会空耗宝贵的光阴，还不如在试用期中，重新决定您的选择。

进入华为并不就意味着高待遇，公司是以贡献定报酬，凭责任定待遇的，对新来员工,因为没有记录,晋升较慢,为此,我们十分歉意。但如果您是一个开放系统,善于吸取别人的经验,善于与人合作,借别人提供的基础,可能进步就会很快。如果封闭自己,总是担心淹没自己的成果,就会延误很长时间,也许到那时,你的工作成果已没有什么意义了。

机遇总是偏向踏踏实实的工作者。您想做专家吗?一律从工人做起,进入公司一周以后,博士、硕士、学士,以及在公司外取得的地位均已消失,一切凭实际才干定位,这在公司已经深入人心,为绝大多数人所接受。您就需要从基层做起,在基层工作中打好基础、展示才干。公司永远不会提拔一个没有基层经验的人来做高级领导工作。遵照循序渐进的原则,每一个环节、每一级台阶对您的人生都有巨大的意义,不要蹉跎了岁月。

希望您丢掉速成的幻想,学习日本人踏踏实实、德国人一丝不苟的敬业精神。您想提高效益、待遇,只有把精力集中在一个有限的工作面上,才能熟能生巧,取得成功。现代社会,科学迅猛发展,真正精通某一项技术就已经很难了,您什么都想会、什么都想做,就意味着什么都不精通。您要十分认真地对待现在手中的任何一件工作,努力钻进去,兴趣自然在。逐渐积累您的记录,有系统、有分析地提出您的建议和观点。草率的提议,对您是不负责任,也浪费了别人的时间,特别是新来的员工,不要下车伊始,哇啦哇啦。要深入具体地分析实际情况,发现了几个环节的问题,找到解决的办法,踏踏实实、一点一滴地去做,不要哗众取宠。

实践改造了人,也造就了一代华为人,它充分地检验了您的才干和知识水平。只有不足之处不断暴露出来,您才会有进步。实践再实践,对青年学生尤其重要。唯有实践后用理论去归纳总结,我们才会有飞跃有提高,才能造就一批业精于勤,行成于思,有真正动手能力、管理能力的干部。有一句名言:没有记录的公司,迟早要垮掉的,就个人而言,何尝不是如此?

公司采取以各部门总经理为首的首长负责制,它隶属于各个以民主集中制建立起来的专业协调委员会。各专业委员会委员来自相关的部门,按照少数服从多数、民主集中制的原则,就重大问题形成决议后由各部门总经理去执行。这种民主原则,集中了集体智慧,避免了一人治众的片面性,自强、自律,这也是公司 6 年来没有摔大跟头的重要因素之一。民主管理还会扩展,权威作用也会进一步加强,这种大民主、大集中的管理,还需要长期探索、不断完善,希望您成为其中一员。

您有时可能会感到公司没有真正的公平与公正。绝对的公平是没有的,您不能对这方面期望太高。但在努力者面前,机会总是均等的,只要您努力,您的主管会了解的。要承受得起做好事反受委屈的考验,接受命运的挑战,不屈不挠地前进。没有一定的承受能力,不经几番磨难,何以成为栋梁之材。一个人的命运,毕竟掌握在自己手上。生活的评价,是会有误差的,但绝不至于黑白颠倒,差之千里。您有可能不理解公司而暂时地离开,我们欢迎您回来,只是您更要增加心理承受能力,连续工龄没有了,与同期伙伴的位置拉大了。但我们一样相信您会快步赶上,时间对任何人都是一样长的。

公司的各项制度与管理,有些可能还存在一定程度的不合理,我们也会不断地进行修正,使之日趋合理、完善,但在正式修改之前,您必须严格遵守。要尊重您的现行领导,尽管您可能很有能力,甚至更强,否则将来您的部下也不尊重您。长江后浪推前浪,青出于蓝而胜于蓝,永远是后面的人更有水平。不贪污、不腐化。严于律己,宽以待人。坚持真理,善于利用批评和自我批评,提高自己,帮助别人。作为一个普通员工要学会做事,做一个高中级干部还要学会做人,做一个有高度责任心的真正的人。

在公司的进步主要取决您的工作业绩,也是与您的技术水平紧密相连的。一个高科技产业,没有高素质的员工是不可想象的。公司会有计划地举办各项教育与培训活动,希望能对您的自我提高、自我完善有所帮助。业余时间可安排一些休闲,但还是要有计划地读书学习。不要搞不正当的娱乐活动,绝对禁止打麻将之类的消磨意志的活动。公司为您提供了一些基本生活服务,可能还不够细致,达不到您的要求,对此我们表示歉意。同时还希望您能珍惜资源,养成节约的良好习惯。为了您成为一个高尚的人、受人尊重的人,望您自律。

要关心时事,关心国家、民族的前途命运,提高自己的觉悟。不要卷入政治漩涡。要承认只有共产党才能领导中国,否则就会陷入无政府主义。一个高速发展的经济社会,没有稳定,没有强有力的领导,是不可想象的,共产党的缺点,应该通过整党和教育来解决。我们可以帮助她,但必须是善意的。

发展是生存的永恒主题。我们将在公司持之以恒地反对高中层干部的腐化,反对工作人员的懈怠。不消除这些弊端,您在公司难以得到充分的发展;不清除这些沉淀,公司的发展也将会停滞。

公司在飞速地发展,迫切地需要干部,希望您能加快吸收国内外先进的技术和卓越的管理经验,加速磨炼,不断进步,与我们一同去托起明天的太阳。

【背景回顾】

军人出身的任正非一手创办了华为,短短几年,华为就发展成为世界领先的电信网络解决方案供应商。2005 年 5 月 10 日,发表在《华为人》上的这封给新员工的信,成为华为每年欢迎"新兵"的必备之词。

以"狼性文化"著称的华为,如今拥有十几万员工,如何把这些员工打造成一支能征善战的队伍,是任正非心头的大事之一。这封语重心长的信就是吹响了保持华为文化特色,确保华为可持续发展的号角。

在人员规模急速扩张情况下,一个企业如何保持团队的凝聚力和向心力,是许多企业家面临的问题。华为任正非的这封信可以看作对新员工的"教育",而重视新员工也是确保华为团队战斗力的有力保障。

【信件解读】

【团结协作】：坚持团结协作，集体奋斗

在市场经济和参与国际竞争的大背景下，团结协作其实不仅仅是一家企业里企业文化的重要组成部分，更应该上升为企业战略的高度。华为的"狼性文化"一直强调"抱团"精神，狼群的一个特性就是默契配合、群体奋斗。

一个人没有团队精神将独木难支；一个企业如果没有团队精神将成为一盘散沙；一个民族如果没有团队精神也将难以强大。任正非深刻地认识到了这一点，为此，他在信中首先告诫新员工要"坚持团结协作，走集体奋斗的道路"，以实现团队的整合、连续、控制、遵从、协作为目的。

如华为一样，很多企业每年都会招收大量的"新人"，对于新员工来讲，他们年轻、充满斗志、对未来的期望值很高……这既是他们的优势，也是劣势。能否迅速而有效地改造这些新人，使他们成为团队的骨干力量，是影响企业成败的关键。

团队精神，不仅可以成就年轻人的职业梦想，还可以助推一个企业获得持续稳定的高速发展。在日益激烈的市场经济竞争中，发挥团队的力量可以保持企业在"打群架"式的竞争中保持优势。员工只是团队的一员，自身才华有大有小，只要能够彼此融洽合作，就能给团队和自己带来好处，从而达到个人和团队双赢的局面，这同时也是员工个人人生价值的体现，也是幸福工作的体现。

【踏实敬业】：踏实敬业地工作，实践出真知

对新员工来说，薪酬待遇往往是他们关注的首要问题。其实，任何一家成熟的企业，员工的"责、权、利"相对来说都是对等的，为企业作出了什么样的贡献，自然就能得到什么样的报酬，不论是金钱还是职位上的。只要有了

踏实的工作态度和工作措施,实实在在的工作绩效就是一个可以期待的结果。

踏实敬业也是一个职场人的职业操守,每位员工都应把自己看成企业运转链条上的重要环节,不论你做的是基层的、中层的还是高层的工作。新员工最容易产生好高骛远的情绪,但一个人的成长是很难速成的,可以通过跟团队的合作、向同事们学习等方式加快自己的成长,但踏踏实实的工作却是永远都无法省略的一步。也不要以兴趣为敷衍工作的借口。梁启超说过:凡职业都具有趣味的,只要你肯干下去,趣味自然会发生。踏实敬业,才是新员工成长的捷径,待遇或者晋升,都是成长的副产品。

任正非指出,新员工进入公司以后,学历以及以前的成绩、地位都会归零,员工需要从基层做起,一切重新开始。实践出真知,实践出业绩,实践造就员工个人的成功。员工只有对工作、对企业有了正确的态度,才能成为团队中合格的一员,而要做到这一点,首先就要统一思想认识,认同这封信中的要求。这样个人才会有飞跃,企业才能持续发展。

【管理制度】:介绍公司的管理制度,鼓励员工进步

尽管业内的精英们大都以进入华为为荣,华为"天下英雄尽入吾彀中",但是要管理这么庞大的精英队伍,没有严格的管理制度是绝对不行的。没有纪律的军队是一支没有战斗力的军队,众所周知,华为是一个半军事化管理、纪律严明甚至有些苛刻的公司,这种风格使得华为在"散漫自由的"IT界里蒙上了一层神秘色彩。

华为赏罚严明,但并不专制。华为采取以各部门总经理为首的首长负责制,这种大民主大集中制度,使得华为能充分发挥集体的力量,少走弯路,规避风险。信中还列举了一些重要的制度,比如德育方面的:教新员工如何对待工作、同事、上司,如何学会做人;多学习,多关心时事,过有意义的生活等等。

任正非还提到员工们不要对一家企业的期望过于理想化。对于制度上存在的某些瑕疵，是可以通过修正来完善的。但在此之前，员工必须要遵守公司每项规章制度，即使这些制度是不合理的，但就像军队一样，要做到令行禁止。

华为在努力地完善自己的评价体系，但这个世上没有绝对的公平，华为同样也做不到绝对公平，一个人的付出和回报可能会存在一些误差，但是总体看来，机会总是均等的。要在华为作出成绩、得到认可就要忍受一时的不公平，甚至委屈，只有经过这样的磨炼，员工才能成长，也才能被委以重任。

【信件回音】

这封信表达的不仅仅是华为对待员工的态度，也是员工对待华为的态度的要求和标准，任正非所讲的也不仅仅是对工作的态度，还是讲对单位、对人、对人生境遇的态度。毋庸置疑，这封信是华为精神宝藏的一部分，信中所传达的华为文化就像烙印一样烙在团队的每个成员身上，成为一种识别华为人的特殊印记和符号，并通过不断传承而生生不息。

这封信虽然写得比较早，但是信中倡导的许多社会价值观、企业文化理念、管理理念与员工职业精神，依然对如今的许多企业具有指导意义。信中推崇的社会责任和团队协作，也是许多企业中的员工所欠缺的。

新员工进入华为，首先就会收到这封邮件，这是华为给员工们上的第一课，是华为对新员工的欢迎、要求和忠告。华为的员工讲求脚踏实地、务实肯干，强调执行、纪律、忍耐、拼搏精神等，拥有这么多良好的素质，这封信功不可没。即使员工将来离开华为，这封信也必将对他的人生产生巨大的意义。

陈雪频点评：要创造价值，先明确价值观

企业的商业模式在不断变化，但其背后的价值观应保持相对稳定，价值观往往是创造价值的基础。一个企业的价值观比这个企业的商业模式的生命力更加持久，力量也更强大。

华为是一家非常值得尊敬的企业。无论是技术专利数，还是国际市场覆盖率，华为在中国企业都是首屈一指的公司。和那些依靠市场垄断和政策扶持的国有企业不同的是，华为的成功完全是依靠充分的市场竞争和核心技术优势确立起来的。可以说，华为是一家真正的"价值创造型"企业，是所有中国企业（尤其是民营企业）学习的榜样。

为什么华为能成长为一家"价值创造型"企业？这要从华为的价值观开始说起。可以说，华为是一家价值观非常鲜明的企业，任正非也是一个价值观非常鲜明的人。价值背后是价值观，正是这种鲜明的价值观，让华为成为一家与众不同的"价值创造型"企业。而最能体现华为和任正非价值观的，就是任正非写的那些信件。这些语言质朴真切的信件是研究华为的企业文化，以及华为为何能成功的最鲜活的素材。

在这些任正非写的邮件中，我尤其偏爱《给新员工的信》。我们经常说："一张白纸能画最美好的图画"，因为大学毕业生具有很强的可塑性，所以一个企业对大学毕业生的挑选和培养方面，是最能看出这家企业的价值观的。塑造那些刚步入职场的大学毕业生的性格要比那些有多年经验的老员工容易得多，任正非亲自给那些新员工写信，也是希望从他们刚刚进入企业开始，就塑造他们的企业价值观，这是塑造企业文化的第一步。

　　任正非在邮件中开宗明义："您有幸进入了华为公司,我们也有幸获得了与您的合作。我们将在共同信任和相互理解的基础上,度过您在公司的这段岁月。这种理解和信任是我们愉快共同奋斗的桥梁和纽带。"这句话点明了公司和员工的关系——他们之间是合作关系,理解和信任是基础,公司有必要把价值观和规章制度和员工说清楚,这样未来才能更好地合作。

　　任正非首先要求员工爱国："公司要求每一位员工,要热爱自己的祖国,任何时候、任何地点都不要做对不起祖国、对不起民族的事情。"对于一个以振兴民族产业为己任的公司而言,爱国是一种最基础也最朴素的情感,也是公司能凝聚人心的最基本的东西。

　　任正非接着要求员工要善于团队合作："公司要求所有的员工必须坚持团结协作,走集体奋斗的道路。没有这种平台,您的聪明才智是很难发挥并有所成就的。因此,没有责任心、不善于合作、不能集体奋斗的人,等于丧失了在华为进步的机会。"这也是华为的核心价值观——推崇团队作战,而不是个人英雄主义。

　　接下来,任正非还从"终身学习"、"专业精神"、"肯于钻研"、"遵守纪律"、"尊重领导"、"民主管理"、"政治正确"等各方面向新进员工提出了要求。可以说,这些都是华为价值观中最核心的一些要素,是价值观体系中的DNA。这些对价值观的要求有点像是一场大学新生教育课,启发新员工从进入华为开始,就要摒弃自己的一切过往,带着一颗热爱祖国的心,谦虚学习;不空谈理想,从最基层做起,努力实践;专注于自己的领域,踏实工作……

　　为什么任正非要给新员工写这封信呢? 难道华为的各种制度不够健全,还需要通过领导训话来实行"人治"么? 当然不是,我相信华为一定有各种各样的制度来规范员工的行为准则,但"制度是网,人心是水",制度能确保整个公司能够在正确的道路上前进,但制度不是万能的。一方面,制度没办法穷尽所有可能;另一方面,制度的管理需要高额的成本。对于一家拥有十几万员工的大企业而言,只用通过制度和价值观的教化,才能更好地领导这家企业。对新员工的价值传导,也是创始人的最大责任,体现了任正非的领导力。

还是那句话:价值背后是价值观。在我们研究一家企业的价值系统的时候,一定要努力研究这家企业的价值观。在很多人看来,价值观太"虚"了,不像技术这么有形和可衡量,但正是这种比较"虚"的价值观,才是指导企业成功的最"实"的原因。实际上,如果你去分析那些最伟大的企业,你会发现,他们的创始人几乎无一不是因为某种价值观而创业的。

"只有绅士和淑女才能为绅士和淑女提供服务",这是丽兹·卡尔顿酒店的信条。这样的价值观其实适用于所有企业:只有那些拥有追求卓越的价值观的人,才能提供不俗的产品和服务,而财务上的不俗表现不过是一件水到渠成的事。

对于大多数企业而言,他们的商业模式都在不断变化,只有商业模式背后的价值观保持相对稳定,才能支撑创业者去调整他们的商业模式。从这个意义上来说,一个企业的价值观比这个企业的商业模式的生命力更加持久,力量也更强大。

"鞋子是真实的,而利润只是一个结果。"德鲁克的这句话也值得所有企业家深思——"利润"的背后是"鞋子",而"鞋子"的背后则是"人"。只有那些坚持某种价值观才可能做出好的鞋子,也只有好的鞋子才能有好的利润,这才是成功品牌背后隐秘的力量。

点评人:陈雪频 智慧云传媒创始人,致力于将公司打造成"中小企业在管理领域的'私人医生'",多家媒体专栏作家。曾任《哈佛商业评论》中文版社群总监,接力中国青年精英协会联合发起人,"创新领导力精英计划"主任,《第一财经日报》管理周刊负责人,第一财经电视《头脑风暴》节目策划,担任多家跨国公司的市场和管理工作。先后毕业于同济大学、复旦大学和香港大学。

任正非：一江春水向东流

【信件原文】

千古兴亡多少事，一江春水向东流。

小时候，妈妈给我们讲希腊大力神的故事，我们崇拜得不得了。少年不知事的时期我们崇拜李元霸、宇文成都这种盖世英雄，传播着张飞"杀"（争斗）岳飞的荒诞故事。在青春萌动的时期，突然敏感到李清照的千古情人是力拔山兮的项羽。至此"生当作人杰，死亦为鬼雄"又成了我们的人生警句。当然这种个人英雄主义，也不是没有意义，它迫使我们在学习上争斗，成就了较好的成绩。

当我走向社会，多少年后才知道，我碰到头破血流的，就是这种不知事的人生哲学。我大学没入团，当兵多年没入党，处处都在人生逆境，个人很孤立，当我明白"团结就是力量"这句话的政治内涵时，已过了不惑之年。想起蹉跎了的岁月才觉得，怎么会这么幼稚可笑，一点都不明白开放、妥协、灰度呢？

我是在为生活所迫、人生路窄的时候，创立华为的。那时我已领悟到个人是历史长河中最渺小的这个人生真谛。我看过云南的盘山道那么艰险，100多年前的人们不知是怎么确定路线、怎么修筑的，不禁佩服筑路人的智慧与辛苦；我看过薄薄的丝绸衣服以及上面栩栩如生的花纹，那是怎么织出来的？织女们怎么这么巧夺天工！天啊！不仅万里长城、河边的纤夫、奔驰的高铁……我深刻地体会到，组织的力量、众人的力量，才是力大无穷的。人感知自己的渺小，行为才开始伟大。在创立华为时，我已过了不惑之年。不惑是什么意思？是几千年的封建社会，环境变动缓慢，等待人的心理成熟的一个尺度。而我进入不惑之年时，人类已进入电脑时代，世界开始疯狂起来了，等不得我的不惑了。我突然发觉自己本来是优秀的中国青年、所谓的专家，竟然越来越无知。不是不惑，而是要重新起步新的学习，时代已经没时间与机会让我不惑了，前程充满了不确定性。我刚来深圳还准备从事技术工作，或者搞点科研什么的，如果我选择这条路，早已被时代抛在垃圾堆里了。后来我明白，一个人不管如何努力，永远也赶不上时代的步伐，更何况在这个知识爆炸的时代。只有组织起数十人、数百人、数千人一同奋斗，你站在这上面，才摸得到时代的脚。我转而去创建华为时，不再是自己去做专家，而是做组织者。在时代面前，我越来越不懂技术、越来越不懂财务、半懂不懂管理，如果不能民主地善待团体，充分发挥各路英雄的作用，我将一事无成。从事组织建设成了我后来的追求，如何组织起千军万马，这对我来说是个天大的难题。我创建了华为公司，当时在中国叫个体户，这么一个弱小的个体户，想组织起千军万马，是有些狂妄、不合时宜，是有些想吃天鹅肉的梦幻。我创建公司时设计了员工持股制度，通过利益分享团结起员工，那时我还不懂期权制度，更不知道西方在这方面很发达，有多种形式的激励机制。仅凭自己过去的人生挫折，感悟到应与员工分担责任，分享利益。创立之初我与我父亲相商过这种做法，结果得到他的大力支持，他在20世纪30年代学过经济学。这枝无意中插的花，竟然开放得如此鲜艳，成就了华为的大事业。

在华为成立之初，我是听任各地"游击队长"们自由发挥的。其实，我也领导不了他们。前10年几乎没有开过类似办公会的会议,总是飞到各地去,听取他们的汇报,他们说怎么办就怎么办,理解他们,支持他们;听听研发人员的发散思维,乱成一团的所谓研发,当时简直不可能有清晰的方向,像玻璃窗上的苍蝇,乱碰乱撞;听客户一点点改进的要求,就奋力去找机会……更谈不上如何去管财务了,我根本就不懂财务,这也致使我后来没有处理好与财务的关系,他们被提拔少,责任在我。也许是我无能、傻,才如此放权,使各路诸侯的聪明才智大发挥,成就了华为。我那时被称作甩手掌柜,不是我甩手,而是我真不知道如何管。今天的接班人们,个个都是人中精英,他们还会不会像我那么愚钝,继续放权,发挥全体的积极性,继往开来,承前启后呢?他们担任的事业更大,责任更重,会不会被事务压昏了,没时间听下面唠叨了呢……我相信华为的惯性,相信接班人们的智慧。

到1997年后,公司内部的思想混乱,主义林立,各路诸侯都显示出他们的实力,公司往何处去,不得要领。我请人民大学的教授们,一起讨论一个"基本法",用于集合一下大家发散的思维。几上几下的讨论,不知不觉中"春秋战国"就无声无息了。人大的教授厉害,怎么就统一了大家的认识了呢?从此,开始形成了所谓的华为企业文化,说这个文化有多好,有多厉害,其实不是我创造的,而是全体员工悟出来的。我那时最多是从一个甩手掌柜,变成了一个文化教员。业界老说我神秘、伟大,其实我知道自己,名实不符。我不是为了抬高自己而隐藏起来,而是因害怕而低调的。真正聪明的是13万员工,以及客户的宽容与牵引,我只不过用利益分享的方式,将他们的才智黏合起来。

公司在意志适当集中以后,就必须产生必要的制度来支撑这种文化,这时,我这个假掌柜就躲不了了。从20世纪末到21世纪初,大约在2003年前的几年时间,我累坏了,身体就是那时累垮的。身体有多种疾病,动过两次癌症手术,但我很乐观……那时公司已有几万员工,而且每天还在不断大量地涌入,要出来多少文件才能指导、约束公司的运行!你可以想象混乱到什么样子。当时的我理解了社会上那些承受不了的高管，为什么会选择自杀。问题集中到你这一点，如同把你聚焦在太阳底下烤，你不拿主意公司就无法运行，你才知道CEO不好当。每天10多个小时以上的工作，仍然是一头雾水，内外矛盾交集。我的人生中并没有合适的管理经历，从学校，到军队，都没有做过有行政权力的"官"，不可能一下子产生出相应的素质，于是左了改，右了又改过来，反复烙饼，把多少优秀人才给烙糊了，烙跑了……这段时间摸着石头过河，还险些被水淹死。

2002年，公司差点崩溃了。IT泡沫的破灭，公司内外矛盾交错，我却无能为力控制这个公司，有半年时间都是噩梦，梦醒时常常哭。真的，不是公司的骨干们在茫茫黑暗中点燃自己的心，来照亮前进的路程，现在公司早已没有了。这段时间孙董事长团结员工，增强信心，功不可没。

大约2004年，美国顾问公司帮助我们设计公司组织结构时，发现我们还没有中枢机构，觉得不可思议。而且高层只是空任命，也不运作，提出来要建立EMT(Executive Management Team)，我不愿做EMT的主席，就开始了轮值主席制度，由8位领导轮流执政，每人半年，经过两个循环，演变到今年的轮值CEO制度。也许是这种无意中的轮值制度，平衡了公司各方面的矛盾，使公司得以均衡成长。轮值的好处是，每个轮值者在一段时间里担负了公司COO的职责，不仅要处理日常事务，而且要为高层会议准备起草文件，大大地锻炼了他们。同时，他不得不削小他的屁股，否则就得不到别人对他决议的拥护。这样他就将他管辖的部门，带入了全局利益的平衡，公司的山头无意中在这几年削平了。

经历了8年轮值后，在新董事会选举中，他们多数被选上。我们又开始了在董事会领导下的轮值CEO制度，他们在轮值期间是公司最高的行政首长。他们更多的是着眼公司的战略，着眼制度建设；将日常经营决策的权力进一步下放给各业务运营中心、区域经理，以推动扩张的合理进行。这比将公司的成功系于一人的制度要好。每个轮值 CEO 在轮值期间奋力地拉车,牵引公司前进。他走偏了,下一轮的轮值 CEO 会及时去纠正航向,使大船能早一些拨正船头,避免问题累积过重不得解决。

我不知道我们的路能走多好,这需要全体员工的拥护,以及客户和合作伙伴的理解与支持。我相信由于我的不聪明,引出来的集体奋斗与集体智慧,若能为公司的强大、为祖国、为世界作出一点贡献,廿多年的辛苦就值得了。我的知识底蕴不够,也不够聪明,但我容得了优秀的员工与我一起工作。与他们在一起,我也被熏陶得优秀了。他们出类拔萃,夹着我前进,我又没有什么退路,不得不被"绑"着、"架"着往前走,不小心就让他们抬到了峨眉山山顶。我也体会到团结合作的力量。这些年来进步最大的是我,从一个"土民",被精英们抬成了一个体面的小老头。因为我的性格像海绵一样,善于吸取他们的营养,总结他们的精华,而且大胆地开放输出。那些人中精英,在时代的大潮中,更会被众人团结合作抬到喜马拉雅山山顶。希腊大力神的母亲是大地,她只要一靠在大地上就力大无穷。我们的大地就是众人和制度,相信制度的力量,会使他们团结合作把公司抬到金顶的。

作为轮值 CEO,他们不再是只关注内部的建设与运作,同时,也要放眼外部,放眼世界,要自己适应外部环境的运作,趋利避害。我们伸出头去,看见我们现在正处在一个多变的世界,风暴与骄阳、和煦的春光与万丈深渊并存着。我们虽无法准确预测未来,但仍要大胆拥抱未来。面对潮起潮落,即使公司大幅度萎缩,我们也不仅要淡定,而是要矢志不移地继续推动组织朝着长期价值贡献的方向去改革。要改革,更要开放。要去除成功的惰性与思维的惯性对队伍的影响,也不能躺在过去荣耀的延长线上,只要我们能不断地激活队伍,我们就有希望。历史的灾难经常是周而复始的,人们的贪婪,从未因灾难而改进过,过高的杠杆比,推动经济的泡沫化,总会破灭。我们唯有把握更清晰的方向,更努力地工作,任何投机总会要还账的。经济越来越不可控,如果金融危机进一步延伸爆炸，货币急剧贬值，外部社会动荡，我们会独善其身吗？我们有能力挽救自己吗？我们行驶的航船，员工会像韩国人卖掉金首饰救国家一样，给我们集资买油吗？历史没有终结，繁荣会永恒吗？我们既要有信心，也不要盲目相信未来，历史的灾难，都是我们的前车之鉴。我们对未来的无知是无法解决的问题，但我们可以通过归纳找到方向，并使自己处在合理组织结构及优良的进取状态，以此来预防未来。死亡是会到来的，这是历史规律，我们的责任是不断延长我们的生命。

千古兴亡多少事，一江春水向东流，流过太平洋，流过印度洋……不回头。

【背景回顾】

2011 年平安夜，华为总裁任正非在公司内部论坛发表了这篇题为《一江春水向东流》的文章。生于 1944 年的任正非，此时已经走过了 66 个春秋，而且，"从 20 世纪末到 21 世纪初，大约在 2003 年前的几年时间，我累坏了，身体就是那时累垮的。身体有多种疾病，动过两次癌症手术……"按传统观点，他已到了退休的年纪，而在此之前，他必须考虑好接班人问题，以保证基业长青。这也是随着改革开放成长起来的许多企业家近几年遇到的普遍问题。

此前，曾有传闻称，任正非为了让儿子任平顺利接班，以 10 亿元人民币的"分手费"逼走公司董事长孙亚芳，随后华为公司发表声明予以否认。面对外界的传言和臆测，任正非以这封饱含感情的信件，结合自己的人生感悟，总结了企业管理的经验，谈到了华为未来接班人的敏感问题。

【信件解读】

【团队构建】:传递团队意识,制定激励制度

1987 年的华为全部资产只有区区 2 万元,只是一家弱小的个体户,任正非在一篇文章中写道:"华为公司有什么呢? 连有限的资源都没有,但是我们的员工都很努力,拼命地创造资源。"今天的华为已发展成为全球最大的电信网络解决方案提供商,年销售额超过千亿。华为是怎样打造这支能创造神话的团队的?

首先是任正非的危机意识,"华为的红旗还能扛多久?"这或许是任正非始终在向自己和员工提的问题。早在 2001 年年初,正当华为发展势头强劲的时候,任正非就在企业内刊上发表了一篇文章《华为的冬天》,提出华为的危机以及萎缩、破产是一定会到来的。这篇文章让"冬天"这个词自此超越了季节,成为危机的代名词。此后,任正非又接二连三敲响警钟,并采取种种措施将这种居安思危的危机意识和压力传递给每一个华为人。

其次是任正非的团队意识,他小时候崇拜大力神、个人英雄主义,长大后却处处步履维艰,终于明白了个人是渺小的,团队的力量才是伟大的。他所倡导的"狼性文化",其特性之一便是群体奋斗的意识。任正非利用《基本法》统一公司内部的思想,消灭各路诸侯宗派,把员工们从精神文化层面拧成了一股绳,组织起了一支"狼团队"。

最后是有效的激励制度。应该说,实际的利益驱动,是华为员工始终保持活力的重大秘诀之一。在如今华为的股权中,任正非只有不到 1.5% 的股份,其他股份都由员工持股会代表员工持有,有近 7 万的员工持有虚拟的受限股。如果你离职,你的股份该得多少,马上拿现金折算给你;但是你不能再继续持有华为股份了,华为的股份只给那些现在还在为华为效力的人。

这样，从股权的结构设计上，华为使得所有员工都能分享到公司的成就，把13万员工团结起来。而华为公司的员工在这样的利益驱动下，可以说，哪怕是任正非不想干了，员工们还是会拼命干。员工和股权制度，就是希腊大力神的母亲，而这些，也正是华为集体接班人制度的基础。

【接班人制度】：创造性的 CEO 轮值制度

俗话说，打江山容易守江山难，选择一个什么样的接班人对公司的后续发展影响极大。毫不夸张地说，接班人问题关系着事业的传承还是消亡，这是一个困扰国内众多民营企业家的普遍性难题。

在接班人的选择上，一般有三种选择：一种是家族式继承，好处是"我爱我家"。然而，有些继承人却缺乏开拓的勇气和锐气，守成有余，创业不足，甚至"败家"。麦肯锡一项关于家族企业的研究结果表明：全球范围内家族企业的平均寿命只有24年，其中只有大约30%的家族企业可以传到第二代，不足13%的企业能够传至第三代，只有5%的家族企业在三代以后还能够继续为股东创造价值。

在我国迅速崛起的民营经济中，有90%以上的企业都是家族企业，为了打破家族继承"富不过三代"的魔咒，企业家们在选择接班人时也用尽了心思。比如，方太集团的创始人茅理翔早在交班前的七八年，就开始对儿子茅忠群进行培训和教育，经过"带三年、帮三年、看三年"成功地进行了权力交接。

第二种则是内部选拔培养。这种方式的好处是接班人业务熟练、上手很快，还可以避免人事地震。不过，这种方式也容易引起其他元老级人物的不满，导致军心离散，需要一定时间的磨合。比如，"不是家族企业的家族企业"——联想，其创始人柳传志就用这种方式选择了杨元庆接棒，同时，采取了种种措施帮杨元庆顺利开展工作，使联想的发展上了一个新台阶。

第三种方式则是聘请职业经理人。但目前国内职业经理人激励与约束机制尚未完善，权责、风险等问题未能得到很好解决，很多企业的所有权与经营权还未分离,这也影响了企业的持续发展。

任正非回顾了公司的组织机构从无到有到现在实行轮值 CEO 制度的演变,态度鲜明地为轮值 CEO 制度鸣锣开道。一江春水向东流,也是希望人才的继承如江水一般延绵不绝,从而实现企业的永续经营。

再结合华为内刊上他的自律宣誓:"郑重承诺:在任期间,决不允许亲属与公司发生任何形式的关联交易,决不在公司的重大决策中掺杂自私的动机。"我们可以认为,华为的接班模式应该是这样的:既不是儿子任平、女儿孟晚舟世袭,也不是职业 CEO 接管,而是"CEO 轮值计划"。对于继任者,任正非显得比较自信:"相信华为的惯性,相信接班人们的智慧。"

同时,任正非提出只有"尽贤"和"不断培养接班人"的人才可能成为华为的领袖,这样才能保证企业的长盛不衰。他认为接班人问题不仅是要实现老板位置的更替,而且要能带队伍,实现文化的传承,实现企业的可持续发展。的确,个人的力量是渺小的,必须增强企业内部的凝聚力,发挥团队的力量,企业才会有长久的生命力。或许,这也是他选择轮值 CEO 制度的原因吧。

面对未来,任正非告诫团队:"要改革,更要开放。要去除成功的惰性与思维的惯性对队伍的影响,也不能躺在过去荣耀的延长线上,只要我们能不断地激活队伍,我们就有希望。"拳拳之心,溢于言表。

【信件回音】

内部员工认为,老板也不是神仙,这个世界上也有很多事情是他力所不能及的,他也会忧虑,也会彷徨,甚至也会流泪。但他能团结人,靠别人的能力,一起来完成这个公司的运作和发展。华为的发展,靠的是团结人心。

在这封信中,我们看到的不是任正非作为一个全球排名前三的大设备商的统帅所表现出的那种霸气和强势,更多的是一种理性的思考和真情的流露。

一江春水向东流,更是希望人才的继承如江水一般延绵不绝,利用 CEO 轮值制度这种集体接班的方式,实现企业的永续经营。而且这种制度经历了 8 年的实践检验,大大锻炼了"接班人们"的能力,也使得公司得以均衡成长,是很有说服力的。可以说,这样的接班是变动最小的,也是最平稳的。

不过,也有一部分人认为,轮流执政就是没人当家,没有灵魂人物。一旦任正非隐退,其他人并没有任正非的威望,在"诸侯文化"盛行的华为体系中,很难说华为会不会面临诸侯争权的局面,希望不会引发"战国七雄"的局面。从这个角度考虑,华为这种 CEO 轮值模式是一种趋于理想的模式,本质上带有任正非个人的浪漫主义色彩,这一制度到底效果如何,尚需时间检验。

专家点评

杨曦沦点评:华为,在自我更新中进化

2011 年平安夜,华为集团总裁任正非给内部员工写了一封信,叫《一江春水向东流》。在信中,任正非以一种非常感性和非常委婉的方式,对近来闹得沸沸扬扬的华为接班人问题作出了回应,并提出要推出轮值 CEO 制度,并指出这一制度最大的好处就是可以将日常经营决策的权力进一步下放给各业务运营中心、区域经理,以推动扩张的合理进行。每个轮值 CEO 在轮值期间奋力地拉车,牵引公司前进。他走偏了,下一轮的轮值 CEO 会及时去纠正航向,使企业这条大船能早一些调整船头,避免问题累积过重得不到解决。此举比将公司的成败系于一人的企业独裁制度要好得多。

一直以来,任正非都以低调而在业界闻名。虽然早在 2005 年,任正非就与比尔·盖茨、史蒂夫·乔布斯等全球 IT 名人的名字一起出现在了美国《时代周刊》评选的"全球最具影响力的一百人"名单上,在西方商业界享有极高声

望,但在国内,任正非依旧保持着极少与媒体打交道的个人作风。在这段时间内,外界获取任正非及华为最新动态的方式只有一种:那就是任正非本人的内部来信。这些流传出来的内部信件,包括《我的父亲母亲》、《北国之春》、《华为的冬天》等,都在业界引起了极大轰动。而这次《一江春水向东流》的面世,当然也带来了同样的爆炸效应。

任正非的内部来信,为什么会引起如此巨大的公众效应?不仅在企业家精英层激起了巨大反响,也在社会大众层卷起了巨大声浪,一个很重要原因就是任正非本人对未来发展局势的判断具有非常强的穿透力。在《华为的冬天》一文中,任正非就对即将带来的 IT 寒冬作了提前的预警,并且从战略、流程、文化建设与创新机制等方面对华为如何应对 IT 寒冬给出了一个完整的解答。在那篇文章中,任正非提到了两个重点:一个是危机,另一个是变革。但那时,大家记住的是危机,而忽略的却是变革。对于变革,任正非要削"中国化的脚"来适"国际化的鞋",而那个时候,大多数 IT 企业都处在盲目乐观状态,大多沉醉在对市场井喷所带来的表面繁荣之中,而华为却已经开始把触角伸向了国际市场,利用在中国市场所总结出来的"农村包围城市"战略,首先在第三世界取得了市场大突破,并且在 2005 年之际就开始在成熟市场与思科等国际巨头形成了正面对垒的态势。

这次,任正非又在整个全球经济处于新一轮大盘整之际,抛出了《一江春水向东流》。这一封信被大多数人解读为对外解释华为交班与接班的方针与策略,而忽略了其背后所蕴藏的华为在未来如何与国际巨头展开全面竞争的价值观与方法论。为什么这么说呢?其实,只要稍微对任正非写这封信时的内外部环境作一个背景分析,就不难得出这一结论。

早在 2010 年 4 月,华为就已经成功晋升为全球第二大电信设备运营商。作为世界亚军,和仅仅作为中国冠军,所面临的竞争压力自然不一样。在过去,华为可以通过"农村包围城市"的策略,通过在企业内部推行"狼性文化",

培养更多的敢死队员，深入第三世界的"不毛之地"，以低成本、高效率、强执行的方式去跑马圈地，从而实现"以空间换时间"的战略目标。但现在华为年收入已经突破300亿美元，接下来必定要在成熟市场与传统国际巨头展开遭遇战与肉搏战。身份的转变，自然意味着竞争战略要转变，由于已经登上了世界的最高舞台，华为就必须完成由过去单纯跟随者向未来领导者这一思维定式的转变，要完成这一转变必然要对公司最高决策机构与决策机制作出调整。

这一信息也在《一江春水向东流》中有了充分表达。在信中，任正非着重强调了华为为什么要选择"轮值CEO"。那就是华为已经超越了一个封闭世界所能达到的极限状态，开始与多变、开放的外部世界建立了更深的利益联系。

换句话说，华为繁荣与衰败已经与整个世界、整个行业的繁荣与衰败休戚相关。要在如此复杂多变的环境下，对未来方向作出准确判断，单靠一个人的智慧肯定不够，一定要动用群体的智慧。

点评人：杨曦沦　奥运品牌学者、品牌资产管理专家，著有《奥运品牌模式》、《CEO品牌之道》等。通过对奥运品牌全球化运作的研究，提出了"外部关系内部化、内部业务外包化、局部利益整体化、整体利益分享化"的"品牌化组织"概念，为企业的可持续发展的制度设计提供了新的视角。

柳传志：给杨元庆的一封信

【信件原文】

元庆：

　　来香港后，虽然任务繁重，但对你的情况仍不放心。自我检查后，觉得这几年和你沟通少，谈的都是些你要解决的具体问题。客观原因是你和我都忙，主观原因是没有特别注意我们之间沟通的重要性。我想利用边角或休息时间写信给你，用笔谈的方式会比较冷静，但我也不想很正式，只是拿起笔想到哪儿就写到哪儿，还是自然感情的随意流露，未必就逻辑性、说理性很强。一次谈不完，下次接着再谈。

　　我喜欢有能力的年轻人。私营公司的老板喜欢有能力的人才主要是为了一个原因——能给他赚钱，有这一条就够了。而国有公司的老板除了这一条以外，当然希望在感情上要有配合。

　　联想已经是一番不太小的事业了，按照预定的计划将发展到更大。此刻不对领导核心精心加以培养，将来的一切都是空话。

　　那么我心目中的年轻领导核心应该是什么样子呢？

一要有德。这个德包括了几部分内容：首先是要忠诚于联想的事业，也就是说个人利益完全服从于联想的利益。公开地讲，主要就是这一条。不公开地讲，还有一条就是能实心实意地对待前任的开拓者们——我认为这也应该属于"德"的内容之一。

在纯粹的商品社会，企业的创业者们把事业做大以后，交下班去应该得到一份从物质到精神的回报。而在我们的社会中，由于机制的不同则不一定能保证这一点，这就使得老一辈的人把权力抓得牢牢的，宁可耽误事情也不愿意交班。我的责任就是平和地让老同志交班，但要保证他们的利益。另一方面，从对人的多方考核上造就一个骨干层，再从中选择经得住考验的领导核心。

另外，属于"才"和"德"边缘范围的内容是，年轻的领导者要无私，对自己严格要求，对合作伙伴要大度和宽容，具有卓越的领导能力，还能虚心看到别人的长处，不断反省自己的不足等——这些优良品质才能使人心服。

你知道我的"大鸡"和"小鸡"的理论。你真的只有把自己锻炼成火鸡那么大，小鸡才肯承认你比他大，当你真像鸵鸟那么大时，小鸡才会心服。只有赢得这种"心服"，才具备了在同代人中做核心的条件。

当然，在别的国有企业，都是上级领导钦定企业负责人，下面一般都心不服，所以领导班子很难团结。我如果不提前考虑这个问题，而像一般国有企业一样到时候再定，也不是过不去，只不过在联想进一步发展时，可能在班子问题上留下隐患。

我是希望朝这个方向去培养你的。当你由 CAD 部（主要代理惠普产品）调到微机事业部，并在当年就把微机事业部做得有显著起色时，我的心中除了对事情本身成功的喜悦以外，更有一层对人才脱颖而出的喜悦。在你开始工作后不久，诸多的矛盾就产生了。我是坚决反对对人求全责备，如果把一切其他人得到的经验硬给你加上去，会使得你很难做。我们努力统一思想，尽量保证公司环境对微机事业部的支持。事实证明了你的能力和不达目的誓不罢休的上进精神。

当事情进展到这一步，我应该更多地支持你发展优势，同时指出你的不足，让你能上更高的台阶。而你在这时候，应该如何考虑呢？我觉得应该总结出自己真正的优点是什么，自己的弱点是什么，到底联想的环境给了你哪些支持（这能使你更恰如其分地看待自己的成绩），主动向更高的台阶迈进要注意什么。

当我心中明确了将来作为领导核心的人应该具备的条件以后，我对你要做的事是：第一，加强对你的全面了解，你自己也要抓住各个机会和我交流各种想法，不仅是工作上的，而且应该包括方方面面的。第二，加强和你的沟通，使你更了解我的好处和毛病，性格中的弱点——"后脑勺"的一面，这才能产生真正的感情交流。第三，互相帮助，但更多的是我用你接受的方式指导你改正缺点，向预定的目标前进。

以上的部分是我用了星期六的一个钟头和星期日的一个钟头写的。马上我又要外出了，我想信就写到这里。下面是我想从你那里得到的信息：第一，你是不是真有这份心思吃得了苦，受得了委屈，去攀登更高的山峰？第二，你自己反思一下，如果向这个目标前进，你到底还缺什么。

【背景回顾】

1986 年，杨元庆毕业于上海交通大学计算机专业，同年进入中国科技大学研究生部深造。1989 年，杨元庆毕业，只是因为毕业之后必须要找一个工作，自己又不太喜欢在研究所里搞研究，而适逢联想第一次公开向社会招聘员工，于是杨元庆进入联想。

同年被录用的郭为一进公司就被任命为公关部经理，而杨元庆进公司前三年一直默默无闻。三年后，柳传志宣布任命杨元庆为公司 CAD 部（计算机辅助设备部）总经理,代理销售惠普公司的绘图仪。

自其上任后,该部的销售业绩每年均以超过100％的速度增长,两年后,杨元庆离开CAD部时,它的销售额从3000万元增加到了3亿元。杨元庆有一种过人的智慧,但却不善于与人沟通,当时联想有许多聪明机敏、善于表达的年轻人,但柳传志对杨元庆却另眼相看。

1994年联想成立微机事业部,柳传志劝住了想"出国深造"的杨元庆,把研发、生产、销售、物流供应和财务运作大权全部交给了他。杨元庆的业绩蒸蒸日上,但是跟其他人的冲突也日益激烈,为此,柳传志严厉地要求他学会妥协,并写了这封信给他,坦诚地讲出了自己看法,表示将以"未来核心领导人"的标准要求他。

【信件解读】

【人才标准】:阐述选拔人才的标准,德才兼备

企业所需的优秀人才,应是德才兼备的人才。有德无才是庸人,有才无德是小人。这两种人都不堪大用。而如果以选拔接班人、延续一个良好的团队为目的,那么德才兼备这个标准就更加重要了。

柳传志有他独特的人才理论,他说:"小公司办事,大公司办人。"一个成功的企业家首先应该是识人、选人、知人的专家,在经营和管理人才方面具有高超的智慧。柳传志的成功,就是得益于对接班人的选定和一个可持续发展的团队的组建,这是当代很多企业家无法企及的。

信中,柳传志谈了自己对德才兼备的理解,表露了他心目中的接班人应该具备的条件。"德"指的是事业心与责任心,要把联想的事业当成命来做,能实心实意地对待前任。"才"指的是要有很强的学习能力与工作能力,要掌握一定的科学技术,有着分析、解决问题的能力,心胸要宽阔等等。

通用电气前 CEO 杰克·韦尔奇曾说过："首选有德有才的人委以重任；其次是用有德、可以通过学习提高才能的人；最不能用的是有才能但品德低下的人。"企业不论是要选择接班人还是组建团队，对人才的要求从根本上就是德才兼备。

一家企业的接班人其实面临着两方面的问题：一个是如何对待创业元老，如何保证他们的利益，让他们自愿地、平和地交班；一个就是如何打造一支高效的团队，跟自己一起冲锋陷阵，延续事业。柳传志的"德才兼备"的标准，其实也适用于后者。

【才能培养】：团队领导人个人才能的培养

在信中，柳传志是以一个"前辈"而不是上级的语气去警示杨元庆的。他提到一些隐秘的话，指出自己正是以"团队核心领导人"的标准来要求杨元庆的，既包含着对杨元庆的赞赏，又满含期许，希望他能更加完善自己，成长为一个合格的团队领导，接好自己的班。

杨元庆个人的工作能力是毋庸置疑的，在他出任联想电脑公司总经理的第一年，联想自有品牌电脑就销售出 4.2 万台，跻身于中国市场三甲之列，时年杨元庆只有 29 岁。他也因此被中国各界誉为"销售奇才"、"科技之星"。

然而，要做一个团队的核心领导，就不能仅仅是一名"闯将"，还必须让整个团队"心服"，这就对个人提出了更高的要求。在信中，柳传志讲了大鸡小鸡的理论，如果要想获得团队中其他成员都认可的优势，就需要比他们高出许多许多，包括能力、心胸。

一家企业的接班人，如果仅仅靠上任指定，而自己不能服众，不能得到整个团队发自内心的认可，是很难团结整个班子、做出更大的成绩的。这也是很多企业接班人"守家业难"的根本原因，试想，团队成员对自己的核心领导阳奉阴违，又怎么能发挥出同仇敌忾的战斗力呢？

因此，团队的核心领导个人才能的培养至关重要。从一个出色的团队成员,到一个卓越的核心领导,绝不仅仅是靠出色的业绩就能完成这个质变的。个人的人格魅力、品性等等,都是需要用心锤炼打磨的。

【指出不足】:指出杨元庆提升的路径和方式,要顾大局,重集体

在信中,柳传志指出了杨元庆不足的地方,指出他跟同事们之间存在着诸多的矛盾。杨元庆有很多地方让柳传志欣赏,比如他的执着坚定、面对挑战时的满腔激情等等。但是,杨元庆的固执己见以及和他的前辈们之间的种种争端,也给柳传志带来了不少麻烦,他不得不夹在中间做"和事佬",按下葫芦浮起瓢,为协调杨元庆和其他人的关系而搞得身心疲惫。

为此,柳传志决定告诉杨元庆一个道理:在大多数情况下,绝对公正并不一定是最好的选择,妥协和富有弹性才更加智慧。对于饱经风霜、富有智慧而又修炼到极致的柳传志来说,做到这一点游刃有余,而要让杨元庆沿着这条路径提升自己,则不是一件简单的事,除了自己的苦口婆心,还要看杨元庆的悟性。

顾大局,重集体,团结整个团队,是一个团队的核心领导应该掌握的最精妙的艺术,什么时候把妥协和弹性的分寸拿捏到恰到好处,这个领导人也就达到了炉火纯青。显然,这个时期的杨元庆,才是柳传志刚刚入门的弟子。

柳传志的一连串问句,其实是对杨元庆的一系列提点。师傅领进门,修行在个人,杨元庆能否领会妥协和大局的意义,对他今后的发展至关重要。柳传志在信中,提出希望能够彼此袒露心扉,加强沟通和了解,他对杨元庆的器重和爱护之心,可见一斑。

【信件回音】

联想是一家"不是家族企业的家族企业",柳传志作为上一辈的创业者,不仅非常希望自己的接班人能够把联想的事业发扬光大,同时也希望自己的继任者跟自己感情上也能合拍,因此,他对核心领导人的培养是花了很大力气的,他对杨元庆的谆谆教导与殷切期望,就是这种心情的生动写照。

杨元庆其实是很感激柳传志当年的一番苦心的。这使得他俩在以后多年的打拼中,一起承受风浪,亲如父子。2004 年,杨元庆曾说过这样的话:"如果当初只有我那种年轻气盛的做法,没有柳总的那种妥协,联想可能就没有今天了。"柳传志始终做着杨元庆坚强的感情后盾。

对于我们国家的企业来说,人情练达更是一门大学问,什么时候应当秉公持正,什么时候应当妥协,需要领导人发挥最大的智慧。做企业就是做团队,就是做"人的工作",这是这封信给我们的另一启示。

专家点评

左志坚点评:企业交接班是一场大考

未来 5~10 年内,中国将有几百万企业完成交接班传承,比如在湖南,22家上市的家族企业中,15 家企业的现任掌舵人年龄超过 50 岁,接班之事已迫在眉睫。未来几年,全国范围内需交接班的企业其数量之多、时间之紧,在世界企业传承史上是罕见的。形势逼人,在接班大考中如何规避风险完成转型,是非常考验企业家智慧的。

这面旗帜应该交给谁? 传内不传外? 传男不传女?

企业不是帮派,但在选接班人的问题似乎比帮派更困难。企业家要考虑的不只是血缘关系,还要综合评定接棒者的品格、能力、气度、利益等指标。

杰克·韦尔奇曾说:"对领导能力最后的考验就是看企业能否获得持久的成功,而这需要不断地培养接班人才能完成。"交接班是企业的一场大考,领头羊的选择必须慎之又慎。

联想在这样的考试中成绩优异,给众多企业带来了很好的参照。

杨元庆曾不懂得妥协,是柳传志苦口婆心地教会了他:"人生在世,注定要受许多委屈。而一个人越是成功,所遭受的委屈也越多。要使自己的生命获得价值,就不能太在乎委屈,不能让它们揪紧你的心灵。要学会一笑置之,要学会超然待之,要学会转化势能。智者懂得隐忍,原谅周围那些人,让我们在宽容中壮大。"

如今的杨元庆,已经是一名成熟的掌舵人,正带着联想展翅高飞。

就在近日,另一份堪称完美的答卷由美的创始人何享健答出。在 2012 年 8 月 25 日,美的集团宣布何享健不再担任集团董事长,而只担任美的集团的控股股东美的控股有限公司的董事长;其职务由方洪波接任,并兼任美的电器董事长兼总裁。这一人事变动既是职业经理人首次接掌民企的典型案例,亦是美的集团走向现代企业的标志性事件。

据公开资料显示,新一届美的集团董事会将清一色由职业经理人担任,成员有方洪波、黄健、蔡其武、袁利群等,他们平均为公司服务 15～20 年。45 岁的方洪波与何享健非亲非故,是一位在"美的"成长起来的职业经理人。何享健兑现了"坚决不做家族企业"的诺言。据悉,何享健酝酿交接班已近十年,此举被外界评价为"心胸宽广、善于授权、信任职业经理人"。

对于大部分民营企业家来说,选择职业经理人作为接班人恐怕还会有些踌躇。国美创始人黄光裕与职业经理人陈晓之间的夺权之争显然影响了"职业经理人"这个群体的形象。除了忠诚度的考量,有些职业经理人往往照搬照抄原来的经验,不尊重公司发展的历史和实际情况,也使一些企业家对其能力产生了质疑。

企业的交接班无非就是传内和传外两种选择,孰优孰劣自是仁者见仁,智者见智。如果是传内,即传给自己的子女,这需要"先解决二代的接班意识和使命感,然后再培养接班能力。能力的培养可以通过学校教育,也可以通过实践摸索。"这是方太创始人茅理翔的结论,他通过"带三年、帮三年、看三年"的方式将位子传给儿子,成为业界经典案例。

而另一种就是传外,即传给职业经理人,职业经理人可以是内部培养,也可以是外部引进。联想杨元庆、美的方洪波属于前者,创维张学斌属于后者,我们看到,这些职业经理人的表现也都不负众望。

企业家的衣钵该交给谁?这个问题的答案并不唯一,希望在这场大考中企业家们能够顺利通过。如此,则是企业大幸,国家大幸。

点评人:左志坚　拇指阅读创始人,曾任《21 世纪经济报道》新闻总监。合著有《出轨——达能与娃哈哈的中国式离婚》。

柳传志：卸任讲话

【信件原文】

元庆，各位记者朋友，还有各位同事，现在我在这儿讲话很高兴，也很感动。几个月以前，有一位朋友知道我将辞去联想集团执行主席，问过我一个问题，说"到那时候，您会不会有一点失落伤感的感觉?"我当时毫不犹豫地告诉他说，"肯定没有"。因为其实元庆执掌帅印，可以撑起联想集团一大片江山。

有一个朋友跟我说，他嫁女儿的时候，把女儿的手递到新郎手里哭得稀里哗啦的。我嫁女儿的时候，我看到我女婿这么优秀，我高兴得不行，人跟人不一样。

元庆他已经是我生命中的一部分了，回想起来赴汤蹈火、沟沟坎坎很多次，经历过很多次，也碰撞过很多次。元庆不是一匹小马驹，而是一匹非常执拗的马，我们碰撞的时候也是火星四溅。在这二十几年的碰撞，更多是浴血奋战的过程中，两个人的感情逐渐加深，到最后互为生命的一部分。

说起我自己，我跟大家说心里话，确实我的员工、我的同事们，尤其在一起战斗过、奋斗过的同事们，在我心里的地位是非常非常高的。我在这里看到刘军，我就想起说刘军。刘军是1993年到联想工作，从底下一路上来。到2004年，他调换过各种工作，位置越升越高，在元庆的直接指挥下打了各种战役。在2004年，我们跟戴尔打了一仗，其实是非常艰苦，因为戴尔从美国打到欧洲，真的是所向披靡。

当时舆论界对联想都不是很看好，连续几个月，联想的市场份额都在下降，戴尔在上升。因为当时戴尔的模式是一种创新的模式。联想要跟戴尔竞争，把原来自己的业务模式放弃，如果联想保持过去的模式，就是一点点被人家吞食。不过还有一种联想采用的双模式，既做戴尔的又做自己的。大家觉得更不可能，但实际上元庆跟他的管理层们，就是设计了这种双模式。

当时元庆和其他一些高管，主要面临着跟IBM谈判并购的任务。当时的这种新的业务模式本身难在什么地方呢？渠道商们会误会我们要直接做直销，会把他们放弃。我们内部的同事由于人事调整，尤其那一年刚刚裁员，士气是往下的趋势，所以内部互相怎么样配合也是很大的问题。

当时我记得组成三人小组，刘军做总协调，当时非常紧张，几乎每个月，甚至每天都在看战报，看业绩状况。那时候我自己也到下面，走了三四个点，看那里的情况。

当时刘军和邵鹏把这个事情组织得非常成功，我记得到11、12月份业绩就慢慢回来了，那一仗应该说彻底打赢了。从那一年以后，戴尔再也没有在增长率上超过联想，而且就是那一仗奠定了我们联想并购IBM的基础。如果打不下来，联想股价会直线下降，并购IBM PC业务一半是现金，一半是股份，所以要付出更大的代价。所以刘军是一个非常全面的领导者。

但是在并购以后，由于文化磨合的碰撞，国际上的CEO未必能够了解他的能力，也给他尝了冷板凳的滋味。这还不算，关键有一件事让他非常难过，下午所有的董事都走了，专项战略委员会汇报的时候给刘军打的分数很低，元庆也记得,我当时差一点流眼泪。其实一员大将的培养真的不知道要经过多少磨难,这也是后来我跟元庆文化上发生碰撞一个重要的原因。

今天坐在第一排的同事,所有联想的同事,连 David Roman 都知道每个人的长处,我想联想的事业就是这么做成了。元庆未来也要给自己的几个战将更宽的舞台,让他们更好地施展。

我所说的一圈圈画圈这样,也就说明了我的财富。其实人的钱多少都没有够,当你想收集古玩的时候,当你想买各种钻石之类的东西送给你太太时候,钱是多少都不够的。但是你想幸福地生活,打高尔夫多给球童一百块钱还是可以的。如果你能够让和你一起的人大家都感到愉快,那也是一件让人愉快的事。

联想确实能够让退休的老同事、老副总(感到愉快)。刚才李岚讲到很多老副总表示愿意让年轻同志起来,愿意扶他们上马送一程,那是因为他们确实知道,他们从园丁的岗位上退下来,新的苹果摘下来第一筐会送给他们,新的园丁会有更大的施展。我们本着这个想法,才会把我们的事业做得越来越大,变成一个没有家族的家族企业。

联想控股未来会在若干个领域里有所发展,这里很多人都会问我:凭什么你们在这些陌生的行业里会有发展?我想有这么几条:第一条,我们有本事,能够选准人;第二条,我们能够给人舞台,给他真正属于他自己的平台,这包括从物质上到精神上的。

我举个例子,像我们融科置地。当年他们成立的时候大概需要 20 亿资金,而我们只让他们注册了 2 亿资金,其他都是我们借给他们。为什么?是因为这个公司大了以后将来上市的时候,员工可以按 2 亿资金的价格购买股票,这样他们就能够购买到相当比例的股份,要不然他们买不起。你用这种精神对待他们,他们的领头人自然会把这个公司当作自己的舞台和平台。

第三条,联想有很好的品牌,又有好的管理方式,这让在联想 2001 年做的几件事情都很成功,我相信后面联想控股的事情也会做得很成功。

对于联想集团来说,现在确实越过了一座又一座的山头,但是话还是那句话,我们回过头看,原来我们越过的只是丘陵,在我们前面的才是山峰,元庆一定能够越过这个山峰。谢谢。

2011 年 11 月 2 日

【背景回顾】

2008 年年底,由于金融危机和公司内部问题,联想集团遭遇收购 IBM 个人电脑业务后的最大危机,出现了 9700 万美元的净亏损。老帅柳传志希望能带领联想"绝处逢生",他动情地说:"联想就是我的命,需要我的时候我出来,是我义不容辞的事情。"于是,他不得不在 2009 年 2 月重出江湖,重返联想集团董事长职位,试图扭转局面。

柳传志复出,杨元庆重任 CEO,当时外界猜测两人皆准备背水一战。上任后,柳传志的主要工作就是"弄清楚事情、挑领导班子、树立流程和在公司内建立'说到做到'的文化"。2009—2010 财年,联想实现扭亏为盈,并在全球 PC 市场上的份额达到了有史以来的新高 8.8%。

在柳传志复出担任董事长的 33 个月里,联想集团的股价涨了大约两倍,联想的 PC 业务史无前例地攀升到全球第二。到 2011 年 11 月,柳传志再次卸任,他选择在联想连续 8 个季度实现业绩增长的时候隐退,并充分肯定了杨元庆团队的成绩,把联想大旗放心地交给了杨元庆,可谓功德圆满。

【信件解读】

【肯定团队】:肯定杨元庆团队,放心交班

65 岁的柳传志原本可以撒手不管,但是当联想需要他的时候,他毅然义无反顾地站了出来。柳传志对联想的意义,不仅仅是一个企业掌门人的作用,他更像是一位家长,有了他,整个团队就有了主心骨,企业就有了"定海神针",不再飘摇。

正如柳传志所说,自己复出之后的主要工作就是弄清楚事情、挑领导班子、树立流程和在公司内建立"说到做到"的文化。看上去,这并不是什么了不得的工作,但却起到了化腐朽为神奇的效果。也许,这就是柳传志作为企业创始人的人格魅力所在,正如乔布斯之于苹果。

"扶上战马再送一程"是柳传志对接班人的承诺,如今他兑现了这个诺言。在临危救急并将联想这艘大船掌稳舵后,再度将船长的指挥棒交到了杨元庆手中。

在沟通会上,回顾复出两年来的表现时,柳传志给自己打了 98.95 分,却给杨元庆打了 99.99 分,接近满分。杨元庆是当得起柳传志的这份信任的,2011 年 6 月 17 日,联想集团发布公告称,杨元庆从联想集团母公司联想控股处购得 7.97 亿股股票,占联想集团总股本的 8%,使得杨元庆持股量达到 8.7%。借贷巨额资金购买联想集团股份,证明杨元庆真正把自己当成企业的主人,全身心地做事业。

作为一名理想主义者,柳传志的目标,是将联想打造成一家基业长青的世界级百年企业。柳传志认为联想集团快速发展的关键是"有主人翁精神的司机,具有高超的技术才能驾驶快速的火车。并且执行力强大,说到做到"。

要实现这一目标,衣钵的继承者就至关重要。柳传志对接班人的重视在业界有目共睹,他用了找"女婿"来打比方,对杨元庆及其团队的培养也付出了巨大的时间和精力成本。在柳传志卸任前的 9 月份,他曾在北京宣布,并购 IBM 个人电脑业务,6 年后联想集团的国际化取得成功。这一结论的宣布,实际上为杨元庆团队拿掉了思想包袱,肯定他们的成绩,接下来的交接班就顺理成章了。

此次功成身退,真正实现了联想集团掌门人的新老接班,迈出了百年基业坚实的一步。

【传承理念】：事业越做越大，建成没有家族的家族企业

在柳传志复出之初，方太集团董事长茅理翔曾说："柳传志复出，而且是杨柳重新组合的复出，是对杨元庆的进一步肯定和支持，只会减少整个企业经营中的风险。这也是柳传志对接班人培养方式的又一个探索。这个探索有可能在3～5年后会给我们交出一份非常好的答卷。"

如今我们可以看到，这个探索真的交出了一份堪称完美的答卷。这一做法也必然给众多的中国企业带来更多的参考和借鉴。当年柳传志冒着"晚节不保"的风险帮杨元庆挑起担子，与他的"家长"情结有很大关系。作为创始人，他把企业当成亲生儿子，非常有感情，看到企业处于危难，他如何能袖手旁观？

我们甚至可以大胆预言，将来如果联想真的再一次遇到非柳传志不能解决的难题，他依然会"鞠躬尽瘁，死而后已"。这就是一个中国企业家对企业最朴素的感情。企业家对企业有着一种天然的责任，而经营好企业本身也是对社会的一种负责任。从这个角度来讲，每一位合法经营的企业家，都值得我们去肯定和敬佩。

在讲话中，柳传志还深情地提到刘军和邵鹏，对自己的几位心腹爱将，柳传志曾经倾注了大量的心血来培养，如今看到他们都成长为能独当一面的人才，再回顾起之前的点点滴滴，一度哽咽。也许，在柳传志心目中，这些"下属"更多的像是自己的学生或孩子吧。

【寄望未来】：布局未来，期待联想拥有更好的明天

柳传志对企业传承的理念在这次讲话中得到了很好的表达："本着这个想法（大家都能够有苹果吃），才会把我们的事业越做越大，做成一个真正的没有家族的家族企业。""没有家族"是指没有血缘关系，而是通过机制、文化保障将企业传承下去；"家族企业"就是指公司最高层必须是有事业心的人，"把企业当成命"。

从讲话中我们可以看出,柳传志的下一个征程应该是联想控股。这也意味着从联想集团卸任之后的柳传志将主要的精力用于更高层面的联想控股布局。是的,卸任后的柳传志一定不会甘于"寂寞",尽管他人不在联想,但心却一定不会离开。对于联想这艘航母,他有更大的目标,他眺望的方向是更远的未来。而我们可以预测到的是,将来联想控股这一阵地,他一定也会选择一位好的接班人的。

正如讲话中所说:"原来我们越过的只是丘陵,在我们前面的才是山峰,元庆一定能够越过这个山峰。"我们也希望联想越来越好。

【 信件回音 】

柳传志的卸任讲话,不是联想事业的中止,而是新一页的开始。卸任讲话表明经过两年多的历练,联想集团险境已过,杨元庆已经完全具备联想集团董事长的能力。"撒手"需要的是大气,"接手"需要的是勇气,再"放手"更彰显出柳传志掌控企业登峰造极的格局。

外界普遍认为,联想的杨元庆时代已经到来。杨元庆所率领的高管团队,在经过了两年来全球化和扭亏的大挑战之后,将变得更加成熟和稳健。多元化的团队、强有力的全球文化、业务模式和创新将是联想成长中永不可缺的成功基因。新联想将成为一个在创新领域的标杆企业,成为一个在全球四处扩张的"行动派"。

苏小和点评：柳传志能走多远？

柳传志先生再一次将联想集团的担子全部交给杨元庆，这听上去似乎是新闻，但其实早已不新。媒体追捧这样的企业信息，原因在于，柳传志曾经把联想集团交给过杨元庆，两年前又老骥伏枥、披挂上阵。如今的联想集团，各项指标一路走好，柳先生再一次交棒，一来表明柳先生本人这两年的强人管理硕果累累，所谓姜还是老的辣，至少在联想集团这一块，只有柳传志先生能够锁定乾坤、一统江湖；第二则是表明，经过两年多的再磨炼，杨元庆这样的企业家人才终于成熟了，成熟到再也不用柳传志先生手把手带路了。

企业主动释放出来的信息，再次显示了柳传志先生的人才观。几年前，我采访柳先生，他总结自己的企业家成就，其中的一条，就是带出了一支好队伍，培养了几个非常优秀的年轻企业家。这样的话当然所言不虚，除了杨元庆之外，柳先生这一次提到了另外几个年轻的名字：刘军、陈绍鹏，其实还有才华横溢的郭为，以及跌倒重来、自信得不能再自信的孙宏斌。

刘军的经历，让柳先生难以抑制自己的情感，说起这个年轻人，媒体形容说，柳先生双眼盈泪；陈绍鹏离开联想集团，去了联想控股的农业板块；孙宏斌虽然与联想有过纠缠，但他后来在天津崛起，和柳传志先生的再度提携与帮助有很大关系；至于郭为，他说起柳传志，是一种父亲一样的情感，没有柳先生，不可能有郭为日后的事业与视野。

可以肯定地说，当这样一连串优秀的、年轻的名字，同时都成为柳传志先生的门徒，你必须承认，柳先生带领队伍、培养后生的本领，是值得不断赞美的。人们或许再夸张一点，说柳先生海纳百川、有容乃大。试想，中国之大，有几个老一辈企业家能带出如此豪华的一支年轻企业家队伍？几个踌躇满志的年轻人，在柳传志先生的名下，每个人都有一块属于自己的大产业，每个人都在当下中国的市场经济体系里占有不可或缺的位置，每个人都志存高远，努力打造一种具有独立品牌意义的企业梦想。

此情此景，人们还能说什么呢？我看见几乎所有的媒体都是众口一词的赞美——柳先生才是中国企业的教父，他的影响力是可持续的，他的经验具备优美的中国范式！

带队伍，还是带队伍。这样的陈述我们太熟悉了。我想起另外一个企业家勃兴的时代，那就是晚清的官商结合企业发展时代。今天的人们依然会记得一个叫作盛宣怀的企业家，他上通朝纲、下引市场，他一辈子都在操办轮船招商局这个伟大的企业，即使在今天，我们也能随处可以见到招商局的身影。

和许多年之后的柳传志先生有点类似，盛宣怀官至邮传部部长，同时也是轮船招商局持久的掌门人。而柳先生则是中国共产党十六大、十七大党代表，联想集团的创始人和一直的掌舵者。轮船招商局起于官办，第一次改制为官商合办，后来由盛宣怀主导，再一次改制，成为一家比较标准的商办企业。也就是说，昔日的轮船招商局也曾经历过从纯粹国有到基本私有的改革过程。这再一次与联想的发展路径类似——联想起源于中国科学院，从投资到产业，都是标准的国有企业模式，但许多年之后，在柳传志先生的主导下，今日的联想已经成为一家规范的、产权清晰的、国际性的、不以国有资本为主体的股份制公司，以至于在很多场合，柳传志先生更愿意说联想也是一家标准的私人企业。

联想的改制成功，是中国企业史上最符合现代企业制度的大事件之一。但有人在议论，联想改制的成功，是一次小概率事件，它不可挪移、不可复制。也就是说，这样具有本质意义的企业改革历史，只有在柳传志先生的主导下才有可能取得成功。历史真的具有相似性，当年轮船招商局的改制，毋庸置疑地也只有一个主导性条件,那就是盛宣怀的地位、盛宣怀的影响力。

更大的相似性还在于,盛宣怀也是一个求贤若渴的人,他对企业家和职业经理人的培养,可以说一点都不逊于柳传志先生。熟悉历史的人们,必然记得一个杰出的企业家团队。以轮船招商局为核心,盛宣怀先后将郑观应、唐景星、徐润等一批晚清最具有企业经验的人才招致他的麾下。

郑观应,曾经写过《盛世危言》,对中国的商业思考烂熟于心,他的言论深深影响过一个时代的思想。可以这样说,中国近代百年之中,能够把商业经营和时代思考完美整合在一起,两方面都大有成就的,唯有郑观应一人。唐景星,也是出身于商业世家,从小就接受完整的英国式教育,是中国进入近代以来最具有国际贸易视野的杰出人才之一,对现代企业的经营管理,对国际秩序之下的生产与贸易,可以说是胸有成竹。还有徐润,这是晚清上海滩最富有的商人,他在商业方面的技术,一时间几乎无人匹敌,他的锁定主业、适度多元化经营的企业战略和投资战略,让他一时间富可敌国,万人仰慕。

就是这样一批难得的市场化人才,都甘愿服膺在盛宣怀的门下,原因无他,乃是盛不可多得的官场经验、商场经验,以及基于中国传统文化的、熟练的人际博弈能力。他可以和李鸿章推杯换盏,可以靠近慈禧太后谨慎进言,他还可以拿到整个朝廷的漕运专运权。相比之下,郑观应、唐景星、徐润就显得太书生、太专业了,他们都搞不定复杂的官僚体系,也搞不定人和人之间的明争暗斗。其结果就是,无论他们有多大的才华,都只能在盛宣怀的手心里腾挪。

我并不认为,今日柳传志先生的企业人才框架,完全类似于当年的轮船招商局。但以柳先生为核心的联想人才文化,和当年的盛宣怀有某种同构性。这的确是一种中国传统文化在企业中的投射。一个有志于大发展的中国企业,必须有一个能在官场和市场两个方面同时非常老道的领袖人物存在。企业必须同时把官场文化和市场理念复制过来,建构起一种属于自己的企业文化,方能在中国这样的文化语境里施展身手。

　　毫无疑问,这样的核心人物,只能是柳传志。由此,当我们从历史出发,阅读当下,就能够发现这种"盛宣怀模式"的发展,到今天成为一种"柳传志模式"。的确,这样的模式,在相当长一个时期之内,效果是明显的,正如柳先生自己说,他有三大贡献:其一是用本土品牌,在一个完全竞争的产业里直接与世界一流的企业竞争,且成绩卓越;其二是改制成功,联想从此拥有标准的现代企业制度;其三,当然就是他带出了一批年轻人,一批优秀的、年轻的企业家。

　　在中国做企业难上加难,这是百年以来中国经济发展最醒目的风景。社会的不确定性,市场的不确定性,企业制度的滞后,创新的艰难,以及永远也无法理清的中国人文化,导致中国企业家一直都是最艰难的一群人。柳传志先生的企业家生涯几乎就是一个奇迹,因此,在这样的意义上,我当然愿意对联想这样的企业保持着一种优美的期待。

　　需要的是时间,是不断的累积,是这个国家在常识层面的艰难进步。

点评人:苏小和 　知名财经作家,独立书评人。在《南方周末》、《南方人物周刊》、《南都周刊》、《新京报》、《东方早报》、《上海证券报》等多家媒体开设书评和人物专栏,与王晓渔、戴新伟、成庆等人发起运作《中国独立阅读报告》,倡导公民社会常识阅读,影响了海内外一批真正的阅读人群。出版《过坎》、《局限》、《自由引导奥康》、《逼着富人讲真话》、《启蒙时代》等著作。

03

三 社会责任

潘石屹：我不赞成区分穷人区和富人区

给任志强的一封信

【信件原文】

任总：

您好！

在新浪网上看到了你关于在新城市建设中要把穷人区、富人区分开的观点，也看到有许多网友们参加了讨论，我认为这样的讨论是很有意义的，它关系到未来我们城市发展建设的指导思想，也关系到未来城市中每个人生活得是不是便捷、舒适。

今天上午，我在新浪网上看到，你的观点得到了 45％ 的支持，42％ 的反对，还有一部分观点不明确。同时，新浪网还把我的一篇博客文章《世界上还有8.5 亿人晚上饿着肚子睡觉》放到了支持你的观点这一栏中。其实在这篇文章里，我并没有呼应你提出的观点，更没有对你的观点表示支持或者反对，但对于你提出的问题，我还是有一些想法，我一直以来都是很不赞成在新的城市规划中作功能分区，把穷人区和富人区分开这些观点的。

中国古代的城市面积都很小，人们在这座城市中生活，大部分都可以自给自足,对外界的依赖要比今天少得多,所以就有了北京城里"东富西贵"、"南贫北贱"的说法。新中国成立后,北京城市规划的指导思想还是依据《雅典宪章》,把城市按照功能进行分区,参考的样板是英国大伦敦地区和莫斯科的城市规划。但从今天的现状来看,这两个被参考的样板也都走了弯路、犯了错误。

前不久,我们公司请来了伦敦市市长的规划顾问 Richard Burdett。他说,伦敦正在检讨他们当年按功能分区规划城市所犯的错误,现在正用各种各样的办法去补救这种错误。其中一项措施就是修一条地铁,贯穿泰晤士河五次,把历史上形成的不同的功能区——穷人区、富人区、商业区、工业区通过地铁更好地融合起来,只有把不同的功能融合起来,不同阶层的人融合起来,才能解决目前大城市遇到的最大困难——交通拥挤的问题。我偶然在一份资料上看到,北京新中国成立初期的规划学习的样板正是伦敦和莫斯科,如果按照这样的规划发展,几十年之后,我们遇到的问题将和现在伦敦遇到的问题一样:交通拥挤。

几年前,也有房地产发展商提出他们建的是富人区,我想,这可能只是房地产发展商为了吸引客户打出来的广告而已。如果真正按这种指导思想去建设城市,一定会重复几十年前的错误,会让未来的交通更加拥挤。当我对这些房地产发展商提出我不同意这些观点的理由时,他们反问我说:"你愿意穷人家的小孩划你的奔驰车吗?"我告诉他们说,我从来没有宝马、奔驰。他们认为只有把富人和穷人分开,这样社会才能安全,才能和谐。我是反对这种观点的。我甚至认为,任何社区都不能有围墙,因为社区就是城市的一部分,不能人为地把社区活生生地从这个有机体中割裂开来。而社区中大量的围墙就阻断了城市交通,让这个城市不方便,没有效率,很多人可能没有意识到,是社区的围墙使城市交通量剧烈增加。

也有人说,只有封闭的小区是安全的。正好相反,这样的小区反而是不安全的。虽然看起来整天有大量的保安、钢盔、警棒在维护安全,戒备森严,但再严密总会有疏漏的地方,而且从发案的情况来看,有相当一部分是监守自盗。而对一个开放的社区,全社会的人和无数双眼睛都在保护着你,监督着小偷,反而不利于小偷作案。

也有人说,把富人和穷人分开,社会就会和谐,因为穷人和富人的素质不一样。这种观点我也不认同,我也不认为这样的社会会和谐。中国个人财富增长的历史实际上是从改革开放以来短短的二三十年时间里才开始的,说得更近一点,应该是邓小平视察南方讲话后才开始的。在此前,农民关心的是把自己的地种好,打下的粮食够下一年吃;城市的人更关心的是工资和奖金,工资和奖金也就是基本的生活费。在此之前,大家的财富都差不了多少,今天有一些人的财富多了,是因为他们的机会好、年轻,赶上了好时候。有一些人个人财富少一些,有可能是因为他们的机会不好;也有可能是产业升级把他所从事的行业淘汰了;或者是碰到困难,得了病;再或者是年纪大了;也有可能是正在成长、求学。在今天的社会,没有钱的人,只要努力,明天就有可能会变成有钱的人、财富多的人;而今天有财富的人,也有可能因为市场经济的经验不足,明天就会变成没钱的人,变成穷人。所以按照财富的多少来评判人的素质高低是不对的。

社会不和谐的最大根源就是贫富悬殊。当然,这种贫富的悬殊并不是房地产发展商盖房子造成的,也不是因为他们要划分穷人区和富人区造成的,但是,如果作为房地产发展商在建房的过程中一定要把穷人区和富人区分开,就会增加这种不和谐。美国有位作家总结了美国上百年城市发展的历史,写了一本书叫《美国伟大城市的生和死》,这本书是西方城市规划的经典著作。他在书中总结出一个有生命力的、生机勃勃的城市应该有四个特征,其中有一条就是:城市功能一定要融合。

我们在开发SOHO现代城的社区时,尝试着把居住和办公楼融合;在开发建外 SOHO 时，我们让整个区域和城市融合，让建外 SOHO 成为北京城市的一部分，建外 SOHO 没有任何的围墙。10 年的实践证明，这些尝试是成功的。

也许以前，我们并不能想象，今天我们可以如此方便地到任何一个国家去，人类的技术，甚至已经可以登上月球了。但在同一个城市，却高墙林立，保安森严，一些人永远无法进入那些被标榜的富人区里去。美国在历史上也曾经实施过像我们国家实施的建经济适用房来解决穷人的住房问题的政策，但最后发现这样的结果出现了好多社会问题，这些区域渐渐变成了贫民窟，成为政府的一大负担，所以美国政府对穷人住房的补贴，从补砖头开始改成了补人头。有一些穷人，低收入的人，他（她）的工作地点可能就在高收入人群的区域、家庭，如清洁工、司机、家庭教师等等，如果让这些人住在城市的一端，而工作的地点在城市的另一端，每天来回上班，在路上要浪费多少时间？又要给这城市增加多少交通压力和空气的污染？

有人说，穷人和穷人生活在一起就没有矛盾，富人和富人生活在一起也没有矛盾。事实正好相反，穷人和穷人生活在一起，矛盾更大。因为他们相互之间很难提供就业的机会，如果长期让穷人和富人生活在两个不同的区域，他们就会缺乏了解，一旦缺乏了解就会产生偏见，而偏见正是社会不和谐的本质。在旧的城市中，总是按旧的指导思想来指导建设，所以总是按不同的信仰、收入、不同的肤色、不同的种族去划分，这些划分常常就是偏见造成的，结果是给人们带来不便、冷漠、虚荣心，甚至冲突。

总结过去城市发展的经验，现在文明的思想就是要消除不同种族、不同收入、不同肤色、不同宗教信仰的偏见，要有"人类一家"的思想，这样人们才能够互相理解、和平共处。

在新的时代、新的社会中，我们要建新的城市，所以我们要用更文明的指导思想，而不是抱着过去已经给我们造成许多困难的旧观点、旧思想不放。去年我曾写了一篇博客叫《杂碎与牛排》,也提到了这样的想法和观点。

这只是我个人对你提出的关于穷人区富人区观点的一些想法,写出来与任总和大家一起讨论。

潘石屹

2006 年 2 月 23 日星期四

【背景回顾】

2006 年 2 月下旬,华远集团总裁任志强在一次现场会上回应一名观众"最不希望看到中国出现'穷人区'和'富人区'"时,毫不含糊地说:"过去中国都是'穷人区',现在出现'穷人区'和'富人区'是很正常的,就像让一部分人先富起来一样,也要让一部分人先住进'富人区',以后才能都变成'富人区'。"

虽然任志强说的是"实话",但这番言论却引起轩然大波。在城市的规划和建设上,我国很多地方参考的是西方的《雅典宪章》,城市按照功能区去规划和建设,这造成了很多问题,不仅交通拥挤而且形成了"富人区"、"贫民区",造成了大量的社会问题。

潘石屹在看到任志强的观点之后,写了这篇文章予以回应,表达了自己的观点:不赞成区分穷人区和富人区。

【信件解读】

【城市规划】:阐述城市规划现状,指出需要修正的失误之处

现代的城市是西方现代化的产物,因此中国的城市建设也是参照西方的做法,结果事实证明,西方模式不见得是完美的。

古代中国以自给自足的"小农经济"为主,结果城市就自然出现了穷人区和富人区,那时候人们对外界的依赖比较少,跟现在的情况不同。现在的社会如果再按照穷人区、富人区、商业区、工业区这样的功能进行划分,必然会产生交通拥挤的情况。

因为很显然,会有许多低收入的人在高收入人群聚居的那个区域谋生,他们不得不每天穿过整座城市,从城市的一端到另一端去上下班,这样给交通和环境带来的压力可想而知。而那些"富人",显然也不会生活在这种糟糕的交通和环境里。开着宝马奔驰却寸步难行,又有什么幸福可言呢?

信中,潘石屹提到了伦敦的城市规划,这个样板城市,如今正为当年的功能区规划而头疼。不得不采取各种办法去补救以前的失误,比如,修一条地铁,也要来回穿过泰晤士河五次,劳民伤财、效率低下。如果中国的城市依然延续这种错误,那么我们很快就会重蹈覆辙。

穷人区、富人区的划分,就如同社区的围墙一样,人为地为社会制造隔阂,阻断交通,降低效率。从社会效率和交通状况的角度来讲,功能区的划分,必然是一处败笔。

【社会和谐】:只有使城市功能融合,才能使社会更加融合

对于人为地把"富人"和"穷人"用功能区或者围墙分割开来,潘石屹也明确地表示了相反的意见。他列举了一个事实,那就是,所谓的富人和穷人的划分,其实是近期的事情。大家原来都是穷人,只不过国家的"让一部分人先富起来"政策使得一部分幸运的人先富起来了,他们首先享受到了改革发展的成果,这跟个人素质的高低并没有必然的联系。而且,在市场经济条件下,财富的变化是很快的,穷人能变成富人,富人也能变成穷人。

或许,出现"穷人区"和"富人区"是城市化不可逾越的必然结果,但如果人为地把城市按照功能区进行规划,只会让这个社会更加不和谐。本来,以劳动、智慧、资本等要素先富起来的群体,他们最先购置高档住宅无可厚非,但用功能区分的方式在买不起房的"穷人"身上贴上低人一等的标签,很容易造成对立、仇富的不良情绪。而且,因为缺乏沟通和相互了解,这种对立和误解会加深,对社会的稳定和谐殊为不利。

每一个社会,每一个国家,每一座城市,都会有相对的穷人和富人,但他们之间是和谐共处还是彼此孤立和分割,是每一个有社会责任感的房产商应该考虑的问题,这绝不仅仅是政府的工作。房产企业家成为先富起来的一部分人,应该带动后富起来的实现共同富裕,而不是把穷人都赶出市中心,眼不见为净。

【社会责任】:企业家应该承担起相应的社会责任,关心民生

作为先富起来的人群,作为房产企业家,不仅仅需要给富人盖房子,也需要让穷人不至于露宿街头。如果简单地让"穷人区"远离地价高昂的市中心,形成"农村包围城市"的格局,恐怕会给城市的交通、治安和生活都造成巨大的压力。

企业家的社会责任,不仅仅是为富人服务,也要关心民生问题。因为国家政策的原因,改革开放初期财富的分配其实是向着一些人倾斜的,正是因为少数人享用了、占有了全民资源,才造成了他们的富裕。

这些富裕起来的企业家们,包括靠稀缺的土地资源攫取了大量财富的地产商们,不能在自己富裕之后就嫌弃穷人了。房地产业是造就富豪最多、最快的行业,也同样应该更多地承担一些社会责任,现在有些企业家积极建设经济适用房,这是一个好现象。

不过,如果把经济适用房建成"穷人区",让穷人游离于市中心之外的偏远郊区,"泾渭分明",恐怕会造成更多的不便、冷漠甚至冲突。美国历史上曾有过类似于建造经济适用房的政策,但最后出现了很多社会问题。比方说这些区域演变成贫民窟,滋生了犯罪等等。

从长远来看,一个关心民生、关注穷人的企业家和他的企业,才会拥有更广阔的生存土壤,才更有生命力,更受尊重。

【信件回音】

相对于任志强"大实话"的千夫所指,潘石屹的观点赢得了大部分人的支持。许多网友认为,两极分化、贫富差距大是社会现实,但这并不意味着应该把同一个国家的公民分出三六九等。城市规划直接牵涉贫富双方的福利水平与和谐程度。

正在经历高度城市化的中国,富人阶层与穷人阶层差距和矛盾正在加大,更应该吸取法国骚乱的教训。一个和谐社会,应该为收入不同的家庭创造共同的居住空间,因为不同阶层的分居会孕育难以愈合的社会矛盾。

对这封信,也有一些不同声音。比如有网友评价潘石屹是"挂羊头卖狗肉的",说他一直在给富人盖房子,还说这么多穷人和富人不要分开的道理,这是"站着说话不腰疼"。

虽然开发商没有调和社会矛盾的义务,但是任何一个有社会责任感的开发商都应该有所作为,促进各阶层之间的理解和交流,培养社会的凝聚力,维护社会的和谐稳定,关注民生。从这个角度看,潘石屹的社会责任感,值得肯定。

专家点评

张守刚点评:正在加深的裂痕

自从 2000 年公布中国基尼系数为 0.412 之后,国家统计局再也没有对这项统计公布过具体数字。很多专家推测中国内地基尼系数已经超过 0.5,已跨入收入差距悬殊行列,财富分配非常不均。

　　收入差距的不断拉大引发了一系列问题,这次潘石屹反驳任志强的"穷富分区"言论,在一定程度上反映了社会对分配问题的关切。和以往一面倒的情形不同的是,支持和"讨伐"任志强的两大阵营人数差不多,甚至支持者略多一些。

　　以往常常有人说老百姓有仇富情绪,其实人们还是很理性的。"杂交水稻之父"袁隆平曾说他家有六七辆小车,可绝大多数网友竟然认为按照袁隆平对人类和中国的贡献,即使有六七架私人飞机都不为过。厦门大学教授易中天曾这样说过:"在我看来,民众并不'仇富',他们反对的是'不仁';民众也不'仇官',他们反对的是'不正'。为官不正,为富不仁,才是问题的关键所在。"《论语·季氏第十六篇》中也曾说:"有国有家者,不患寡而患不均,不患贫而患不安。"

　　其实关于穷富分区的讨论,不是一个经济问题,而是一个社会问题。任何一个城市,恐怕都有事实上存在的"富人区"。这些住宅小区地理位置优越、配套措施完善、物业等服务相对更好,当然最根本的还是这些住宅小区大都价格不菲。在这些小区里,就是强迫低收入的人群进去,恐怕他也住不下去。生活成本制约着人的居住环境,这是无法辩驳的事实。

　　"穷人区"与"富人区"也不是一成不变的,这属于市场结构问题,最终由市场消费能力来调节。因此,"穷人区"和"富人区"的对立与其说是人为的理论划分,还不如说是客观的个体经济状况使然。

　　其实我们现在面临的问题,不是简单否定事实上已经存在的穷富分区,而是要解决分配不公平、不正义的问题。富人区的出现,责任并不在开发商,开发商遵循市场规律,追逐利润是正常的市场行为。"任大炮"的实话不大招人待见,但其实很大程度上源于人们对分配不公的一种宣泄。

　　"任大炮"说的虽然是实话,但是很容易引起大众的反感,在整个社会都在"妖魔化"地产商的时候,这番言论可能加剧仇富心理,影响社会团结。因此,身为地产商一员的潘石屹跳出来唱对台戏也就不足为奇了。

房子这个问题，孟子在《梁惠王章句上》中就有"居者有其屋"的呼吁，但是直到现在，也没有彻底解决，如果说"房奴"这个词的出现，是对"穷人"的一种自嘲，那么还有许多连做"房奴"的资格都没有的人在欲哭无泪。"居者有其屋"不是单纯依靠市场能解决的，中低收入人群想在"富人"市场中去解决房子问题，自然会因"贫富不均"而压力倍增。

再完美的城市规划也无法完全避免"穷人区"和"富人区"的出现，要解决中低收入人群的居住问题，应充分发挥社会保障体系的作用。经济适用房、廉租房就是这种兼顾公平、维护低收入群体住房权的制度安排。

然而在实际操作中如何将大批量的保障房公平地分配到百姓手中，这是一个巨大的挑战。

据报道，河南某地的一份经适房申购人员名单中，有相当一部分申购人是当地公职人员，其中还有 42 名未成年人，其中一名最小的申请人还不到 7 岁。不让孩子输在起跑线上吗？这是对社会公平公然的嘲讽。

我国计划在 2015 年前，让 2.18 亿个城市家庭中的近 1/5，住上有政府补贴的住房。但如果不能保证住房保障体系的公平性，这些美好的愿望只能加深社会的裂痕。

关于"穷人区"和"富人区"的争论，只是一个引子，如何使社会的分配制度更加公平公正，才是解决贫富差距悬殊的根本。这不是对房地产商的良心考量，而是在国家层面提出的一个严肃的制度性命题。若不能妥善解决，社会的裂痕将越来越深，直至不可弥补。

值得补充的一点是，潘石屹对该话题的参与发言，并非偶然。这位拥有1200 多万粉丝的微博博主，热心参与公共议题，并喜欢跟任志强在网上"打情骂俏"或者打打嘴架。每天清晨的五时半，他会准时发布北京等国内城市的空气质量数据，包括一度被视为敏感的 PM 2.5 值，为此他还承受了一定的压力。

房地产业在当代中国口碑并不不好,房地产商甚至被视为道德沦丧的象征,而潘石屹的这些举动,却表现出了一种值得肯定的社会担当意识。

点评人:张守刚 资深媒体人、财经作家。毕业于山东大学,曾供职于南方报业集团《南都周刊》,任北京采访中心总监。先后撰有多种报刊专栏,著有财经人物传记《恒大传奇——中国首富许家印》,政论文集《无法独活》(合著)等。

陈光标：致比尔·盖茨和巴菲特

【信件原文】

尊敬的比尔·盖茨和巴菲特先生：

作为美国首富和"股神"，你们最近在全球掀起一股慈善风暴，希望世界各国亿万富豪行动起来，将自己半数财富捐赠出来，支持慈善事业，让我非常敬佩和感动。

去年11月3日晚，我接受比尔·盖茨先生邀请在北京进行私人会晤，就慈善事业进行了亲切交流。这次又应你们共同邀请再商慈善事业，感到非常愉快和高兴。今天，当你们来到以"勤劳、智慧、善良"闻名于世的中国时，我在此郑重宣布：将做第一个响应并支持你们行动的中国企业家。在我离开这个世界的时候，将不是捐出一半财富，而是"裸捐"——向慈善机构捐出自己的全部财产。这也是我给你们两位先生中国之行的见面礼。

地球是我们人类共同的家园，世界各国无论富人还是穷人都是一家人。只是由于每个人的起点不同、机遇不同、分工不同，所以在拥有财富数量上有了差别。事实上，在中国，每一个企业家的发展都离不开国家政策的支持，离不开稳定的社会环境，更离不开广大普通员工的辛勤劳动。所以，每个富人应该意识到：能够成为富人是幸运的，但你拥有的财富绝不可以仅仅属于自己个人，你有责任为他人、为社会，多做一些事，更多地回报社会。

我作为一个富人，绝不做财富的守财奴。目前我每年都把公司一半以上的利润拿出来做慈善。2009年我们公司净利润4.1亿元，我捐出去了3.13亿元，捐出净利润的77.6%。财富是什么？我认为，财富是水，是身外之物。如果有一杯水可以一个人喝，有一桶水可以存放在家里，要是有一条河就该与大家分享。

从1998年做企业以来，我每天都在奔跑中，没有休息过一个周末。为了公司的发展，我总是精打细算，将每一分钱用在该用的地方，因为我要将节省下来的每一分钱用于慈善事业。我认为，慈善不是一时一地的，它永远没有终点，我做企业10年来，到目前，累计向社会捐赠款物13.4亿元，直接受益者超过70万人，今后我还将一直这么坚持下去的。

我一直认为，人的一生是短暂的，当我们活着的时候，能够轰轰烈烈地为自己的国家干一番事业，创造财富，创造就业，创造文明和进步，无疑是幸福和快乐的，同样，当我们即将离开这个世界的时候，能够把财富归还世界，让更多遭遇不幸和贫困的兄弟姐妹共享，自己清清白白地离开这个世界，更是一种高尚和伟大。相反，如果在巨富中死去则是可耻的。

人类的慈善是不分国籍的，世界会因为我们的慈善行动而多一些和谐，多一些平等，多一些爱，并且会变得更加美好。这正是我们共同的期望。

祝你们永远健康快乐！

你们的中国朋友陈光标

2010年9月5日

【背景回顾】

陈光标，男，江苏泗洪人，祖籍安徽，生于 1968 年 7 月。少年时家贫，因为穷怕了，所以拼命赚钱。现为江苏黄埔再生资源利用有限公司董事长。多年来高调投身社会慈善事业，从事了大量公益活动，到 2010 年 9 月为止，他的捐款物总额 13.4 亿元人民币，受益人达 70 万。

2010 年 6 月，盖茨和巴菲特发起"捐赠誓言"活动，亲自游说《福布斯》排行榜上 400 位美国富豪，呼吁他们把最少五成身家捐给慈善事业。截至 8 月，他们已经成功说服 40 名美国亿万富翁公开承诺捐赠自己至少一半的财富。"巴比组合"宣布，预定 9 月底来中国，与 50 位中国富豪共赴一场"慈善晚宴"。

并不是每一个富人对于邀请都能欣然接受，这些富豪榜上有名的或者隐形的富豪们，很多人担心这是一场"鸿门宴"，会被"胁迫慈善"，甚至有人拒绝参加。盖茨和巴菲特于是声明不会在中国劝捐。

而陈光标，在接到晚宴邀请函后，就在自己的网站上公开发表了这封信，承诺要在死后捐出自己的全部财产。

【信件解读】

【宣布裸捐】：财富应回报社会，宣布裸捐

在人人避之不及的"鸿门宴"名单上，陈光标恐怕是这群富人中的"穷人"，然而他的高调却一如既往。他宣布自己将要捐出所有的财富，不是一半，也不是 95％，而是全部！

陈光标裸捐的理由很简单，他认为富人的财富不应该仅仅属于个人而是属于整个社会，富人要回报社会，要承担起自己的社会责任。对于立志既做首富,又做首善的陈光标来说,在中国的富人堆里其实属于最草根的一类。

与"草根富翁"陈光标的高调"裸捐"相比,很多富翁是不愿意财富外露的,原因不仅仅是怕被税务部门"找麻烦",更深层次的原因恐怕还在于中国慈善事业运行机制的不健全。官办慈善系统的管理水平以及透明度一向被人诟病,民间慈善组织则因为身份的尴尬而成为"鸡肋",就连鼎鼎有名的李连杰的"壹基金"都难以为继。富翁们不得不想:我辛辛苦苦赚的钱、捐的钱谁能保证用在对的地方呢? 这是区别于西方发达国家慈善事业的中国特色的困境。

在这种情况下,高调宣布裸捐的陈光标成为"异类",并不难理解。

【实际行动】:叙述自己在慈善事业上的实际行动

在信中,陈光标不仅大声喊出了裸捐的口号,还叙述了自己在慈善事业上的实际行动。从信中以及各种媒体的报道上看,陈光标确实不是"葛朗台"抱着自己的钱包不放,他每年都会把公司一半以上的利润拿出来做慈善,有具体的数字为证,他还在公司章程中制定了公司盈利与年捐赠数额的具体比例。

从 1978 年帮助邻居家孩子交了一块八毛钱的学费开始,到 2008 年年度捐款 1.8 亿元,并获得"中国首善"称号,赚多多捐,赚少少捐,陈光标从没有停下过慈善的脚步。特别是在 2008 年"5·12"地震后,陈光标第一时间带领操作人员将公司工程机械驶入灾区,几乎与军队同时抵达,成为首支抵达震区的民间队伍。

陈光标的工程车在灾区大显身手,成为救援现场的主力军,与他向灾区捐献的 785 万元比起来,他亲自背出 208 名遇难者的遗体,救出 3 名幸存的孩子的义举更值得肯定。在慈善事业上,他确实做到了身体力行、亲力亲为。

与美国情况不同的是,美国是明确分清个人财富和公司财富的,而中国的民营企业,往往分不清楚哪些是个人财富哪些是公司财富。陈光标的这种拿着公司的钱"布施"的慈善方式,也导致创业时的多名合伙人离开公司。

尽管陈光标的慈善方式显得粗放、强势,还存在"个人英雄主义"的嫌疑,但他对中国慈善事业的热心和对社会的厚重责任感，跟他发放的"真金白银"一样货真价实。

【幸福含义】：阐述幸福的含义，做慈善光荣，守财奴可耻

信中，陈光标还阐述了自己对幸福的理解，他觉得"把财富归还世界，让更多遭遇不幸和贫困的兄弟姐妹共享"才是幸福的、伟大而高尚的。之所以有些民营企业家们被扣上"为富不仁"的帽子，恐怕还是因为这些人不愿意主动承担更多的社会责任。当然，这些人可能也有自己的难言之隐，再加上中国人"子承父业"的传统，使他们更愿意把财富留给儿子，而不是社会。

陈光标还引用了美国钢铁大王卡内基的话："我只是上帝财产的管理人，在巨富中死去是一种耻辱。"年轻时卡内基拼命挣钱，年老时却仗义疏财，几乎捐出了全部家当。这是清教徒的观念，他们认为，人对于金钱只是代行管理者的职责，财富最终必须回报社会。

和谐社会不是一部分人抱着钱袋看着另一部分人挨饿，生命的意义也不是聚敛财富，而是分享和施予。巴菲特说："我不是对王朝财富的热衷者，特别是当世界上60亿人还比我们穷得多的时候……"盖茨也认为自己的巨额财富，"不仅是巨大的权利，也是巨大的义务"。

作为社会的一分子，能依靠自己的能力让更多的人受到关怀、得到帮助，才是人生的意义。法国修女以马内利，曾在开罗的贫民窟服务穷人22年，被称为"穷人的守护天使"，这是"穷人"的慈善。对于富翁们来说，他们比普通人更有能力做善事，应该承担起更大的社会责任，让世界更和谐美好，做慈善是光荣的，成为守财奴是可耻的、悲哀的。

【信件回音】

可以说，陈光标的每次"高调"慈善活动都毁誉参半，这次声明也不例外，力挺者有之,响应他的"号召"愿意裸捐者有之,斥其沽名钓誉者亦有之。这封信让国内富豪和企业家金钱与道德间的"富仁之争"成为舆论新议题,相当于把他们"架在火上烤"。

而企业家们的反应也不一,比如宗庆后就"并不欣赏",他认为真正的慈善应该"为社会持续不断地创造财富",因此他更乐于进行长期的慈善项目,而不是一次性的捐钱。马云表示:"我们这一代人所有的努力除了希望自己好以外,还希望将来孩子好。不给孩子留一点儿,一个不考虑自己的人,不要相信他会考虑社会。"

爱国者总裁冯军则积极响应,他被媒体称为继陈光标之后宣布"裸捐"第二人,他在微博上宣称:"自愿在我活着的时候,就将我个人的全部财产逐步捐献给社会。"除了冯军,还有超过 100 位的国内企业家通过来信、来电、传真的方式响应陈光标"裸捐"的号召。

专家点评

邱恒明点评:财富与道义

在财富的世界里沉迷越久,我们就越会发现人生毫无意义。被财富绑架的人生,就像一架没有灵魂的机器,顺着堕落的路径一直掉下去,直到生命的尽头,还不幡然醒悟。这样的可悲者形象,在历史上有着惊人相似的人格特征,可以说"可悲的人都是相同的",他们横征聚敛,苛待自己和身边的人,自私、冷漠、无情、阴暗,他们的心里都住着一个分裂自我的魔鬼,这个魔鬼将他们的人性压抑到了极点,让他们的一生都饱受着痛苦的煎熬,体会不到快乐的真正含义。

然而阳光只会照射真理的一面,这个世界上还是少一些吝啬鬼,多一些善行为好，因为：

> 财富不应当是生命的目的，它只是生活的工具。——乔治·比
才（Georges Bizet）

作为人类生活工具的财富，虽然为人类提供了丰富的物质世界，但它不是生活，生活应该是物质世界和精神世界的相融。作为物质世界力量的代表者——财富，它应该为精神世界服务，这种服务表现在无形的精神世界里，就是道义。而道义并不是"劫富济贫"，也不是"水泊梁山式的反抗"和"暴力的革命"，而是一种平和的方式——慈善和公益。

自 2010 年 6 月，盖茨和巴菲特发起"捐赠誓言"活动以来，慈善和公益成了富人们不得不审视的一个道德责任问题。就对待财富与道义问题上，每个人都有着自己不同的理解，被称为"中国首善"的陈光标选择了"裸捐"，并以高调的姿态在各种场面曝光自己，以呼吁更多的人参与到慈善事业中来，为社会的和谐和平等做出一份贡献。

"在巨富中死去则是可耻的"，这不仅是陈光标做慈善事业的原动力，也是他将慈善事业做大做强的决心。可以说，陈光标是将慈善和公益作为自己理解"道义的财富"的出发点，因为财富最终要上升到一种永恒的精神和价值方面，所以，"企业家的责任和道德"就成为他追问人生意义的精神思考点。

可以说，陈光标的这种出发愿景是美好的：在生前要努力承担起一个企业家的责任——创造就业，为这个国家创造文明和进步，在死后也能让自己所创造的财富继续对这个社会起着促进作用。但是，这种美好的愿景并没有得到所有人的认可，"裸捐"的质疑声音此起彼伏。

仔细分析原因，不难得出，国人质疑的"财富的道义"，具体可分为三点：一是财富的来源是不是符合"道义"的要求，这将直接关乎社会的公平问题。第二，这种"道义"是出自于最真诚的心灵吗？第三，"财富的道义"仅仅体现为捐

款吗？

　　就第一点来说，如果企业家的财富是通过商业上不正当的竞争或者不合法的手段，以贪婪的心态损害消费者的利益而谋取的，那么这种财富本身就是不合法的。即使后来出于内疚，将它作为慈善和公益的资金，这种"道义"也是"伪道义"，它已经破坏了社会的公平。人们通常会对那些垄断企业的职工投以愤恨的眼光，抱怨他们不公平地拉大了人们的收入差距，而认为沃伦·巴菲特是一个财富楷模，因为他是通过合理与公平的手段创造了财富，并且对人类社会的进步作出了贡献，就像比尔·盖茨改变了世界一样。

　　第二，如果"裸捐"财富只是为了满足自己的虚荣心，不是出于最真诚的心灵，那么这种"道义"也是"伪道义"。"慈善不仅与财富有关。任何有志于从事慈善的人，只要认清自己内心的最大驱动力都可以更有效地助人。"沃伦·巴菲特的儿子彼得·巴菲特将慈善和公益的初衷归结为"内心驱动力"。只有内心最真诚的人，才能将"财富的道义"演绎得完美至善，鼓舞和感染人们。诚如蒙田所说的："一切对财富的过于仔细的关心都散发着贪婪的气味，甚至以一种过于有意的不自然的慷慨去处理钱财，也是不得去费心指挥和关心的。"

　　第三，如果想要财富的道义——慈善和公益体现得更完美，那么"裸捐"也并不是最好的解决方法。就目前中国不完善的慈善公益体系和制度来说，如果想要让慈善更长久地发展下去，惠及更多的人，就让慈善事业变成一套完整的体系，变成群体性的行为，让每一个人都能去实现自己的人生价值。

　　所以，从"道义"出发，中国的"慈善"事业还有很长的路要走。

点评人：邱恒明　财经作家，知名财经书评人。先后出版过《总裁的第一份工作》、《赵曙明：我的人生感悟与管理观》、《成就伟大的 7 个小习惯》等著作，策划编辑有《海底捞你学不会》等畅销图书。写有 200 余篇财经书评文章，为年度财经图书评选活动创办人、总策划，至今共成功举办 8 届。并任腾讯专栏作者、新浪悦读会顾问、蓝狮子阅读顾问。

宁高宁：小国家大公司

【信件原文】

　　这几年中国开汽车的人多了。我曾去丹麦的哥本哈根，发现那里骑自行车的人正在多起来，上班时自行车成行成队、你追我赶，火车站旁的自行车停了一大片，有点追赶中国 20 年前之势。问当地人为啥，说年轻人骑车帅气时尚。是买不起汽车吗？答曰不是，是潮流。

　　中国的很多时尚学国外，如果真的自行车又成了一种老外的时尚，不知道啥时候中国的年轻人又会再学。

　　丹麦这个国家人均 GDP 全球第六，高过英、美，生活质量、环境水平、幸福指数好像全球领先，骑自行车是一种选择，好像无意中表达了一种对财富对自然的看法，不知道这在将来会否又是一件领先的事。

　　这让我想起富豪巴菲特的几件事，与骑自行车有点意思上的小关联。在美国遇到巴菲特，我说："你在中国和美国一样有名。"他问："为什么？"我答："因为你有钱。"他说："你可否回去后告诉中国人，说巴菲特已经没钱了，他都捐了。"说着他开玩笑地掏出钱包让我看，钱包里有几张散钞票，钱包很旧，边都已磨白了。说着他让我和他一起拿着他的钱包照相。这件事已有几年了，因为有点开玩笑，我也没在意。

可最近我又听说他的两件小事，觉得巴菲特除了财富外可能还代表了一些东西。

一是 IBM 的女总裁说的，她说因为巴菲特的公司买了 IBM 的股票，她去看巴菲特，这位老人家不仅和她谈了投资和公司管理，最后一定坚持自己开车把她送到机场。还有个故事是运通银行总裁说的，巴菲特一直是运通的股东，有一次两人约了在运通公司见面，因为飞机的原因老人家到早了，他就坐在运通大堂等了一个小时，后来被人认出来，运通总裁赶紧下楼迎接，说怎么到了不告诉他，巴菲特说约好了时间，不应该早打扰他。巴菲特的这些做法不像大牌人物，这可能也是一种态度，这种态度是怎么形成的？与他的投资成功有多大关系？

再说回丹麦，这个国家只有 500 多万人，只有中国的一个中等城市大小，可这个国家给人的印象好像大很多，从产业，到艺术，到运动都让世人记得它。丹麦的农业、生物制药、环境产业、乳业、航运业都在全球领先。马斯基航运、诺维信生物、爱氏晨曦乳业、Ecco 鞋业、Lego 玩具、Bang & Olufsun 影音设备等公司如果你不深追，都不太会意识到他们是丹麦公司。小国家大公司，而且这个国家税收全球最高，福利很好，是典型的北欧福利国，人们的干劲和创造力哪里来呢？与骑自行车有关系吗？

大和小的辩证关系在丹麦可能表现在很多地方，在这里皇室和女王很受拥戴，被认为是国家最高权力和道德象征，但据说皇室和平民接触很多，女王的国宴虽然仪式庄严，但菜式很简单。国人喜欢的王妃听说在教人们如何避免晒太阳过多得皮肤病，如何可以不花很多钱买名牌而且也可以穿着漂亮。丹麦很出名的景点是哥本哈根海边的美人鱼雕像，可看到之后你才会意识到她是如此之小，如此不起眼。这么小的东西怎么会名气很大？有位丹麦餐厅的服务员回答了这个问题的原话是:"有名气的东西就一定要大吗?"

丹麦国家的这一切与骑自行车有关系吗? 我想一定是有的。

【背景回顾】

宁高宁,美国匹兹堡大学工商管理硕士学位。1987 年,进入华润(集团)有限公司;1999 年,任华润(集团)有限公司副董事长、董事会主席、华润北京置地有限公司主席。2004 年 12 月 28 日,宁高宁代替周明臣出任中粮集团董事长。2009 年 7 月 6 日,他联手私募股权基金厚朴管理无限公司,投资 61 亿港元入股蒙牛乳业,创造了迄今为止中国食品行业的最大买卖记载。2011 年,牛根生辞去了董事会主席头衔,宁高宁接过了这根接力棒,开始掌管蒙牛。2012 年 3 月 28 日,宁高宁不再担任公司董事会主席,但继续担任公司非执行董事。2012 年 6 月 18 日,当选中共十八大党代表。2012 年 11 月 14 日,当选中共第十八届中央纪律检查委员会委员。

从华润到中粮,宁高宁一直都在向员工灌输着"职业经理人忠心与良心"的管理理念。在战略眼光上,宁高宁一直都具有一种国际视角,这封信就是宁高宁在探求丹麦企业发展模式上的"小大之辩",并在此基础上提倡绿色自然的企业发展模式,认为企业发展的最终目的是为了提高国人的幸福指数和生活质量,和财富无关。

【信件解读】

【幸福原则】:选择最简单的生活方式,幸福和财富无关

财富越多就越幸福吗? 这个问题见仁见智。不过,在丹麦这个国度里,更强调整体发展和可持续发展,强调国民的幸福指数。那里的人们看淡财富,更注重与自然的和谐发展,注重内心的平和,注重人与人之间的人际交往。

无论是丹麦人骑自行车的例子还是巴菲特的例子,都足以说明幸福不是以财富来衡量的。真正的幸福来源于内心的满足感和对当下社会的认同,更是对简单生活的追求,不需要华丽的显耀和奢侈的生活,简单最好,自然最好。

所以企业在发展过程中,不应该一味地追求财富,甚至是在损害他人和社会的利益下进行财富积累。这样的发展已经打破了自然常态,破坏了规律,带给人们的将是无尽的痛苦。

所以企业发展需要尊重自然,与自然和谐发展。宁高宁在执掌中粮后,对食品领域的龙头老大进行了价值重塑,提出"源于自然,重塑你我"的核心理念。对这一理念,宁高宁这样解释道:"用自然的力量来重新塑造一个人、一家企业,甚至一个社会。这并不是我们的喜好所决定的,而是必然的,这可以重塑信仰、规则、价值追求,甚至可以重塑我们的身体。自然的力量是无穷尽的,人的本性本来也是自然的一部分,自觉地遵守自然规律,尊重自然,也就是重新塑造了你我。这一点,人们过去大多做得不够。当然,自然源泉更可以在战略选择上重新塑造我们的公司。这与我们的使命是相联系的。"

【尊重原则】:尊重每一个生命个体,为他们尽心谋福利

在这封信中,宁高宁两次提到巴菲特,第一次提到的是巴菲特对于财富的态度,第二次提到的是巴菲特对于财富之外的态度,那就是对每一个生命个体的尊重。巴菲特没有因为自己已经是名人而表现出很高傲、很傲慢的姿态,却尤其亲和和尊重别人,表现在一次送 IBM 的女总裁去机场,一次守时地等待运通银行总裁。

这种尊重原则,也是丹麦的王室对于平民的态度。被认为是国家最高权力和道德象征的皇室和女王,受到丹麦人无限的拥戴,这不仅是丹麦人出于对皇室的一种尊敬,更因为皇室愿意和平民接触,他们充分尊重每一个生命个体。国人喜欢的王妃听说走进了万家普通民众的生活中,教人们如何避免晒太阳过多得皮肤病,如何不花很多钱可以买名牌而且穿着漂亮。

从上述可以看到,无论是显赫的皇室还是拥有千万财富的巴菲特,他们都把自己看成是一个为他人服务的人。在这一点上,宁高宁将自己定位于"放牛娃",他自称是职业经理人,为国有企业"放牛"。2005年,连续多年保持不变的"中粮中层管理大会"改成了"中粮经理人年会"。这是一次质的飞跃,名称的变更,既有对会议的重新定位,更包含了对全体参会人员的重新定位,那就是提高职业经理人素养。

另外,这种尊重原则还表现在政府应该尊重市场、尊重制度、尊重企业家上。除此之外,作为企业家,一定要服务好消费者,以顾客为导向,真正提升生命关爱,尊重每一个消费者的利益。

【小大之辩】:深耕细作,走国际化品牌之路

"有名气的东西就一定要大吗?"当看到哥本哈根海边的美人鱼雕像时,很多人都不禁唏嘘,这么小的东西怎么在全世界那么有名?

有名气的东西,和外表、重量、体积没有任何的关系,而在于其品牌的知名度如何。一个小小的美人鱼,却在童话家安徒生的笔下,由丹麦走向了全世界,以致所有的人一提到丹麦,脑海里冒出的第一个印象便是美人鱼。这和一个企业的发展历程一样,从小到大,直到成为国际化品牌,为每一个人所知。

在宁高宁对中粮集团的打造全球产业链的国际化改造中,面对如此频发的食品安全事故,他公开表示,不满蒙牛过去三年的表现。"企业发展要以质量为首要考虑,其次才是规模、盈利等,中粮集团今后会更多地参与蒙牛的管理,提升质量,消除社会的敏感。"

这是因为中粮集团习惯做"漫长的生意"。中粮集团从整个产业链入手,在食品加工的过程中不加入外界带来的环节,专注于品质质量的提升。比如中粮的福临门食用油,从大豆开始,一直到整个加工、物流和销售环节都是自己掌控的。中粮追求的是营养、健康和时尚，这是长期品牌的战略需要。又比如，中粮旗下的君顶酒庄为生产一瓶优质葡萄酒，会先从法国引进优质的葡萄种苗，然后精心栽培，到第一瓶葡萄酒出厂，中间经过了足足 8 年时间。

宁高宁坚持认为，企业只有深耕细作，才能培育出优秀的世界品牌来。

【信件回音】

"中粮从传统的贸易型公司成为一个实业公司，又从实业公司逐步成为产业集合公司，我们希望能够做成有创造价值的整体型企业。"在宁高宁的领导下，中粮规模化的问题已经基本解决。为了深耕细作，培育出世界民族品牌，中粮也在进一步培养自己在专业领域的创新，增加产品附加值。

为了能够创造有价值的整合产业链，宁高宁希望中粮集团能够真正向着创新和技术走去，向着真正的营养健康走去，向着提高中国人的生命质量，延长寿命，减少疾病，提高活力，增强中国人的体质走去。

▪▪▪ 专家点评 ▪▪▪

王永点评：今天你骑车了吗？
——从"丹麦模式"的低碳生活说起

当我们点燃一根火柴时，可曾想到这样一个画面：当周围的富人们都在温暖的家里举杯祝福新年的到来时，一个饥寒交迫、无家可归的女孩却在街头拐角处用颤抖的手划过一根火柴，微弱的火光里，小女孩看见了很多美好的景象。

这就是丹麦的童话家安徒生写的著名的《卖火柴的小女孩》里的一个场

景。丹麦是一个充满童话的国度,给了世界无数儿童提供了一个可以幻想的美好的童话世界。在这片神奇的国度里,还有一个美丽的女孩,她就是《海的女儿》中的主人公——小美人鱼。

卖火柴的小女孩以及小美人鱼是丹麦文化最重要的代表部分,同时也是世界文化重要的组成部分,它们向世人传达了这样一个理念:和谐、美丽、善良、绿色。

文化是经济的先行者,在丹麦这样一个充满温馨的童话国度里,它的经济发展模式也备受关注,形成了著名的"丹麦模式"。

2009 年哥本哈根会议后,丹麦这个小国因"丹麦模式"而备受关注。著名的纪实作家、历史研究者王凡是这样解释"丹麦模式"的:"所谓丹麦模式,就是由低碳到零碳继而负碳的绿色可持续发展模式。用三个数据,就能很直观地说明。第一,从 20 世纪 80 年代到现在,丹麦经济累计增长达到 78%;第二,在如此高速的经济增长下,它的能源消耗增长量却是 0;第三,这个国家的碳排放量是 −13%。"

在这个发展模式中,"低碳"成了主要的经济发展核心词汇。

在"低碳文化"里,有一种文化——自行车文化,宁高宁先生在企业家来信中尤其特别提到了这一文化现象。在丹麦,骑自行车是一种生活,是一种城市文化。在当地的大街小巷里,你会经常听到人们谈话和广告语是关乎自行车的:"你今天骑车了吗?""你应该有一辆自行车!"目前,哥本哈根居民骑自行车上班上学的人群中不乏社会名流、企业高管和政要,这一比例高达 37%。

在有些国家,人们会觉得骑自行车没有尊严,甚至不安全、不方便,但丹麦人却很愉快,并以此为傲,将其视为潮流的一部分。即便是丹麦王子,也常常骑自行车出门。在丹麦买汽车的成本是非常高的,除了高昂的汽车购置税,还要缴纳排碳税。如果你想要过对自然环境有损害的生活,你就要为此付出高昂的代价。为了推行自行车出行理念,丹麦政府提供了大量的便利,比如修建自行车专用道、设置专门的红绿灯等。

骑自行车出行成了人们的一种出行习惯和生活方式,形成了一股全民参与的"低碳"风尚。丹麦成了"自行车王国",自行车甚至还成为人们情绪的寄托者。在自行车的篮子里,通常能看到娇艳的花朵。

这种"自行车文化"在丹麦的低碳城市发展理念中是一个强有力的实践方式,那么它是如何实现零碳生活的呢?

有三股推动力量:政府引导、企业助力和全民参与。丹麦的"零碳生活"离不开政府政策法规的引导和约束,离不开企业的智慧倾注和主动作为,更离不开全民的一致行动和参与。丹麦驻华大使裴德盛说:"减少能耗,提高效能,使用可再生能源。我们力图用更少的油让车走得更远,用更少的能耗使得房屋的温度更高;丹麦鼓励使用公共交通,鼓励使用自行车,少用私家车。另一方面,相关立法很重要,切实地执行也很重要。""在环保产业刚开始发展的几年,会实行政策性保护,几年之后就撤去这些保护,使之增强自身的竞争力。政府还支持科学技术的研发,注重与能源的开发利用相结合。税收调节也是一个很重要的手段,我们国家对汽油征收的税很高。"

这三股力量就像一个个和谐的音律共同谱奏出一首清新的乐曲。丹麦既非制造业大国,在传统能源领域也鲜有优势。在这样的一个国家里,虽然人口面积和中国的一些城市和地区相比,规模比较接近,但其幸福指数却是最高的,被视为和大自然共存的健康、和谐现代社会的典型。

研究其企业的发展不难发现,它的产品都非常节能,在生产过程中很注重环保。农业、生物制造业、环境产业和乳业、航运业等作为国家重要的产业部门,在国家这样一个大公司里成为一个个独立却又互相影响的多元化产业链中的组成部分。创新和环保已成立国之本,丹麦成了绿色能源的领跑者。企业在创造财富的过程中,也实现了企业的社会责任。这样的一个小国家更像是一个大公司,一个有着和谐发展理念和绿色低碳理念、创新环保理念的公司。这是财富之外的另一种选择,表达了对财富对自然的看法。

在这样的大公司里,政府扮演的角色是一个管理者,拥有严格的法律执行力和出台相关法规政策的权利。在硬性管理之外,还有柔性文化的渗透。皇室并不总是高高在上,他们和平民的接触很多,在《小国家大公司》里谈到国王最喜欢的王妃教人们避免晒太阳过多得皮肤病便是一例。我也曾有幸在北京和同为达沃斯全球青年领袖的王妃共进晚餐,面对面感受王妃的亲民风格。

在丹麦,王室的尊严和普通大众的利益总是连在一起,最高的权力和道德象征成为普通大众的亲近者。这就像大公司里的高管者和员工们的关系,一个有着无数追随者的领导者才是一个好的领导者。企业扮演的是职业经理人的角色,帮助 CEO 达到其预定的目标,成为主动的作为者。所有的民众以公司员工的身份参与到了这个大公司的发展建设中去。

这就是丹麦,童话中的丹麦世界。"丹麦模式"值得我们每一个人思考。在"低碳"节能环保这个领域,中国所要走的路还很长。但已经有很多品牌商在行动了,众商家将严格奉行低碳环保理念,为消费者带去放心产品。

"低碳环保"正形成一股新的品牌崛起力量。企业只有关注并实行"低碳战略",才能获得更大的发展空间,在国际和国内市场的未来竞争中赢得胜利!

我也借此机会,呼吁读者朋友们也能买一辆自行车,加入低碳环保的骑行大军中来。实在不行,那就加入顺风车俱乐部吧。顺风车,一起来,有你更精彩!

点评人:王永 北京大学校友创业联合会副会长,中国青年企业家协会常务理事,中国青年科技工作者协会理事,中国质量协会理事,湖南省邵阳市人民政府顾问、湖南衡阳师范学院美术系名誉主任、客座教授,中国最大品牌门户网站——品牌中国网创始人、CEO。并以品牌专家身份兼任全国工商业联合会家具装饰业商会副会长。中华全国青年联

合会委员、中国经济社会理事会理事、北京市青年联合会委员。中国红十字会社会监督委员会委员、新闻发言人。

著有《中国总经理》、《企业家责任》、《品牌女性》、《企业家精神》、《品牌革命》、《尊敬的力量》等专著十余部，并多次应邀在重要国际会议和论坛上发表演讲。先后接受过《人民日报》、中央电视台、北京电视台、人民网、新浪网等数十家主流媒体的专访，是"顺风车"的发起人和践行者。

企业家来信⑫ - - - -
王健林：做一个真正的社会企业家

【信件原文】

中央领导重视促使万达回归

当年离开足球时，大家觉得一个成绩最好的俱乐部不干了，可能会有点儿遗憾。我记得当时中央电视台还做了一期节目。今天回归足球，可能更多的是带给人们一点期许，觉得万达愿意回归，至少是一个好的兆头。这说明大家对足球现在还是关心的。但是你说（万达回归）有多大的作用，还不好说。

促成这次回归，核心理由是两点：一个是中央领导有号召。胡总书记去广州视察亚运会的时候，接见了容志行。习副主席表示一定要把足球搞上来，前后两次发表谈话。延东同志也亲自找我谈话，希望我们能站出来支持一下。这是一个非常重要的原因，因为我觉得中央真正重视足球了，这就意味（足球）是向好的方向转化。第二点，足球在中国的影响力很大。我注意到，只要有国家队、国奥队比赛，这些新闻都是网络的体育头条，说明看球的人还是多。我们竞技水平再烂，中超每场还有一万多人的上座率，说明它还是第一运动。这两方面促使我还是回来。

最重要的是社会需要。足球是世界第一运动,也是中国的第一运动。尽管这十几年竞技水平不高,但我觉得群众的真正热情还在。

最早是有关领导找我,要求我写一份对足球的建议。我花了两周时间找了一些人谈话,搞了一些调研,最后写了一个大概接近5000字的报告,这个报告也得到了中央高层的批示。我想这个,可能就是我重新回归足球的一个转折点。净化中国足坛我觉得还要看,这是在总局层面和中央领导层面。这次回归足坛一个重要的前提,就是看到始于两年前的那场打黑运动。那次打黑,抓了这么多人,三个足协高层都被抓进去了。涉案人员从领导到中层、到裁判、到运动员、到俱乐部,这种大面积(治理)在中国历史上是第一次。要想真正使足坛净化,起码要在中央高层在体育总局始终保持这个高压态势。之所以我愿意回来,也是了解到今后的中超比赛、国内比赛,公安部门会始终参与。用高层领导的话讲就是"始终保持高压态势",我觉得这也给我一个信心。

公司里没什么不同的意见。每年公司都有几个亿的资金安排,做公益或做一些别的支持,无非就是往哪儿投的问题,没什么大争议。

5亿元是怎么来的

合同的基本框架协议书,几个月前就给足协了。其实我们跟总局和足协谈判花的时间很短。我们提出来的东西修改很少,拖了几个月再签,我想这可能是政府办事程序问题了。如果有人给我们送钱,可能我第二天就签了。他们这个我也能理解。开党组会,可能还得足协副主席都在"家"。体育总局再开会,可能也得正副局长都在一起。可能还有审批的时间,我想应该是程序问题。

5亿元是谈判的结果。首先谈的是冠名权,觉得6000万元就足够了。剩下的那些钱是大家一条条算的,青少年联赛大概花多少钱,女足大概要花多少钱,国家队(要花多少钱)。其他钱基本都有谱,就是两个数字我现在不能确定:一个就是送出去培训的球员,原来说40个,现在可能增加到60个,这个费用要跟欧洲俱乐部谈。第二个就是国家队目前还没有(给出数字)。所以5亿元只是一个大概的数字,不少于这个数字。这跟调研报告上的几个建议是吻合的。给中央写的报告里面,不光有自己的想法,也找了一些记者、足球人座谈,大家觉得中国的症结就是在于基础不行,所以根据这些情况我们写了一个建议,谈到青少年、女足、裁判问题和请高水平教练,另外就是小球员的发展。

总价值倒没有考虑。投5亿元就引起全国那么大关注,我觉得就已经值了。有些事情领导关注群众不关心,有些事情草根关注领导不在意,这个事情领导群众都关心,说明这个事情是好事,至少我觉得这就已经值了。如果我们真起了一个火车头的作用,由此带出来一批企业搞俱乐部或者搞别的(足球项目),那我觉得就更值了。11年前的万达实力还比较小,现在的万达收入过千亿。现在再来支持中国足球,最大的变化是实力剧增。

我们每年都有预算。再加上企业规模现在越来越大,能力越来越强,应该不算什么。

希望人们叫我真正的社会企业家

(社会对万达回归足球的评价,)我想还是正面多一些。我看到一些评价,大家总体来讲是正面的。有一些人担心钱会不会又扔到水里去了,可能有人还是用过去的眼光看足协。我倒是有一个预感,可能中国足球的又一个春天即将来临。中央的、企业家的、社会的,三个层面的力量都发动起来了,现在应该是中国足球发展的一个转折点。

不过足球水平上不去的一个原因就是,基础设施确实差,每个城市的足球场比例太少了,我希望总局在基础设施方面要有一些硬性规定。大企业投专业足球场还是很容易的,政府划拨土地,专业足球场纯建筑有两亿元就够了。

其最大的作用就是起一个敲门砖的作用。希望通过我们的行动,让大家知道,过去最好的俱乐部老板又回来了,还愿意投这么多钱。希望通过我们的介入,带动更多的大企业来关心和支持中国足球。如果都是一些大企业搞足球就好了,毕竟是市场历练出来的,做事有规矩、有计划。

如果足球走势好,观众上座率高,可能我就会花更多的精力。我们公司计划性很强,今年又首度实行了模块式管理。完全是计划式管理,我几乎对业务上的事情(都不过问)。其实我本身可能大部分精力都在社会活动上。

以后人们评价我,觉得我是一个真正的社会企业家,我就很满足了。所谓社会企业家,就是将社会贡献当作自己的第一责任,而且努力去践行这些标准,这是我追求的。西方对企业家最高级的评价就是社会企业家。比如像比尔·盖茨、巴菲特,挣很多钱,但是挣钱的目的最后是捐给社会。我宣布自己的 90% 的财产捐出来做基金,就是希望做一个示范吧,中国现在的企业可能在这方面缺的比较多。我希望中国企业发展像美国企业一样。美国的慈善捐助 93% 来自民间、企业和个人,中国这块做得不好。美国社会捐赠相当于每年生产总值的 3%～4%,咱们中国大概只有千分之零点五,每年社会捐赠只有 GDP 的千分之一都不到。差距太大,将来我可能更希望是提升这个目标。

【背景回顾】

王健林,1954 年生,现任大连万达集团股份有限公司董事长。在《新财富》杂志发布的"2010 新财富 500 富人榜"上,王健林以 401.1 亿元的财富列于榜首。然而,大多数人认识他,并不是因为他的房地产生意,而是中国足球史上一支书写梦想与辉煌的球队——"大连万达"。

1994 年,王健林受大连市体委的邀请,成立大连万达足球俱乐部,当年夺得中国足球职业联赛的第一个甲A冠军。到他宣布退出足球的1998年,人们见证了一个"王朝"的诞生:大连万达获得了4个联赛冠军、1个联赛季军,以及至今没有球队打破的55场不败纪录。

然而,王朝的辉煌成了中国足球史上昙花一现的美好回忆。在1998年足协杯半决赛中,大连万达因裁判判罚了三个点球而最终惨遭淘汰,冲动的王健林当即宣布,大连万达永远退出中国足坛。随后,王健林将球队转给了实德,经过一年过渡期,万达彻底跟足球说"Beybye"。

2011年6月,在阔别足坛12年之后,当年决绝离去的王健林又挟巨额资本回归。或许,这令他又爱又恨的中国足球,始终是他内心里放不下的责任。

【信件解读】

【回归原因】:领导号召,社会需要

离去之时,王健林曾怒发冲冠,当年因为对于假球黑哨深恶痛绝,他曾出言讽刺:"中国有两个最臭的行业,一是股市,二是足球,用东北人的话说,是两个兽医抬头驴,没治了。"如今,"永远退出中国足坛"的余音仍在,"说出去的话,泼出去的水",王健林作为一个注重承诺的企业家,何以"食言"呢?

王健林给出了两个原因:一个是领导号召,还有一个更重要的是社会需要。其实,作为一个正宗的球迷和一个心系社会的企业家来说,王健林的内心里从来没有真正放下过中国足球。当年,中国足球的环境可以用"泥沼"这个词来形容,对于那些说出"珍爱生命,远离足球"的人来说,内心的"愤"远远比不上"悲"来得猛烈,正所谓"爱之愈深,责之愈切"。足球,作为一项全民运动,真的是受到了全民的关切。

在2010年年中,王健林曾与足球评论员刘建宏聊过,他表达了自己回归足球的意愿。同时,体育总局也在为王健林的回归进行策划布局。到2011年

年初,中共中央政治局委员、国务委员刘延东,亲自促成此事。至此,王健林的回归已经水到渠成。

"永久退出足球圈"的王健林,从来都没有忘记足球作为一项全民运动的影响力。在"看球已经危及生命的年代",中超每场还有一万多人的上座率,可见,人们对于这项运动有多么喜爱。为了中国足球事业的振兴,王健林表示,"如果中国足球发展方向好,有好的项目,大连万达每年拿出几个亿支持中国足球,是很愿意的事情",终于决定回归。

【价值衡量】:万达的投入是值得的

资本的力量是惊人的,即使在中国这个"半商业社会"。比如,接手广州中医药队的恒大,利用雄厚的资本优势,重金引进外援,重奖球员,用"赢球奖500万、平球奖100万"的金钱策略,将一支半死不活的降级球队硬生生变成了夺冠热门。

王健林向来出手大方,当年,万达俱乐部开赛前,王健林常常手提装满现金的手提箱在赛场上激励队员。其实,万达以前搞足球的同时也进行了企业宣传,甚至可以与政府进行利益置换。万达集团能够从偏安一隅的大连,变成如今全中国最有实力的、市值上千亿的地产企业,足球曾经功不可没。但如今,情况已经截然不同,钱对万达来讲已经成为数字,它不再需要用搞足球的方式来建造万达帝国了,搞足球,真的就是为了"搞足球"。

这一次回归足球,万达出手就是5个亿。然而,拿出这么多的资金来搞曾经给自己带来"心灵创伤"的足球运动,值得吗?

王健林认为是值得的,他认为,足球作为一个领导和老百姓都非常关心的事业,投资它肯定是一件好事而不是坏事。中国足球的根本要立足长远,除了制度改革,还要从青少年抓起,要靠整个社会的热情和关注,需要体育、教育、宣传等部门同心协力。如果万达的回归能够起到模范作用,感召其他企业也能加大对中国足球事业的投入,那就更有价值了。所以,王健林觉得这5亿元,花得值。也因此,12 年前,他流着泪退出;12 年后,他笑着归来。

【社会责任】:希望做一个"社会企业家"

相对于商业企业家,戴维·伯恩斯坦在《如何改变世界》一书中提出,"社会企业家"为理想驱动,他们质疑现状、开拓新机遇、拒绝放弃,最后要重建一个更好的世界。也就是说,他们不是光想着赚钱,他们还致力于让这个社会更加美好。

王健林曾说,自己想做一名慈善家,希望被人评价为"社会企业家"。他带领的以"共创财富、公益社会"为企业使命的万达将承担社会责任的落脚点放在慈善公益上。万达集团在成立 20 多年间,社会捐款、公益投入超过 10 亿元,全国 70 多家子公司全部成立义工分站,所有员工都成为义工。此外,万达还出台文件规定员工的善行义举被视为工作成绩,会得到集团的提拔重用和奖励。种种善行,不胜枚举。

"赚钱的目的就是为了把它花出去,帮助需要帮助的人。"王健林一直认为,企业家赚钱和花钱有三个层次,最低的层次是为自己,第二层次是为事业、为成功,最高的层次是为他人和社会。

现在全球企业界的主流思想已经不再是追求利润最大化,而是做一个社会型的企业。倘若企业不能有效承担社会责任,企业家不能更多地帮助社会,那么他们的存在就会失去价值支撑。一个企业家支配财富的方式才是衡量他是否真正成功的标准。

王健林说:"追求财富的最高境界,那就是为社会追求财富。"王健林正在身体力行,他希望自己能做一个真正的"社会企业家"。

【信件回音】

王健林在信中告诉我们,他意识到财富的本质是用来帮助别人的。的确,一个真正的社会企业家,应当在社会责任与个人利益之间寻求一种平衡点和结合点。企业家履行社会责任是必然的趋势,为富不仁的企业家会逐渐被社会淘汰。

也有企业家认为,企业承担社会责任还是要量力而行,具有社会责任感的企业不一定非要一掷千金地捐款,比如有的企业能够生存下来就已经实现了它的公益性,因为它解决了就业,带动了产业链。

中国的企业家们正在进化到一个全新的层面,他们考虑的问题已经从怎么赚钱到如何做慈善、环保和NGO,而社会中的王健林们也一定会越来越多,世界正因为他们的存在而更美好。

▓▓ 专家点评 ▓▓

师丽丹点评:以公益之名搭建新型政商关系

孔夫子认为,"博施于民而能济众"是连尧舜都难以企及的圣人之举。而在现代社会中,最有可能同时具有此种圣人情怀和能力的人群,除了政治家,便是企业家。

当今中国,总能看到如此怪象——企业家的善举收获的不是意想中的赞许,更多的是一片浑然不觉的冷淡与麻木,甚至如芒刺在背的怨恨目光。但很多人依然热衷于为慈善事业出工出力。

"万达集团如今已是一个资产上千亿元的企业,每年的销售额也有几千亿元,我个人的财富也已经有几百亿元,我为何还要拼命挣钱?"王健林表示,他立志要做一个全球华人最大的慈善基金,这个梦想让他继续奋斗、继续拼命赚钱。22年来,万达集团及王健林个人对社会的各项慈善公益捐助累计超过27亿元。

做慈善，需要的就是这种宗教般的情怀。

关于慈善捐款到底该以何种形式捐给何种对象，一直是社会舆论争议的焦点。对于王健林搞足球，不少人觉得：若是把这笔巨资捐给那些吃不起饭的人，或提供给上不起学的孩子，不是更好吗？

中国自古有"穷则独善其身，达则兼济天下"之说。而对拥有巨额财富的企业家来说，如何才能兼济天下呢？这是个仁者见仁、智者见智的问题。只要王健林的这笔巨额捐款来源合法，是出于真实愿望，捐款用途不违法而且符合公序良俗，我们又有什么好评说的呢？对于任何形式和任何数额的捐赠行为，我们都应献以掌声。

做慈善究竟能不能含有商业目的？或者能不能有商业回报？这也是中国慈善事业一个争论的焦点之一。"事了拂衣去，深藏身与名。"这是中国传统观念对慈善事业的理解，做慈善的人就应该不张扬，更不能要求有回报。当商业模式进入慈善事业后，人们就认为是对慈善的一种亵渎，慈善已经不再高尚。

按照这种传统观念，慈善和商业是一对天生矛盾体——前者不求回报，后者却以追求利益最大化，两者泾渭分明。

在现代社会，有人开始重新思考和定义两者的关系。著名学者茅于轼就表示，慈善事业也可以商业化，社会责任投资可以让慈善和商业不再水火不相容，因为社会责任投资是以慈善为目的的一种商业行为。玻璃大王曹德旺也曾指出，慈善亦是商业。

显然，只有将慈善事业置身于成熟的商业运作之中，才能创造出真正辉煌的慈善业绩。凡是那些慈悲为怀、乐善好施的商人，都为全社会所敬重，他们的企业必然会受到消费者的关爱，口碑其实就是最大的利润。所以，全国工商联鼓励把慈善当成一种投资行为、一种商业行为，因为只有这样才能真正意义上对那个帮助者有意义。

帮人就是帮自己。其实，在我们用自己的财富帮助别人的同时，也会得到别人的帮助。这就是"善有善报"的道理。

有人认为，王健林对足球事业的投入，可能会换来政府的好感，甚至能得到其他方面的优惠政策和好处。

这涉及一个政商关系的问题。在中国，企业与政府的关系，很多情况下仅仅停留或维系在私人关系的层面，即企业家本人与政府官员的私人交情。这种关系基本上都是企业家通过"请客送礼"等"难以放到台面上"的方式建立起来的，具有各种各样的弊端，尤其容易滋生腐败。

鉴于"私人"型政企关系存在着严重的弊端，很多企业家开始思考如何将这种"私人关系"转变为"组织关系"，即在组织层面建立与政府部门及官员之间的良好关系。

政府与企业双方互为利益相关者——一方面，企业的生存与发展需要政府的支持；另一方面，政府也需要企业提供税收、解决就业和促进地方发展。参与社会公益事业就是企业博取政府好感的重要手段之一。在我国，很多企业都通过捐建希望小学、赞助体育盛会、开展社区志愿者服务、参与救灾捐赠、成立公益性基金等慈善活动，以达到博取政府的好感、信任与支付的目的。

联想、海尔、宝钢、华为等大型企业，多年来一直致力于公益事业，以此来维护和各级政府的良好关系，很多企业领导人被推举为人大代表或政协委员，而力帆集团董事长尹明善甚至直接当选为重庆市政协副主席，成为副部级的高官。这些无疑有助于新型政企关系的建立，并最终为企业争取各种政策资源。

政府所追求的是社会总福利的最大化，企业则是自身利益最大化，但两者并不是水火不相容的，因为它们之间也存在着利益重叠的部分。企业应该关注这些重叠的部分，并积极采取相应的公关策略，同政府之间构建良好的战略合作关系，在尽量将自身与政府目标相契合的前提下实现自身经济利益的最大化。

在这种新形势下,企业不再是单纯地服从和依照政府的决策行事,二者也不是一些人理解的"行贿"与"受贿"的利益关系。某种程度上,企业与政府间良性且积极的互动决定了一些行业的健康发展乃至一个国家的经济实力。

在这一点上,美国运通公司总裁堂源正的经验值得借鉴。堂源正在公司和家庭所在地——美国俄勒冈州的波特兰市几乎家喻户晓。除了他的旅游公司 Azumano 是当地最大的旅游公司这一因素外,他的"威名"几乎都来自在慈善事业上所做的努力。

在开展旅游业务的同时,堂源正把自己 30%～40% 的时间都花在非政府组织工作上,每年在慈善方面投入 15 万美元。虽然堂源正强调自己投入慈善最主要的是出于心灵的需要,但是他承认他得到了为社区所付出的财富的两倍回报。

由于在当地政府有着广泛的人脉关系,堂源正的旅游公司 Azumano 于 2000 年竞标获得了波特兰政府的旅游合同。该合同规定,所有政府的官员外出都要从 Azumano 公司订机票。仅此一项,Azumano 公司每年能获得政府机票金额 800 万～900 万美元 10% 的服务费。而在此之前,堂源正已与政府合作了 6 年。

同样,王健林对足球事业和其他公益事业的投入,也能"顺带"促进政商关系的和谐紧密,从长远一些的角度来看,政府和社会对承担社会责任的企业一定不会吝于投桃报李的。

和政府及官员尽量回避私人关系,极力增进组织关系,并热心公益事业,以此搭建新型的政商关系,这恐怕是现代企业家最明智的选择。

点评人:师丽丹 《企业观察家》杂志执行主编。

04

四 人生感悟

企业家来信 ⑬ ▪ ▪ ▪ ▪

潘石屹：写给妈妈周年的信

【信件原文】

妈妈，一年来常在梦里梦见你，听你对尘世和天堂经历的诉说。梦醒后回忆你在梦中对我说的话，一些能理解，一些我还理解不了。但我知道，我想念着你，你也思念着我们。

妈妈，一年前的今天你彻底摆脱了病痛对你身体的折磨，你纯洁的灵魂飞到了天堂，飞到了离我们很远也很近的另一个世界。在每次的祈祷和静思中，你的面容在我的泪水中逐渐变得清晰，让我深信你没有走开，你就在我们身旁。

妈妈，这一年来，全家的大人和小孩们都在健康成长和进步，我知道这离不开你的护佑。只有最纯洁的灵魂才被赋予了为别人祈福的权利。我们爱着你，你也深深地爱着我们大家。

妈妈，有一次在梦中，我去看望你，为你带去了一束白色的玫瑰花，我问你喜欢不喜欢。你用清晰的声音告诉我："这么漂亮的花，怎么会不喜欢呢？"我们在你的墓前种上了一些白色的玫瑰花，让这些纯洁的玫瑰花陪伴着你的纯洁的灵魂。你一定能看到这纯洁的玫瑰花，也一定能感受到我们每个人对你的爱。

妈妈，这一年，我们大家庭聚会的时间更多了。我很后悔在你活着的时候，我们总是在忙，而少了一些与你见面的机会。我们在一起回忆着你的故事，一起磋商着家庭的事务。我们猜想着，你如果在，你对我们讨论的事情会是什么意见。遇到不解的问题时，就托付给你，交给你去解决。我们深信你灵魂的力量比以前更有力量、更强大。

妈妈，村前的那条路，我俩曾经一起背着粮食、背着柴火走过。我是唯一与你一起劳动过的孩子。你瘫痪后弟弟妹妹就没有这样的快乐和机会了。就是在这条路上，我曾对你说，我七岁要背70斤，八岁背80斤，九岁背90斤，十岁背100斤。你一直担心，这些粮食压坏了我的身体。我十岁那年，终于没有把100斤的粮食背回家。今天我们已把我们共同走过的这条路修好，再也不是晴天土、雨天泥的样子了。

妈妈，我上学时，你为我操心。老师常批评你没有给我买本子和铅笔。一次上课时，我手中的铅笔短得捏不住了，老师不让我上课了，说："让你妈买铅笔去。"你看到教室门口的我，很为难。最后你从"先生爷"（我们村上的医生，大家都这样称呼他）借了一毛钱，到供销社给我买了花花绿绿的五支不带橡皮的铅笔。你鼓励我说，有了这么多的铅笔一定要好好学习。今天我们建成这所学校的最后一座教学楼完工了，在你一周年的祭日，所有的同学们都搬进了新的教室。这也一定是你最大的心愿。

妈妈，无论你在不在我们的身边。无论在何时何地遇到什么样的事情，我都会想一想你教给我们做人的原则。这是你对我们最大的保护，这胜过你给我们的一切。

妈妈，无论遇到什么困难，只要有你的精神存在，我们都会克服。记得爸爸平反后的一天，老乡们全村出动送我们上路。一辆顺路的解放牌卡车，把我们一家拉到了清水县城。你躺在我和爸爸用一块布、两根木棍做的担架上。我抬着前面,手中拖着 4 岁的弟弟;爸爸抬着后面,手中拖着晕车的妹妹。我们从街道上走过时,大家都在看,不知这是从哪里逃荒来的一家人。还有比这更大的困难吗?

今天和以后,你给我们的温暖、力量和爱永远陪伴着我们。

你的孩子们、亲人们永远爱着你。

【背景回顾】

树欲静而风不止,子欲养而亲不待。

潘石屹的妈妈毛昭琴女士 2008 年 7 月去世,享年 66 岁。早在潘石屹 12 岁的时候,潘妈妈就因病瘫痪,那一年,潘妈妈才 32 岁。当潘石屹终于把妈妈接到身边尽孝时,潘妈妈却在一年多之后就溘然长逝……

身家几十亿,却无力医治好妈妈的病,无力挽留妈妈在这个世上哪怕多待一天,潘石屹内心的悲伤可想而知。妈妈离开的日子里,潘石屹仍然魂牵梦绕,在潘妈妈离世一周年的日子里,潘石屹用这封信表达了自己的怀念和祭奠。

【信件解读】

【少年贫贱】:少年贫贱生活带给潘石屹的激励与改变

如果从北京出发去潘石屹的家乡,需要穿过广袤的华北平原,然后渡过黄河,再越过八百里秦川,走进黄土高坡,还需要翻过秦岭,才到达潘石屹的老家——有"穷甲天下"之称的甘肃天水,他的少年时代是在一个叫潘集寨的村子里度过的。

潘集寨当年很穷,现在除了"大老板"潘石屹,当地人也不富裕。他们主要靠种玉米为生,因为地里不长其他庄稼。一亩地一年能收 1000 来斤玉米,二斤玉米换一斤面粉。潘集寨村民吴大嫂说,一年收入才一两千元,只够温饱。因此,如果不做生意的话,青壮年男人都得去外面打工补贴家用。

当年的潘石屹家是潘集寨最穷困的一户人家。潘石屹于 1963 年出生在麦积区的潘集寨,是家里的老大,还有三个妹妹一个弟弟。因为贫穷,一度把二妹送给别人,后来又被潘石屹要了回来。小妹妹则因为母亲太饿没有奶水,被送给了一家有奶羊的人家。

1979 年,潘石屹离家去省城兰州读中专。家里只给他买了一张火车票,然后就一分钱也拿不出来了。没有钱就无法解决自己吃饭的问题,没有钱就无法给瘫痪的母亲看病——那时候看一次病要 5 分钱,也许正是在那个时候,潘石屹摆脱穷困的渴求,压倒一切。所以,在今天,潘石屹形容自己是一个"纯粹的商人"。何为纯粹?恐怕就是在不违法的情况下一切"向钱看"。

也许,正是那个时候,潘石屹就在内心里种下了一颗这样的种子:摆脱生活加诸的一切困厄、煎熬和屈辱。也许就是这颗种子不断发芽生长,让潘石屹成为现在这个身家 200 亿元的富豪。贫穷是一种磨炼,一种历练,一粒种子。

【母爱无边】:亲情的温暖给了自己创业的力量

谁言寸草心,报得三春晖?母爱是这个世界上最伟大最无私的爱。在信中,潘石屹忆起自己小时候上学,母亲借钱为自己买铅笔,并鼓励自己好好学习的事情。在《打工》杂志上,潘石屹回忆得更加详细,说母亲"边哭边跑,借遍全村,终于借到了钱",这一幕他一定会永远铭记。

南下创业之前,潘石屹回了一次老家。当他离家时,潘妈妈让潘爸爸和潘石屹的弟弟抬着她送出门口,并让他带上两条手工缝制的棉裤。当时潘石屹的眼泪夺眶而出,他含泪告诉弟弟,自己一定要尽早赚钱,给妈妈治病。

在李志刚的著作《人生:中国首部商业领袖集体传记》里,还记录了另一件事:在整理潘妈妈的遗物时,潘石屹发现一个小本子,上面详细地记录了家乡那些需要帮助的人。潘妈妈把儿子给她的生活费全部寄给了他们,自己却连菜都舍不得吃。

正是潘妈妈这种对儿子的爱,这种对家乡人的善良和爱心,成了一盏温暖并照亮潘石屹心灵的艾尔克明灯。20多年前,潘石屹创业初期,吃过很多苦:夜晚无钱住宿,就睡在沙滩上,怕衣裤被流浪汉偷走,就把衣裤埋在坑里,躺到上面去睡。正是潘妈妈的母爱,给了潘石屹坚持的力量,把苦难都变成了财富。

潘妈妈还告诫儿子:"你别只给富人盖房子,咱们家是穷人出身,千万别忘了穷人。"家庭对一个人的影响力在潘石屹的身上体现得尤为明显。一个家庭,哪怕穷得家徒四壁,只要有一个优秀的母亲,这样的家庭仍是儿女们力量的源泉。

【保持理性】:保持理性,拒绝贪婪

在这封信中,潘石屹提到了母亲传递给自己的力量和爱,谈到了少年贫贱让自己不怕吃苦。其实,结合潘石屹的创业经历,我们还可以读到隐藏在信外的信息,那就是创业一定要保持理性。

一个从小贫穷的人最怕什么？我想,所有穷怕了的人的答案其实都是一致的,他们怕的一定是贫穷！穷人最怕没钱了,创业就是为了赚钱,赚到钱之后,他们更怕再次失去。这种心理,也是很多曾经贫穷的人在"发迹"之后,不敢"忘本"的主要原因。

潘石屹进入的是一个市场经济的社会,做生意就会有赚有赔,谁也不能保证自己的财富会一直增长。要更好地规避风险,只能靠企业家个人的素质:理性。潘石屹曾说,商人的嗅觉和普通人一样。但最关键的是,理性一定不要被贪婪打败。

为什么"旁观者"经常会看到"当局者"明明知道有风险,还是一头栽进去,

这其实就是能否战胜自己的贪婪的问题。对于潘石屹来说,自己牢记没钱的痛苦,所以有了钱之后,自己就会变得谨慎,不会孤注一掷去赌。他习惯于"计算",如果觉得风险超出了自己的能力,他就会抵制住诱惑。

控制自己的贪婪,保持理性,这种素质使得潘石屹成为少数从 1993 年海南房市破灭的泡沫里逃出来的幸存者之一。一个有钱的企业家,一定要记得自己没钱时候的痛苦,不要"豪赌",要理性。商场如此,人生亦如此。

【信件回音】

潘石屹的这封信虽然不长,但是字里行间流露出的真挚感情却催人泪下。人们往往认为房地产商是赤裸裸追求金钱的,心是石头做的,其实不然。不论是富豪还是普通的劳动者,其实内心里对父母家庭的依恋,对人性的自然流露都是没有太大差别的。

此前,人们看到的或许只是潘石屹这位"能把土豆卖出黄金价"的纯粹的商人的智慧、敏锐和商业灵感。通过这封信,人们看到的是潘石屹这位西北汉子柔情的一面。在一切都能用钱来衡量的商业社会,企业家其实只要一封这样真情流露的信,也许就可以改变自己"唯利是图"的形象。

▣▣▣ 专家点评 ▣▣▣

崔军点评:孝心无价

人生总有许多憾事,"树欲静而风不止,子欲养而亲不待"无疑是最令人唏嘘的了。所有经历过的人,都能体会到潘石屹内心的遗憾和不舍。潘石屹在妈妈离世一周年盖好了新的学校,这是他给妈妈最好的礼物,然而他内心的哀痛，恐怕不会轻易散去。

孝是人伦之始，是中华民族的传统美德。"孝"字是由"老"字省去右下角的形体，和"子"字组合而成的一个会意字。从"孝"字的结构我们可以看出其中的血缘亲情关系：老人弯腰驼背、体弱力衰，而下面的"子"则支撑着老人——"孝"是人类传承的形象写照。

有这样一个故事：美国总统卡特当选之日，有人向他的母亲祝贺，说她培养了一个杰出的儿子。可卡特的母亲却自豪地说："我还有个同样杰出的儿子呢！他是卡特的弟弟，正在我家后面的园子里种地……"是的，在父母眼里，儿女都是值得欣赏的，不论他是总统还是农夫。他们对儿女的爱是无私的，为了儿女，他们愿意付出一切。

在我国古代，"孝"是作为法定的义务存在的。《吕氏春秋》引《商书》曰："刑三百，罪莫重于不孝。"《孝经》里也有这样的说法："五刑之属三千，而罪莫大于不孝。"不孝，是重罪。

然而现代社会，"孝"在个别人心里已经没有分量了。2012 年 8 月 31 日下午，在南京燕子矶江边路，一个 30 多岁男子毒打 80 多岁老母亲，并将母亲拖行了 500 多米。在路人纷纷指责的时候，该男子竟然对周围的人叫嚣："我打的是我妈，关你什么事？"羊跪乳，鸦反哺，动物尚且懂得感恩，这名男子真的是枉为人类。

当然，这只是极个别的例子。更多的人则是因为工作、生活压力而不能经常陪在父母身边。古人云"父母在不远游"、"儿行千里母担忧"，在现代社会，"不远游"不太现实，但是经常给父母一个电话，常回家看看，这样的孝行我们完全可以做到。

父母需要的"孝"不是住豪宅、坐名车、吃鱼翅燕窝，往往儿女一声简简单单的问候，一段其乐融融的晚餐时间，就使他们开心不已。也许我们常常想着等到"功成名就"再更好地孝敬父母，然而"功成名就"往往不是一朝一夕的事情。

"树欲静而风不止，子欲养而亲不待"，行孝一定要及时，古人云："祭之丰，不如养之薄。"这句话应该引起我们的警醒，莫等亲已不待之时空留遗憾。那时候，哪怕拥有金山银山，顿顿山珍海味他们也享受不到了。等到那时，我们就再也听不见他们的唠叨，看不到他们的微笑了。

百善孝为先，就社会伦理建设而言，孝是根本。一个不孝的人，我们无法相信他的德行。对此，孔子曾说："夫孝，德之本也，教之所由生也。"如果将孝行由家庭伦理推广到社会，则契合孟子的"老吾老以及人之老，幼吾幼以及人之幼"博爱观念。可以想象，如果每一位子女都能尽孝道，那么这个社会一定充满了阳光和爱。

在社会老龄化日益成为现实的节点，"孝"不仅仅是家庭伦理道德的问题，也是解决养老这一社会难题的一把钥匙。孝心无价，孝敬父母是无法重现的幸福，让我们把孝道一代代传承下去。

点评人：崔军 中国经济网总编。

企业家来信 ⑭ ▪▪▪▪

任正非：我的父亲母亲

【信件原文】

这是我一生中最大的憾事——如果8日上午我真给母亲打了电话，拖延她一两分钟出门，也许她就躲过了这场灾难……

20世纪末最后一天，我总算良心发现，在公务结束之后，买了一张从北京去昆明的机票，去看看妈妈。买好机票后，我没有给她打电话，我知道一打电话她一下午都会忙碌，不管多晚到达，都会给我做一些我小时候喜欢吃的东西。直到飞机起飞，我才告诉她，让她不要告诉别人，不要车来接，我自己打出租车回家，目的就是好好陪陪她。前几年我每年也去"麦加朝圣"，但一下飞机就给办事处接走了，说这个客户很重要要拜见一下，那个客户很重要要陪他们吃顿饭，忙来忙去，忙到上飞机时回家取行李，才与父母匆匆一别。妈妈盼星星、盼月亮，盼盼唠唠家常，一次又一次地落空。他们总是说你工作重要，先工作，先工作。

由于我3日要赶回北京，随胡副主席访问伊朗，在昆明我只能待一天。这次在昆明跟妈妈说，去年11月份我随吴邦国副总理访问非洲时，吴邦国副总理在科威特与我谈了半小时话的内容。首长说了这次我随访是他亲自点的名,目的有三个:(1)鼓励和肯定华为,并让随行的各部部长也正面地认识和了解华为;(2)了解一下我们公司的运行与管理机制,看看对别的企业有无帮助;(3)看看政府对华为开拓国际市场能否给予一些帮助。妈妈听了十分高兴,说:"政府信任就好,只要企业干得好,其他都会随时间的证实而过去的。"

最近这两年,网上及媒体对华为的一些做法,也是毁誉参半,妈妈是经过"文化大革命"痛苦煎熬过的,对荣誉不感兴趣,对一些不了解我们真实情况的文章却十分忧心。我说了,我们不是上市公司,不需要公示社会,主要是对政府负责,对企业的有效运行负责。我们去年交税20多亿元,2001年要交40多亿元的税。各级政府对我们都很信任。我们不能在媒体上辩论,这样会引起争论,国家纸太贵,为我们这样一个小公司争论太浪费。为我们这样一个小公司,去干扰国家的宣传重点,我们也承担不了这么大的责任。他们主要是不了解,我们也没有介绍,了解就好了。妈妈舒了一口气,理解了我的沉默。这次我终于良心发现,与母亲约好,今年春节我不工作,哪儿也不去,与几个弟妹陪她在海南过春节,好好聊一聊,痛痛快快聊一聊。以前,我节假日多在国外,因中国过节,外国这时不过节,正好多一些时间工作,这次我是彻底想明白了,要陪陪妈妈,我这一生还没有好好陪过他们。没想到终成泡影。

8号那天,圆满结束对伊朗的访问后,我们刚把胡副主席送上飞机,就接到纪平的电话,说我母亲上午10时左右,从菜市场出来,提着两小包菜,被汽车撞成重伤,孙总已前往昆明组织抢救。由于相隔千万里,伊朗的通信太差,真使人心急火燎。飞机要多次中转才能回来,在巴林转机要待6.5小时,真是心如煎熬,又遇巴林雷雨,飞机延误了两个小时,到曼谷时又再晚了10分钟,没有及时赶上回昆明的飞机,直到深夜才赶到昆明。

回到昆明,就知道妈妈不行了,她的头部全部给撞坏了,当时心跳、呼吸全是靠药物和机器维持,之所以在电话里不告诉我,是怕我在旅途中出事。我看见妈妈一声不响地安详地躺在病床上，不用操劳、烦心，好像她一生也没有这么休息过。

我真后悔没有在伊朗给母亲打一个电话。7日胡副主席接见我们8个随行的企业负责人，我汇报了两三分钟，说到我是华为公司的时候，胡副主席伸出四个指头，说四个公司之一。我本想把这个好消息告诉妈妈，说中央首长还知道我们华为。但我没有打，因为以前不管我在国内、国外给我母亲电话时，她都唠叨："你又出差了"，"非非你的身体还不如我好呢"，"非非你的皱纹比妈妈还多呢"，"非非你走路还不如我呢，你这么年纪轻轻就这么多病"，"非非，糖尿病病人参加宴会多了，坏得更快呢，你心脏又不好"。我想伊朗条件这么差，我一打电话，妈妈又唠叨，反正过不了几天就见面了，就没有打。而这是我一生中最大的憾事。由于时差，我只能在中国时间8日上午一早打，告诉她这个喜讯，如果我真打了，拖延她一两分钟出门，也许就躲过了这场灾难。这种悔恨的心情，真是难以形容。

我看了妈妈最后一眼后，妈妈溘然去世。1995年我父亲也是因为在昆明街头的小摊上，买了一瓶塑料包装的软饮料喝后，拉肚子，一直到全身衰竭去世。

爸爸任摩逊，一生平凡，充其量可以说是一个乡村教育家。妈妈程远昭，是一个陪伴父亲在贫困山区与穷孩子厮混了一生的一个普通得不能再普通的园丁。

当年，爸爸穿着土改工作队的棉衣，随解放军剿匪部队一同进入贵州少数民族山区去筹建一所民族中学。结果一头扎进去就是几十年，他培养的学生不少成为党和国家的高级干部，有些还是中央院校的校级领导，而父亲还是那么位卑言微。

爷爷是浙江浦江县的一个做火腿的大师傅，爸爸的兄弟姊妹都没有读过书。由于爷爷的良心发现，也由于爸爸的执着要求，爸爸才读了书。爸爸在北京上大学期间，也是一个热血青年，参加学生运动，进行抗日演讲，还参加过共青团。后来爷爷、奶奶相继病逝,爸爸差一年没有读完大学,辍学回家。时日,正值国共合作开始,全国掀起抗日高潮,父亲在同乡会的介绍下,到广州一个同乡当厂长的国民党军工厂做会计员。由于战争的逼迫,工厂又迁到广西融水,后又迁到贵州桐梓。在广西融水期间,爸爸与几个朋友在业余时间,开了一个生活书店,卖进步书籍,又组织一个"七·七"读书会,后来这个读书会中有几十人走上了革命前线,有相当多的人在新中国成立后成为党和国家的高级干部。粉碎"四人帮"后,融水重写党史时,还把爸爸邀请过去。

爸爸这段灰色的历史,是"文化大革命"中受磨难最大的一件事情。身在国民党的兵工厂,而又积极宣传抗日,同意共产党的观点,而又非与共产党地下组织有联系。你这是为什么? 这就成了一部分人的疑点。在那非常时期,如何解释得清楚。他们总想挖出一条隐藏得很深的大鱼,爸爸受尽了百般的折磨。

妈妈其实只有高中文化程度,她要陪伴父亲,忍受各种屈辱,成为父亲的挡风墙;又要照顾我们兄妹七人,放下粉笔就要和煤球为伍,买菜、做饭、洗衣……还要自修文化,完成自己的教学任务,她最后被评为中学的高级教师。她的学生中,不少是省、地级干部及优秀的技术专家,他们都对母亲的教学责任心印象深刻。妈妈这么低的文化水平,自学成才,个中艰辛,只有她自己知道。

父母虽然较早参加革命,但他们的非无产阶级血统,要融入无产阶级的革命队伍,取得信任,并不是一件容易的事情。他们不可能像普通农民、工人那样政治纯洁。他们生活在一个复杂的社会中,这个社会又是多元化的,不可能只有一种纯洁的物质。历次政治运动中,他们都向党交心,他们思想改造的困难程度要比别人大得多,所受的内心煎熬也非他人所能理解。他们把一生中的任何一个细节都写得极其详尽,希望组织审查。他们去世后,我请同学去帮助复印父母的档案,同学们看了父母向党交心的材料,都被他们的真情感动得泪流满面。终其一生,他们都是追随革命的,不一定算得上中坚分子,但无愧于党和人民。父亲终在 1958 年国家吸收一批高级知识分子入党时,入了党。当时向党交心,不像今天这样信息发达,那时,反对个别党员,有可能被说成反党。我们亲眼看到父母的谨小慎微、忘我地拼其全力工作,无暇顾及我们,就如我拼死工作,无暇孝敬他们一样。他们对党和国家、对事业的忠诚,历史可鉴。我今天要忏悔的,是我没有抽时间陪陪他们,送送他们。

回想起来,革命的中坚分子在一个社会中是少数,他们能以革命的名义,无私无畏地工作,他们是国家与社会的栋梁。为了选拔这些人,多增加一些审查成本是值得的。而像父母这样追随革命、拥护革命、也不反对革命的人是多数,他们比不革命好,社会应认同他们,给予机会。不必要求他们那么纯洁,花这么多精力去审查他们,用高标准去要求他们,他们达不到也痛苦。而且要精神文明与物质文明一同来支撑,以物质文明来巩固精神文明,以一种机制来促使他们主观上为提高生存质量,客观贡献是促进革命,充分发挥他们贡献的积极性。我主持华为工作后,对待员工,包括辞职的员工都是宽松的,我们只选拔有敬业精神、献身精神、有责任心、使命感的员工进入干部队伍,只对高级干部严格要求。这也是由于亲历亲见了父母的思想改造的过程,而形成了我宽容的品格。

我们与父母相处的青少年时代,印象最深的就是度过"三年自然灾害"的困难时期。今天想起来还历历在目。

我们兄妹七个,加上父母共九人。全靠父母微薄的工资来生活,毫无其他生活来源。儿女一天天在长大,衣服一天天在变短,而且都要读书,开支很大,生活就十分困难。每个学期每人要交 2～3 元的学费,到交费时,妈妈每次都发愁。与勉强可以用工资来解决基本生活的家庭相比,我家的困难就更大。我经常看到妈妈每到月底就到处向人借 3～5 元钱度饥荒,而且常常走了几家都未必能借到。直到高中毕业我没有穿过衬衣,有同学看到很热的天,我穿着厚厚的外衣,说让我向妈妈要一件衬衣,但我不敢,因为我知道做不到。我上大学时妈妈一次送我两件衬衣,我真想哭,因为,我有了,弟妹们就会更难了。我家当时是两三人合盖一条被子,而且破旧的被单下面铺的却是稻草。"文化大革命"造反派抄家时,以为一个高级知识分子、专科学校的校长家不知有多富,结果都惊住了。上大学我要拿走一条被子,家里就更困难了,因为那时还实行布票、棉花票管制,最少的一年,每人只发0.5米布票。没有被单,妈妈捡了毕业学生丢弃的几床破被单洗干净,缝缝补补,这条被单就在重庆陪伴我度过了五年的大学生活。这次在昆明散步时,也谈到了那时的艰难。

1959—1961年,由于三年自然灾害,国家陷入了经济困难。我正好在那时念高中,当时最大的困难就是饥饿,天天都是饥肠辘辘,无心读书,我高二还补考了。我在初中时人家把我作为因材施教的典型,而高中却补考。我青少年时期并无远大的理想,高中三年的理想就是能吃一个白面馒头。因此,我特别能理解近几年朝鲜人民的困难,不过他们还有国际援助,人口又少。中国那时处在美国为首的西方国家的经济封锁与制裁中,人口又多,其困难比今天的朝鲜及非洲还大。

后来饿得多了,方法也多了一些,上山采一些红刺果(就是我们绿化用的那种),把蕨菜根磨成浆,青杠子磨成粉代食。有时妹妹采几颗蓖麻子炒一下当花生吃,一吃就拉肚子。后来又在山上荒地种了一些南瓜,以及发明了将美人蕉(一种花)的根煮熟了吃。刚开始吃美人蕉根时,怕中毒,妈妈只准每人尝一点。后来看大家没有事,胆子就大一些,每天晚上儿女围着火炉,等着母亲煮一大锅美人蕉的根或南瓜来充饥,家庭和和睦睦。那时,根本没有专用的厨房,就是在卧室床前的地上,挖一个坑作为地炉,又做饭,又取暖,大家围在一起,吃南瓜,和和融融。

父母的不自私,那时的处境可以明鉴。我那时十四五岁,是老大,其他一个比一个小,而且不懂事。他们完全可以偷偷地多吃一口粮食,可他们谁也没有这么做。爸爸有时还有机会参加会议，适当改善一下生活。而妈妈那么卑微，不仅要同别人一样工作，而且还要负担七个孩子的培养、生活。煮饭、洗衣、修煤灶……什么都干，消耗这么大，自己却从不多吃一口。我们家当时是每餐实行严格分饭制，只有控制所有人欲望的配给制，才能保证人人都能活下来。不是这样，总会有一两个弟妹活不到今天。我真正能理解活下去这句话的含义。

我高三快高考时，有时在家复习功课，实在饿得受不了了，用米糠和菜和一下，烙着吃，被爸爸碰上几次，他心疼了。其实那时我家穷得连一个可上锁的柜子都没有，粮食是用瓦缸装着，我也不敢去随便抓一把，否则也有一两个弟妹活不到今天。（我的不自私也是从父母身上学到的，华为今天这么成功，与我不自私有一点关系。）后三个月，妈妈经常早上塞给我一个小小的玉米饼，要我安心复习功课。我能考上大学，这一块小玉米饼功劳巨大。如果不是这样，也许我也进不了华为这样的公司，只是社会上多了一名养猪能手，或街边多了一名能工巧匠而已。这个小小的玉米饼，是从父母与弟妹的口中抠出来的，我无以回报。

1997年我国的高等教育制度改革时，开始向学生收费，而配套的助学贷款又没跟上，华为向教育部捐献了2500万元寒门学子基金。在基金叫什么名字上争论很大，甚至有员工亲自来找我，说不要叫寒门，叫优秀××，这些人不少还是博士、博士后。我认为出身贫寒并不羞耻，而思想与知识贫寒，即便出身高贵也不光荣。我的青少年时代就是在贫困、饥饿、父母逼着学中度过的。没有他们在困难中看见光明、指导，并逼迫我们努力，就不会有我的今天。

父亲一生谨小慎微，自知地位不高，从不乱发言而埋头在学问中。因此，平安度过了1957年"反右"、1959年"反右倾"、1964年"四清"。但没有小难，必有大难。"文化大革命"一开始，各地都以三家村这种模式找靶子。会写文章、是党的领导干部、有一些独立的政治思想的人（指与当地的潮流不合拍），就是靶子。爸爸在早期革命队伍中就算有文化的，又有教学经验，又是领导干部……是这种模板。"文化大革命"又是从教育界首先开始的，在横扫一切牛鬼蛇神的运动中，他最早被抛出来，关进牛棚，直到粉碎"四人帮"，历时十年。短短的人生能有几个十年？这又是在他最能为人民做事的时期，你知道这对一个有志者来说是多么的痛苦。由于只有少数人先被抛出来，那种末日的恐惧是可以想象的。父亲是校长，父亲的同事、原来的书记黄宣乾是老革命，忍受不了而自杀了。其实他们的"错误"就是要把教学搞好为国家作贡献，就是今天的科教兴国。今天能把科教兴国的口号喊响，一百多年来有多少人为它殉道。

当时，我已到外地读书，没有直接感受到家庭的遭遇，因为母亲来信绝不会描述。她只会说："要相信运动，跟党走，要划清界线，争取自己的前途……党的政策是历史问题看现实，出身问题看本人，你不要受什么影响。"而弟妹们年纪小，在父母身边，他们直接感受了各种屈辱与打击。弟妹们经常趴在食堂外面的玻璃窗，看父亲被批斗，吓得他们浑身发抖。

我当时在外地读书，对家中的情况不了解，是同班同学从父亲学校出来串连的学生中了解到，再告诉我的。我在大串连中，收集了许多传单，寄给母亲。我记得传单上有周恩来总理的一段讲话："干部要实事求是，不是的不要乱承认。事情总会搞清的。"母亲把周总理这一段话，藏在饭里送给父亲，后来父亲说，这张条子救了他的命，他才没有自杀。其实父亲为什么没有自杀，母亲后来给我们说过，他是为了我们七个孩子。他想他一死，就成了自绝于人民，孩子们背上这个政治包袱，一辈子该如何生存？

1967年重庆武斗激烈时，我扒火车回家。因为无票，在火车上挨过上海造反队的打，还被硬推下火车，也挨过车站人员的打。回家还不敢直接在父母工作的城市下车，而在前一站青太坡下车，步行十几里回去，半夜回到家，父母见我回来了，来不及心疼，让我明天一早就走，怕人知道，受牵连，影响我的前途。

162

爸爸脱下他的一双旧翻毛皮鞋给我，第二天一早我就走了，又回到枪林弹雨的重庆。父母总以为枪林弹雨没有政治影响可怕。临走，父亲说了几句话："记住知识就是力量，别人不学，你要学，不要随大流。""学而优则仕是几千年证明了的真理。""以后有能力要帮助弟妹。"背负着这种重托，我在重庆枪林弹雨的环境下，将樊映川的高等数学习题集从头到尾做了两遍，学习了许多逻辑、哲学……还自学了三门外语，当时已到可以阅读大学课本的程度，但终因我不是语言天才，加之在军队服务时用不上，20多年荒废，完全忘光了。我当年穿走爸爸的皮鞋，今天是十分后悔的。我那时是一个学生，是自由人，不用泥里水里跑，而爸爸那时是被押着做苦工，泥里、水里、冰冷、潮湿……，其实他才真正需要。我那时只理解父母的温暖，没有理解他们的需要，也太自私了。

"文化大革命"中，我家的经济状况，陷入了比"三年自然灾害"时期还困难的境地。中央文革为了从经济上打垮走资派，下文控制他们的人均标准生活费不得高于15元。而且，各级造反派层层加码，真正到手的平均只有10元左右。我有同学在街道办事处工作，介绍弟妹们在河里挖砂子，修铁路抬土方……弟妹们在我结婚时，大家集在一起，送了我100元。这都是靠他们在冰冷的河水中筛砂，修铁路时在土方塌方中被掩埋……挣来的。那时的生活艰苦还能忍受，心痛比身痛要严重得多。由于父亲受审查的背景影响，弟妹们一次又一次的入学录取被否定，这个年代对他们的损失就是没有机会接受高等教育。除了我大学读了三年就开始"文化大革命"外，其他弟妹有些高中、初中、高小、初小都没读完，他们后来适应生存的技能，都是自学来的。从现在的回顾来看，物质的艰苦生活以及心灵的磨难也是我们后来人生的一种成熟的宝贵财富。

母亲那时有严重的肺结核病，经济如此之困难，营养条件又差，还要承担沉重的政治压力，往牛棚送饭，抄检查……还帮助父亲把检查刻蜡版，多印几份，早一些解决问题。那时，社会上的油印机是为造反派服务的，不可能借用。

母亲就用一块竹片削好，在蜡纸上刮，印出检查……母亲由于得不到很好的治疗，几乎耳聋。

我那时在外地院校受影响较小，"文化大革命"后期毕业分配时，整个中国已经有上千万干部被打倒，我就显得不孤立了。父亲的事没有结论，因此，也不能作为分配的依据。后来我入伍参军，也是如此理由，让我过了关，所以我比弟妹们多了一份幸运。不过因为父亲的问题，我一直没能通过入党申请，直到粉碎"四人帮"以后。

"文化大革命"对国家是一场灾难，对我们是一次人生的洗礼，使我政治上成熟起来，不再是单纯的一个书呆子。我虽然也参加了轰轰烈烈的红卫兵运动，但我始终不是红卫兵，这也是一件奇观。因为父亲受审的影响，哪一派也不批准我参加红卫兵。自己又不愿做司令，拉三五个被社会抛弃的人，组一个战斗队，做一个袖章戴戴。那时戴上这种袖章是一种政治地位的象征。我也羡慕家庭清白的同学，因此，只能跟在这些组织的外围，瞎跑跑。

1976年10月，中央一举粉碎了"四人帮"，使我们翻了身。我一下子成了领奖"暴发户"。"文化大革命"中，无论我如何努力，一切立功、受奖的机会均与我无缘。在我领导的集体中，战士们立三等功、二等功、集体二等功，几乎每年都大批涌出，而唯我这个领导者，从未受过嘉奖。我也从未有心中的不平，我已习惯了不得奖的平静生活。粉碎"四人帮"以后，生活翻了个儿，因为我两次填补过国家空白，又有技术发明创造，合乎那时的时代需要，突然一下子"标兵"、"功臣"等，部队与地方的奖励纷至沓来，我这人也热不起来，许多奖品都是别人去代领回来的，而我又分给了大家。

1978年3月我出席了全国科学大会，6000人的代表中，仅有150多人在35岁以下，我33岁。我也是军队代表中少有的非党人士。在兵种党委的直接关怀下，部队未等我父亲平反，就直接去为查清我父亲的历史进行外调，否定了一些不实之词，并把他们的调查结论，也寄给我父亲所在的地方组织。我终于加入了中国共产党。后来又出席了党的第十二次全国代表大会。父亲把我与党中央领导合影的照片，做了一个大大的镜框，挂在墙上，全家都引以为豪。

我父亲也在粉碎"四人帮"后不久平反。由于那时百废待兴，党组织需要尽快恢复一些重点中学，提高高考的升学率，让他去做校长。"文化大革命"前他是一个专科学校的校长。他不计较升降，不计较得失，只认为有了一种工作机会，就全身心地投了进去，很快就把教学质量抓起来了，升学率达到了90%多，成为远近闻名的学校。他直到1984年75岁才退休。他说，他总算赶上了一个尾巴，干了一点事。他希望我们珍惜时光，好好干。至此，我们就各忙各的，互相关心不了了。我也亲历亲见过，四川省委老领导杨超同志"文化大革命"中二次复出，他的小孩一直与我们是朋友。"文化大革命"初期他父亲被关进监狱，当时听他女儿说过几天组织要去监狱与他父亲谈话，让他重新出来任四川省委书记。他一出来都毫无怨言就投入了工作。我为老一辈的政治品行自豪，他们从牛棚中放出来，一恢复组织生活，都拼命地工作。他们不以物喜，不以己悲，不计荣辱，爱国爱党，忠于事业的精神值得我们这一代人、下一代人、下下一代人学习。生活中不可能没有挫折，但一个人为人民奋斗的意志不能动摇。

我有幸在罗瑞卿同志逝世前三个月，有机会聆听了他为全国科学大会军队代表的讲话，说未来十几年是一个难得的和平时期，我们要抓紧全力投入经济建设。我那时年轻，缺少政治头脑，并不明白其含义。过了两三年大裁军，我们整个兵种全部裁掉，我才理解了什么是有预见性的领导。1982年，在党的十二大期间，我们基建工程兵小组与铁道兵小组的中心话题就是裁军，因为一开完十二大，我们就要整建制地离开军队，实在是有些恋恋难舍，毕竟我们习惯了十几、二十年的军队生活。当时，父母也不太理解党的改革开放，也认为离开军队太可惜。

转入地方后，不适应商品经济，也没有驾驭它的能力，一开始我在一个电子公司当经理也栽过跟头，被人骗过。后来也是无处就业，才被迫创建华为的。华为的前几年是在十分艰难困苦的条件下起步的。这时父母、侄子与我住在一间十几平方的小房里,在阳台上做饭。他们处处为我担心,生活也十分节省,攒一些钱说是为了将来救我。(听妹妹说,母亲去世前两月,还与妹妹说,她存有几万元,以后留着救哥哥,他总不会永远都好。母亲在被车撞时,身上只装了几十元钱,又未装任何证件,是作为无名氏被110抢救的。中午吃饭时,妹妹、妹夫发现她未回来,四处寻找,才知道遇到车祸。可怜天下父母心,一个母亲的心多纯。)当时在广东卖鱼、虾,一死就十分便宜,父母他们专门买死鱼、死虾吃,说这比内地还新鲜呢!晚上出去买菜与西瓜,因为卖不掉的菜,便宜一些。我也无暇顾及他们的生活,以致母亲患有严重糖尿病我还不知道,是邻居告诉我的。华为有了规模发展后,管理转换的压力十分巨大,我不仅照顾不了父母,而且连自己也照顾不了,我的身体也是那一段时间累垮的。我父母这时才转去昆明我妹妹处定居。我也因此理解了要奋斗就会有牺牲,华为的成功,使我失去了孝敬父母的机会与责任,也销蚀了自己的健康。

我总认为母亲身体很好,还有时间。我身体不好,知识结构、智力也跟不上时代,会逐步退出历史舞台,总会有时间陪陪她的。没想到飞来横祸。回顾我自己已走过的历史,扪心自问,我一生无愧于祖国,无愧于人民,无愧于事业与员工,无愧于朋友,唯一有愧的是对不起父母,没有条件时没有照顾他们,有条件时也没有照顾他们。我知道我的情况比绝大多数人要好,为了忘却纪念,也一吐为快。

爸爸、妈妈,千声万声呼唤你们,千声万声唤不回。

逝者已经逝去,活着的还要前行。

2001 年 2 月 8 日于深圳

【背景回顾】

在国内的企业家中,任正非是最神秘而低调的。迄今为止,没有任何一个记者正式采访过任正非,或者拍到过他出席会议的照片。然而,这并不影响媒体对他的关注,2005 年,任正非出现在美国《时代周刊》评选的"2005 年度全球最具影响力的 100 人"的名单上。2011 年,《财富》中文版公布了"中国最具影响力的 50 位商界领袖"榜单,任正非位列榜首。

任正非的父亲任摩逊一直做教育工作,母亲程远昭靠自学成为一名数学教师。任正非带领华为取得了巨大的成功,但他也为此付出了很多。任正非的父亲是 1995 年意外去世的,母亲则在 2000 年出车祸身亡。

此前,任正非决定要陪陪妈妈,没想到这个约定竟然成了他永远也兑现不了的承诺。车祸后,当任正非回到昆明没多久,母亲就溘然去世。深感没有尽孝的任正非异常悲痛和愧疚,因此写下了这封信缅怀双亲。

【信件解读】

【人生洗礼】:命运坎坷,大器晚成

总是躲在厚厚帷幕之后的任正非,在信中回忆了他的人生经历,让我们可以一窥他的原初花园。

任正非的爷爷任三和是金华一带颇有名气的火腿生产商,父亲任摩逊是村里唯一的大学生。母亲程远昭在贵州山区里长大,很幸运地一直读到高中。任正非兄妹七个,他是家中的长子。

那是个吃不饱饭的年代,当时家里实行控制所有人欲望的严格分餐制,任正非整日饥肠辘辘,这也导致他高二时成绩很差。高考前三个月,妈妈给他开

小灶，每天多给他一个小小的玉米饼，帮他考上了大学。高中三年，任正非最大的理想是能吃一个白面馒头。毫不夸张地说，任正非的青少年时代一直被贫困、饥饿伴随着。

更坎坷的是，当时父亲被打倒批斗，他也受到牵连。这种牵连影响到他入党、受奖，幸亏因为没有结论，他还能参军，否则，任正非的人生轨迹就是另一个样子了，华为也不可能出现。

一个人性格的形成，莫不与童年经历有关。坎坷的少年、青年时代，对于任正非来说是一笔财富。正是这种少年的苦难和在军队中的锻炼，养成了他沉稳淡定的性格，也形成了他开阔的视野。同样，任正非超凡思想能量的内驱力源泉，也绝不可能跟这些经历割裂开来。

在民营企业中，企业家的个人性格和素质对企业的发展往往起到决定性的作用。以"中华有为"为使命的华为，能够创造出让全球电信设备制造商"胆寒"的业绩，与任正非的个人性格是分不开的。

【意识超前】：企业家的优秀素质：知本意识、危机意识

任正非的超前意识，大部分人是从《华为的冬天》了解到的。为什么任正非有如此敏锐的感觉，在这封信中我们可以找到根源。

当年父亲被批斗，他半夜回家探视。父母怕他受牵连，让他一早就走。临行时，父亲跟他说了几句话，其中一句是："记住知识就是力量，别人不学，你要学，不要随大流"，这句话最终改变了他的命运。

任正非按照父亲的嘱咐，坚持学习，这使他参军之后在部队中很快就崭露头角。1978 年 3 月，只有 33 岁的任正非以军队科技代表的身份出席了全国科学大会，在 6000 多人的代表当中，35 岁以下的仅有 150 人。后来他又成了"领奖暴发户"，也得益于自己的知识。

这就是任正非超前的"知本意识"的来源了，"知本意识"在 21 世纪已经成为当代企业必备的十大意识之一，但显然，任正非认识到这一点的时候要早得多。在业界，一个尽人皆知的事实是华为员工的薪酬远远高于业界平均水平。任正非坚信知识就是力量，所以，他对自己麾下的员工非常"大方"。

父亲传递给任正非的，不仅仅是强调知识的重要性，还有坚定的精神与信仰，乐观和通达的心态。企业家只有目光长远，才不会局限于小利，才不会无视于未来的危机。任正非不论是在对知识的重视和对危机的预判中总能先人一步，不是因为他的特异功能，而是这种被实践证明了的、源自父亲的远见。只有站得高，才能看得远。

【抓住人心】：战胜自私，重视亲情，抓住人心

任正非从父亲母亲那里继承来的最优秀的品格之一，是不自私。

任正非的父母当年拉扯着七个孩子，他们给孩子们做了最好的榜样，就连任正非那些不懂事的弟弟妹妹们，都不会偷偷地多吃一口粮食，任正非自己饿得难受时，宁愿吃米糠，也不随便去抓一把粮食。因为如果那样做了，"会有一两个弟妹活不到今天"。

不自私的品格让任正非在华为创立了"人人股份制"。2009 年，华为首次在年报中披露了公司的股权状况，此前，华为的股权结构一直是个谜。披露的结果令人大吃一惊：任正非持股比例仅为区区 1.42%，而员工持股人数为61457 人，约占 9.5 万名员工总数的 64.7%。

作为一家民营企业，员工持股比例如此之高，以及创始人持股比例如此之低，在商业史上极其罕见。任正非对财富的理性认识，克制自己的自私心理，正是华为今天能做大做强的根本原因所在。任正非曾说，自己不懂得期权制度，仅凭过去的人生挫折，感悟到应该与员工分担责任、分享利益，企业才能形成凝聚力和战斗力。

除了经济利益，任正非还非常强调亲情，用"亲情"来提高团队的凝聚力，抓住人心。比如，他提倡员工把自己的第一份工资寄给父母，要求员工过春节给父母洗脚，爱护自己的弟妹，关心希望工程等等。亲情从来都是抓住人心最有效的武器。

正是因为任正非有着不自私的大气,有着重视亲情的人文思想,华为才能成就今天的大发展。

【信件回音】

很多人是含着泪读这篇文章的,自古孝子论心不论迹,任正非来自灵魂的自我表白,不仅是至孝之心的体现,更给活着的人们很多启示。我们从这封信中,除了能了解到任正非这位神秘的商业领袖的成长史,还能读出优秀企业家身上那种成功的特质:坚韧、吃苦耐劳、不自私、宠辱不惊……

许多企业的管理层把这篇文章列为员工必读之文,比如明基。人们除了感动,还产生了很多思考:一个人应该拥有什么样的素质,才能在创业的道路上坚定不移,才能带领团队抵御风险,才能让整个社会认同肯定?

一个企业家,如果因为追求创业的成功,而无法享受亲情,不能在双亲跟前尽孝,是不是一种遗憾? 任正非的大政治观决定了他的选择是潜心做对人民幸福和国家强盛有利的事,自古忠孝难两全,如何在亲情和事业中间找到一个最佳结合点,还需要更多的企业家发挥自己的智慧。

■■■ 专家点评 ■■■

朱雪尘点评:生命的意义

"曾经多少次跌倒在路上,曾经多少次折断过翅膀,如今我已不再感到彷徨,我想超越这平凡的奢望,我想要怒放的生命……"汪峰一曲《怒放的生命》,赵宝刚一部《北京青年》,映射出这个时代青春的意义。"重新走一回青春"为的是什么？为的就是活出生命真正的意义。

而当我们站在人生的终点，反观或者被别人反观我们人生的时候，总希望能让人记住点什么，希望让别人或者自己看到我们这一生并没有白活。

任正非是我非常佩服的企业家之一，从白手起家到如今进入世界500强，任正非带领所有华为的创业者走出了一段璀璨的青春，活出了生命的意义。

华为的故事可以无数人来书写，但是任正非父母的故事，却只有他一个人最能体会。当读到任正非的那篇《我的父亲母亲》，虽然生命平凡，但却感人至深，因为生命真正的意义并不在于事业有多么伟大，而是在于真正的活过、爱过，为自己的理想奋斗过，这才是真正的生命的价值和意义。

每一代人都有每一代人的宿命，每一代人也都在经历所必须经历的共业。任正非父母的那个时代，是经历过战争苦痛，"文化大革命"洗礼的时代；任正非的时代是一段改革开放后商海大潮风起云涌的时代。正是时代的不同，让人们对生命的价值产生了不同的评判标准。

假如你是一个三四十岁的人，在你的周围环绕着的价值标准，与六七十岁的人的价值标准会截然不同。衡量一个中年人的标准是有没有自己的事业，衡量事业的标准是掌管多大的公司，衡量公司的标准是销售额、员工数量以及纳税额。但是这些在我们的父辈眼中，在经历了更多人生蹉跎和荏苒岁月的老人们眼中，可能都无足轻重，当回顾青春的时候，他们更希望看到一段有滋有味的人生经历，以及孩子的健康、家人的幸福。

当我们为事业四处奔波，回到家中，面对的是母亲的唠叨："你又出差了"，"非非你的身体还不如我好呢"，"非非你的皱纹比妈妈还多呢"，"非非你走路还不如我呢，你这么年纪轻轻就这么多病"，"非非，糖尿病病人参加宴会多了，坏得更快呢，你心脏又不好"。再大的企业家，在母亲眼中也是一个孩子。这一句句不厌其烦的问候，背后却是深藏的爱。多往家里打一些电话，多回家看看，可能就是老人们最期盼的事情。这些问候在每一个儿子心中的分量，可能会比一次谈判的成功、一次国家领导人的表扬更有分量,因为这些语言每一个字都是爱字。

有时候,对我们的父辈,我们或许会有些许的轻视。他们可能没有我们学历高,没有我们赚钱多,没有我们的事业成功。但这是否就是衡量一个人生命意义的标准呢?如果仅仅以那些无聊的数字来衡量——每月工资多少,住多少面积的房子,开多少钱的车,这就是我们生命的意义吗? 我们真的活过吗?

任正非的父亲在战争岁月,追求真理,融入革命,"文化大革命"中受到过冲击,但平反后,依然把人生后半段的岁月无怨无悔地献给了人民的教育事业,他们的追求简单,一以贯之,他们不在乎名利,也不在乎被误解、被批判,甚至可以牺牲生命,难道我们能说这一代人的生命平淡吗? 我们能说这一代人的生命不值得我们尊重吗?

经历过饥荒的年代才会知道米饭的价值,经历过痛苦的岁月才知道生命的力量,活着走过那段岁月的人,在成功之后,才会知道什么是值得你珍惜的,什么是生命的意义。作为中国第一批民营企业家的代表,任正非为人低调,华为的性格,或许就是任正非性格的写照。用技术的力量,改变中国制造在世界的印象;用技术的力量,让中国屹立于世界。而看完任正非的《我的父亲母亲》后,我们感受到的是任正非以及华为背后的力量,透射出的是生命真正的意义。

点评人:**朱雪尘** 《英才》杂志执行主编。

05

五　文化传承

马化腾：打开未来之门

【信件原文】

亲爱的同事：

　　就在两个小时前，我刚刚离开腾讯公司成立 12 周年庆典现场。在庆典现场，我更多的是强调感谢，感谢兄弟姐妹们 12 年来与公司的相守，感谢危难时刻大家万众一心的坚持。但是此时此刻，重回到自己的办公室，我还有一些思考想要分享给大家。我是一个不善言辞的人，所以选择邮件的方式与大家沟通。

　　公司成立以来，我们从未遭到如此巨大的安全危机。这段时间，我们一起度过了许多个不眠不休的日日夜夜。当我们回头看这些日日夜夜，也许记住的是劳累，是委屈，是无奈，是深入骨髓的乏力感。但是我想说，再过 12 年，我们将会对这段日子脱帽致礼。

　　作为公司领导人，我个人有必要在此刻进行反思，并把这些反思分享给大家。

1. 这不是最坏的时刻

也许有人认为,腾讯公司正在经历有史以来最危险的挑战。但我想说的是,真正的危机从来不会从外部袭来。只有当我们漠视用户体验时,才会遇到真正的危机。只有当有一天腾讯丢掉了兢兢业业、勤勤恳恳为用户服务的文化的时候,这才是真正的灾难。

2. 也没有最好的时刻

12 年来,我最深刻的体会是,腾讯从来没有哪一天可以高枕无忧,每一个时刻都可能是最危险的时刻。12 年来,我们每天都如履薄冰,始终担心某个疏漏随时会给我们致命一击,始终担心用户会抛弃我们。

3. 让我们放下愤怒

这段时间以来,一种同仇敌忾的情绪在公司内部发酵,很多人都把 360 公司认定为敌人。但古往今来的历史告诉我们,被愤怒烧掉的只可能是自己。如果没有 360 的发难,我们不会有这么多的痛苦,也不会有这么多的反思,因此也就没有今天这么多的感悟。或许未来有一天,当我们走上一个新的高度时,要感谢今天的对手给予我们的磨砺。

4. 让我们保持敬畏

过去,我们总在思考什么是对的。但是现在,我们更多地要想一想什么是能被认同的。过去,我们在追求用户价值的同时,也享受奔向成功的速度和激情。但是现在,我们要在文化中更多地植入对公众、对行业、对未来的敬畏。

5. 让我们打开未来之门

政府部门的及时介入,使得几亿 QQ 用户免受安全困扰。现在是我们结束这场纷争、打开未来之门的时候。此刻我们站在另一个 12 年的起点上。这一刻,也是我们抓住时机、完成一次蜕变的机会。

也许今天我还不能向大家断言会有哪些变化,但我们将尝试在腾讯未来的发展中注入更多开放、分享的元素。我们将会更加积极推动平台开放,关注产业链的和谐，因为腾讯的梦想不是让自己变成最强、最大的公司，而是最受人尊重的公司。让我们一起怀着谦卑之心，以更好的产品和服务回馈用户，以更开放的心态建设下一个 12 年的腾讯！

马化腾

2010 年 11 月 11 日

【背景回顾】

2010 年 11 月 11 日是腾讯公司成立 12 周年的日子，这本来是公司全体成员分享喜悦的时刻，然而这也是一个比较"窝心"的时刻，因为就在数个月前，腾讯 QQ 和奇虎 360 这两个目前国内最大的客户端软件之间爆发了一场"战争"，业界称之为"3Q"之战。

这场战争从最初的"口水战"逐渐升级，并演变为两个阵营的对垒，搜狐张朝阳和盛大陈天桥公开声明支持 360，而金山、傲游、可牛、百度则宣布不兼容 360 系列软件，人人网则出了"QQ 劝架补丁"，一度热闹非常。

最终，这场战争在工信部等三部委的及时干预下暂时平息，360 召回了扣扣保镖，腾讯恢复了兼容 360。然而，一切并未随之尘埃落定。

【信件解读】

【用户至上】：重视用户需求，黏住客户

腾讯的企业文化如果用一句话来表述，就是："成为互联网的水和电。"意即通过互联网服务提升人类生活品质，就像水和电一样，源源不断融入人们的生活，为人们带来便捷和愉悦。另外，水和电是人们离不开的生活元素，已然成为生活的一部分。

然而,要做到这一点并不容易,必须不断倾听和满足用户需求,关注不同地域、不同群体,并针对不同对象提供差异化的产品和服务,引导并超越用户需求,这样才能赢得客户、黏住客户。为此,马化腾明确地指出:"只有当我们漠视用户体验时,才会遇到真正的危机。"并且"每天都如履薄冰,……始终担心用户会抛弃我们"。

腾讯的成功正源自它不断倾听和满足用户需求,引导并超越用户需求。当它把那只胖乎乎的小企鹅引入千家万户的时候,一下子就得到了用户的喜爱。基于对用户需求的深刻理解和一切以用户价值为依归的经营理念,腾讯的一个挂 QQ 升太阳的不起眼的设计,都紧紧地抓住了用户的心。

随后,QQ 这一聊天工具被加入了 QQ 秀、QQ 空间、QQ 游戏等一系列大大小小的功能,使这个普通的互联网产品,变成了很多人生活方式的一部分,成了离不开的"水和电"。甚至腾讯上的虚拟人际关系网,也成了现实世界的关系网,这些关系还影响着人们的行为……而腾讯自身,则迅速成长为中国互联网业的霸主。毫不夸张地说,腾讯成功的根本原因,就是抓住了用户。

【尊重对手】:尊重对手就是尊重自己

腾讯的愿景是做最受尊敬的互联网企业,如何做到最受尊敬呢?除了赢得客户和员工的尊重,更重要的是要赢得行业的尊重、社会的尊重。这就要求腾讯必须致力于推动互联网行业的健康发展,与其他公司共同成长;要注重企业责任,关爱社会、回馈社会。

在信中,马化腾提到:要想一想什么是能被认同的,要在文化中更多地植入对公众、对行业、对未来的敬畏。这其中,也包含着对对手的尊重。马化腾要员工们放下愤怒,因为"被愤怒烧掉的只可能是自己"。如果只关注如何打败对手,而不注重如何赢得客户,无疑是一种舍本逐末的短视行为。

"或许未来有一天,当我们走上一个新的高度时,要感谢今天的对手给予我们的磨砺。"互联网是创新不断的地方,只要有创新就有新的挑战。挑战者的存在,恰好发挥着鞭策和督促腾讯不断成长的"马蝇效应",腾讯如果想在未来引领中国互联网业开启新的大门,就离不开像360这样的挑战者。从这个角度来说,腾讯不仅要尊重对手,甚至还要感谢对手。

【分享包容】:推动平台开放,关注产业链的和谐

借助庞大的用户群体的优势,腾讯一度四面出击,甚至不吝于拷贝山寨,以致最近几年丧失了让人敬畏的基于用户需求的创造力。虽然腾讯的业务四面开花,却也四面树敌,引发了互联网江湖的血雨腥风,51、迅雷、暴风、搜狗输入法、UCWeb、摩尔庄园、360依次上阵,跟这位江湖大佬进行车轮战。

在"3Q之争"之后,在腾讯12年庆典之际,马化腾经过反思,写下了这封信,打开了未来之门。他打算在下一个12年里注入更多开放、分享的元素,更加积极地推动平台开放,关注产业链的和谐。

成功的企业,从来都是懂得合作与分享的,懂得处理好与产业链上下游企业以及竞争对手的关系。"水和电"是通过"网络"输送的,这个网络不仅能承载腾讯的产品,还能输送其他公司的产品,因此,开放平台会形成一种腾讯、其他公司以及用户"多赢"的局面。这也有苹果的App Store和Facebook的社交网站这样的成功先例可循。

不过,互联网公司之间很难避免业务重合和交集,平台开放也可能会导致流量和用户的争夺战烽烟再起。尽管有这样的风险,马化腾还是"以更开放的心态建设下一个12年的腾讯",因为只有创新、开放的公司,才能越走越远。这是一种水到渠成的成长,这是马化腾眼中更大的世界。

马化腾的开放"宣言"也恰恰彰显了腾讯公司的价值观:正直、进取、合作、创新。只有以开阔的心胸打造一个开放共赢平台,与行业中的同仁共同营造健康的互联网生态环境,才能不断蜕变,并最终成长为一家受人尊重的公司。

【 信件回音 】

马化腾的这封信平息了员工们的"怒火",告诉他们企业间竞争胜负的关键不在于谁把谁弄垮,而在于谁真正赢得了客户的心。如果忽略了用户体验,背离了为用户服务的初衷,必将被用户抛弃,被竞争对手超越。并且为员工指出了今后的"斗争方向",那就是回归用户,一切以用户价值为依归,这样任何对手都无法打垮自己。

在马化腾这封信发出之前,外界的人们普遍把腾讯公司看成一个"一直在模仿,从未被起诉"的用粗犷的拷贝和剽窃做法掠夺创新公司成果的大鳄。它的疯狂扩张,几乎横扫一切,腾讯成了一个封闭性的王国。

马化腾的这封信传达了一种创新、分享、开放的态度,逐步扭转了外界对腾讯的负面印象,展现了腾讯作为互联网业界领袖的责任和风范。不过,此前在中国还没有出现开放平台的成功案例,目前腾讯只能沿着封闭式平台化扩展路线前行,如果改变为开放,腾讯的商业模式很可能会遇到巨大挑战。腾讯要走向开放的未来,道阻且长。

■■■■ 专家点评 ■■■■

刘兴亮点评:看清症结,打通企业未来发展的经络

"你无法预测未来,但可以创造未来。"这是管理大师德鲁克的名言。

作为一个企业的管理者,他最重要的一项职责,就是制订正确的战略计划,并且确定什么是组织的真正业务。而在所有的企业中,德鲁克最欣赏的使命陈述,并不是我们时常挂在嘴边的那些知名企业,而是有着悠久历史的西尔

斯·罗巴克公司。

这家公司将自己的核心业务,也就是自己的使命陈述为:成为消息灵通和负责的零售商,首先为美国农民服务,而后为美国家庭服务。也正是由于正确的战略决策,它很快从濒临破产倒闭的状态中走出来,仅在短短的 10 年内,就一跃成为全球领先的零售商。

由此可见,企业的领导者把握的是企业的生命航向,能否成为一个成功的掌舵手,将直接决定企业的生死。同样,作为腾讯掌舵手的马化腾,他的手中握的是"企鹅帝国"的命盘。互联网就像一片浑浊的池塘,每个人都在里面摸鱼,谁摸到的鱼多并不代表他就是胜利者,相反可能会惹来很多的嫉妒和挑战。因为人人都想分得一杯羹,干掉了一个对手,就意味着池塘中少了一个与他们竞争的人,这样他所分得的份额就会多了,就会厚实了。在这样的恶性竞争环境里,此前风光无限的腾讯自然就被推至挑战的擂台上,卷入了一场是与非的战争中,闹得最厉害的便是"3Q"大战了。

在与 360 的这场大战中,"企鹅"的生死和未来的发展全在于马化腾对未来战略计划的预定和操控性如何,以及对"用户至上"的坚定程度如何。

其实不管是谁赢了,结果都是输家,因为在这一场战争中,都会或多或少地损害用户的利益,使一部分用户远离了它们,而一切企业的出发点就是为客户服务。所以马化腾在"3Q"大战后,对自己进行了深深的反思。与其说这是一封写给员工的反思信,不如说是他对企业帝国战略规划的重新构想。

伟大的蓝图或者愿景往往最能安慰一个企业员工受伤的心。无论经历过怎样的风雨,企业的战略者要能使员工们看到雨后的彩虹,这才是最重要的镇静剂和安慰剂。所以,马化腾在信的最后表达了自己的雄心壮志:让我们打开未来之门。

在这一刻,腾讯企鹅不仅复活了,而且比以前拥有了更强的战斗力。调整后的企业战略有:文化中将更多地植入对公众、对行业、对未来的敬畏;在腾讯未来的发展中注入更多开放、分享的元素；更加积极地推动平台开放；关注产业链的和谐；变成一个最受人尊重的公司。核心业务是：用更好的产品和服务回馈用户，以一种开放的心态迎接未来的挑战。

当马化腾在预见未来中的可变和不变因素时并没有问——那些事和这些事发生的可能性有多大？而是从一个战略家的高度问自己——哪些已经发生的事情能够塑造腾讯的未来？拥有正确的预见性，并不是一件轻而易举的事，但是首先最重要的是要能够"倾听我自己"，所以这封信也是马化腾与过去的自己的一场对话。

知彼才能解己。马化腾在清晰地表达了自己对互联网战略愿景和 12 年来对腾讯及自己的反思基础上，重新将腾讯这艘在风雨中摇晃的轮船开至稳定的航道，并继续加大马力，全速前进。

所以，对一个企业来说，危险和挑战并不是最重要的，最重要的是领导者是否能够扮演好战略家的角色，调整好航向，将企业带至更好、更远的未来。

只有看清了现在自身的症结，才有可能打通企业未来发展的经络。

点评人：刘兴亮 山西柳林人，知名互联网专家，资深战略、营销顾问。DCCI 互联网研究院院长，闪聚创始人，新媒体天使会创始人兼合伙人。CCTV 财经频道、北京电视台、中央人民广播电台经济之声等特约评论员。中关村数字产业联盟副理事长，新传媒产业联盟副主席，山西互联网产业促进会会长，河北省网络舆论特邀咨询顾问，中外企业家俱乐部创始会员，全球移动互联网联盟（GMIU）联合发起人，互联网协会特聘专家，电子商务协会专家委员会成员，计算机学会 AC 委员，IT 龙门阵联合创始人兼主持人。主要著作有《智胜江湖：创业取舍经》、《第三浪——互联网未来与中国转型》、《饥饿者宣言》（诗集）等。曾任互联网实验室总裁、红麦软件总裁、《网络导报》总编辑等。

俞敏洪：价值回归，拥抱明天

【信件原文】

各位新东方人：

　　这几年，新东方发生的几件事情，给新东方带来了深刻的影响：第一件事情是 2006 年新东方的上市；第二件事情是新东方面对越来越多的竞争对手；第三件事情是新东方从英语教学为中心转向了多学科的培训。

　　影响新东方最深刻的事情是新东方的上市，这一事件让新东方在一瞬间从对内的关注转向了对外的焦虑，从关心学生的感受转向了关注股市的动态，从关注教学质量转变为关心数据的增长；在这几年的过程中，这些转变正在逐渐吞噬新东方的价值体系，模糊新东方的方向，使新东方像一艘失去了指南针而在茫茫大海上航行的轮船，常常迷失方向。

　　我们常常说新东方要引领中国教育的发展，现在我们却被一些毫无价值的事情牵着鼻子走；新东方常常说要为学生的终身成长服务，现在却把眼睛紧盯着学生的钱袋；新东方常常说要点燃学生的梦想和理想，让他们走向光明的未来，现在却每天在失去理想的庸碌之中生存挣扎……

　　至于第二件事情竞争对手和第三件事情教学内容的扩展，即使不上市也是我们要面对的问题，只不过在上市的环境中，我们面对这两个问题显得仓促和忙乱，失去了本来应该有的沉着和大气；这两个问题是任何面对市场竞争的业务都会面临的问题，从新东方诞生的那一天就存在，但原来我们面对竞争对手和教学内容拓展，有足够的时间来布局，来整合资源；现在我们时间不够，资源整合不到位，新东方的官僚主义导致效率急剧下降，各条战线显得捉襟见肘。从根源上来说，是我们做事的心态和分寸出了问题，是我们做事情的价值观和指导方针出了问题。

　　面向未来，新东方该怎么做？我想我们应该回归本源，从最根本的地方思考问题。

　　新东方存在的目的是为了什么？

　　是为了挣钱吗？肯定不是！挣钱应该是正确方向后的一种自然结果。就像一个人拥有理想、努力学习，成功和成就是必然的回报一样。成功和成就是水面上的睡莲，最重要的是水面下的根系；我们如果不在水下种睡莲的根，就不可能有水面上的花。

　　是为了股东吗？肯定不是！上市公司的股东大部分都像眼中只有钱没有爱情的人，谁能给他更多的钱他就跟谁走，既不会有忠贞也不会有感情，你为他赚钱了他就秋波乱送，你损失了他的钱就暴跳如雷。我们不值得为这样的人卖命。

　　是为了老板吗？肯定不是！老板只是一个人，这个人有优点有缺点，有高尚也有世俗，有坚持也有顽固，他可以对你好也可以对你不好，如果我们把做事业的心情放在一个人身上，我们最终一定会大失所望的。

　　是为了名利吗？肯定不是！在新东方之外的很多地方，我们可以得到更多的利，得到更大的名；名利关系离开了社会的道义和公正，就必然被邪恶侵身，日夜不宁。我们希望取君子之利，我们希望得正直之名！

　　那么新东方存在的目的是为了什么？

是为了让千千万万的中国青少年有理想、有追求、有崇高的生命目标,有对未来的无穷期待,不管遇到什么挫折,生命都能够勇往直前!

是为了给千千万万的孩子提供成长的路径,通过我们的努力,使他们从落后走向先进,从低头自卑变得昂首自信,不管是帮助他们提高考试的分数或某一个学科的成绩,还是帮助他们提升思维想象的能力,也不管是帮助他们提高对于美好生活的感知能力,还是帮助他们完善自身素质和人格体系,我们努力帮助每一个学生健康成长。

是为了让千千万万个孩子把学习的痛苦变成一种学习的乐趣,让孩子们把要我学变成我要学;让孩子们彻底理解:追求知识和智慧是人生中多么美好的一件事情。

是为了让千家万户的家长放心,放心地把孩子们送到新东方来。让我们设身处地想一想,如果我们是家长,我们为什么要把孩子送到新东方来?如果你是家长,你愿意把孩子送到新东方来吗?有些新东方的员工和老师选择了"不"。为什么?因为我们在新东方长大的过程中(没有用"成长",是因为我们新东方这几年没有成长),我们迷失了上面的目标,我们变得唯利是图,我们变得目光短浅,因为我们的课程设计不完整,我们的老师不专业和职业,我们的服务体系千疮百孔,漏洞百出。一个孩子对于新东方来说是百万分之一,对于一个家庭来说却是百分之一百,是一个家庭的未来和幸福。我们要让家长放心地把孩子送到新东方来。不管这个家庭是否有钱有权,每一个家庭面对新东方都应该得到同样的关怀和尊严。

是为了我们自己的灵魂,我们创造新东方,不是来亵渎我们的灵魂的,是来救赎我们的灵魂的,面对那些天真纯洁的孩子们,面对他们渴望阳光的眼睛,我们能够让自己变得更纯粹、更大气、更充满爱心和善良;新东方的人都不乏聪明,聪明也许是与生俱来的,但善良和爱心是后天培养的,与其说是我们在帮助孩子们,还不如说是孩子们在帮助我们,帮助我们获得善良和爱心,帮助我们获得高尚,获得一种人格的健全和人格的高贵。

是为了我们的员工和老师们,他们撑起了新东方的一片天地,他们把自己的青春、梦想和生命寄托在了新东方,我们必须给他们值得骄傲的回报。我们不能做出一个平庸的新东方,做出一个让自己人都羞于启齿的新东方,我们更不能做出一个没有价值、没有梦想、没有崇高的新东方。我们有时候对于员工和老师严重缺乏人文主义关心和人性化关怀,新东方由于经营问题导致机构臃肿,员工老师收入待遇提高不快,使员工老师和新东方的关系进入恶性循环。我们不反思自己的管理能力,反而抱怨员工老师难以管理。其实没有难管的员工,只有无能的管理。我们只有和员工老师共荣辱、共奋进,新东方才会有真正灿烂的明天。

我们不用说是为了中国教育的发展,我们不用说是为了祖国的繁荣昌盛,我们只要踏踏实实把每一个学生教好,让每一个把孩子送到新东方的家庭安心和放心,我们就已经为中国的教育、祖国的繁荣作出了贡献!

让我们回归吧,回归到新东方最重要的价值上,回归到能够给我们内心带来崇高感和使命感的事情上。只有这样,我们才能够处乱局而不惊,面巨变而气闲,在纷乱中有章法,在琐碎中有远见。脚踏实地,眼看远方,我们才能把新东方带向美好的未来,我们才能让新东方成为大家愿意回忆、值得回忆并且产生美好感情的一个名字。

2010 年国庆

【背景回顾】

从 2006 年 4 月 4 日召开启动会到 9 月 7 日,新东方只用了 5 个月时间就在纽约股票交易所成功上市,成为第一家在海外上市的中国教育培训公司。上市后,新东方发售了 750 万股美国存托凭证,开盘价为 22 美元,高出发行价

15 美元约 46.7%,融资额为 1.125 亿美元,新东方的董事长俞敏洪也一跃成为亿万富翁。这是一次突破,教育不再完全是"公益性事业"。

上市之后,俞敏洪既要满足投资人的增长要求,又要维系新东方的价值体系,为新东方掌好舵。4 年过去,新东方发生了巨大的变化,同时也产生了一些问题。新东方成长中的烦恼、压力和危险也接踵而来。

【信件解读】

【平等包容】:平等包容的人文主义情怀

早在 2005 年,新东方的创业元老们就建议俞敏洪接受风险投资,操作上市,但俞敏洪怕上市破坏了他一直追求的"做事情的从容和理想",拒绝了。半年之后,俞敏洪才最终妥协。

上市之后,新东方迎来了新的发展阶段,2010 年财报显示:3.86 亿美元进账,7780 万美元净利,180 万入学人数。尽管业绩非常漂亮,股价稳定上扬,但俞敏洪的焦虑却有增无减,压力依然挥之不去。他不止一次地在各种场合,近乎祥林嫂式地重复自语后悔上市的话。因为,新东方关注的焦点慢慢从学生和教学工作转向了报表数据和股价,员工们模糊了方向,使新东方像一艘失去了指南针而在茫茫大海上航行的轮船。

写这封信时,新东方从 1993 年创立已经走过了 17 个年头,由小广告、小屋子起家,成长为一家成熟的上市公司。然而俞敏洪是一个危机意识极强的人,他看到北京一民办教育公司现在正以每年50%的速度赶上来,而新东方只以30%的速度前进。安博、环球雅思、学而思、学大教育也纷纷登陆美国资本市场。这些后来者凭借在细分领域的努力,已可与新东方一较高下。

对于股价、财报的过分关注,使得很多员工偏离了新东方的办学初衷,面对竞争和教学业务的拓展,新东方却显得有些仓促和忙乱。外部的压力、内部的质疑,使俞敏洪敏锐地觉察到了其中的"危机",由此也提出了新东方存在的目的是什么这样的问题,提醒新东方人不要忘记办学初衷。

【愿景使命】:帮助学生健康成长,从绝望中寻找希望

新东方的愿景是成为优秀的教育机构,培养成就中国的精英,推动中西文化的融合。其中新东方最核心的竞争力,并不是高质量的授课,他们售卖的也不只是语言、知识、技能,更重要的是新东方精神和文化,新东方为学生奉献的不只是分数,而是健康成长的道路,是让学生从绝望中寻找希望,超越自己,成为优秀的人才。

新东方的存在不是为了钱和名利,也不是为了股东和老板,而是为了千千万万学生的健康成长,实现人生的辉煌。新东方规定,老师不但要向学生教授知识技能,还必须向学生传达"挑战生命极限"的积极人生态度,激发他们的人生理想,引导他们向美好的未来聚焦,走向内心对于伟大的渴望。新东方崇尚的,就是无论在逆境还是顺境之下,都能勇往直前、奋力拼搏的新东方精神。俞敏洪曾说:"绝望是大山,希望是石头。但是,只要你能从绝望的大山上凿下一块希望的石头,你就有了希望。"他所做的培训事业,绝不仅仅是授业,更是传道和解惑,传人生之道,解希望之惑。

很多学生走进新东方之前可能是因为好奇或从众,甚至迷茫和绝望,但是他们走出新东方之后,往往已经有了自己的人生目标和实现目标的勇气与魄力,这正是新东方精神力量的体现,这亦是俞敏洪的办学初衷。

如今在信中,俞敏洪依然指出,孩子是一个家庭的幸福和未来,必须要让家长放心,对学生负责,放弃唯利是图和目光短浅,回归价值。

【价值回归】:救赎灵魂,回归爱心和责任

美国的管理权威和商业畅销书作家吉姆·柯林斯认为:真正让企业长盛不衰的,是深深根植于公司员工心中的文化和核心价值观。企业文化和核心价值观是企业哲学的高级层次,也是回答"企业如何生存"的终极答案。

在新东方上市之后，面对越来越多的竞争对手和实现多学科培训的目标，俞敏洪指出最关键的就是要回归新东方的根本价值，回归教书育人的爱心善良和责任心使命感，救赎自己的灵魂。如果新东方人以此为出发点，获得高尚，获得一种健全和高贵的人格，必将自然实现企业的成功。

俞敏洪对新东方明天的期望，对每位新东方人回归本源、脚踏实地、眼望远方的要求与期许，其根本目的是避免新东方走向歧途，为新东方的发展提供更广阔的空间，甚至直接关系到企业的存续。新东方关于爱心与责任的回归，正是它此前成功地将一个教育机构转变成了一个文化运营机构的根本原因。

新东方的价值回归，是它区别于其他教育机构的核心竞争力，它赋予知识以精神文化内涵，以踏实的工作和崇高的使命感为旗帜，使新东方文化成为一种现象、一种潮流，对社会产生深刻的影响力。

有人说企业最危险的时刻不是做小的时候，而是做大的时候。企业失去活力不是因为来自外部的竞争日趋激烈，而是内部失去方向感，流于浮躁和贪婪。俞敏洪要缔造一个有价值、有梦想、有崇高理想的新东方，与他自身的亲身实践和体会也是分不开的。他本人历经两次高考失败，三次申请美国大学奖学金失败，以及创业十几年的艰辛，深知只有听从心灵的召唤，才能取得最终的辉煌。

【信件回音】

对于新东方的数量庞大的、堪称全世界最难管理的知识分子来说，只有通过思想上的统一认识，才能保持行动上的一致性。读过这封信之后，新东方的许多员工开始重新审视企业的文化和核心价值观，开始收拾起浮躁和短浅，重新回到了有理想有追求的状态中。也许，这也是俞敏洪用写信的方式来沟通的根本原因。

对于俞敏洪不为利益蒙蔽,清醒地继续坚持新东方的核心价值观念,外界普遍持赞同态度。同时,这封信中所传达的新东方精神,已经被多数青年广泛接受,甚至成为很多人的人生哲学。

::::: 专家点评 :::::

陈秋平点评:一次对爱心、责任和价值的拷问

俞敏洪是我们耳熟能详的好老师,因为他在新东方的授课录音广为流传;他又是一位众人热议的商业精英,因为他把自己刷小广告创立起来的野鸡学校变成了纽约股票交易所的上市公司。所以,我欣然地打开了这封他写给自己人的公开信,想从中获取教益。读毕掩卷,仍感有意料之外的收获。

首先是看到了俞敏洪的焦虑,而这焦虑竟然来源于新东方上市之后的"繁荣"和"辉煌"。在多数人看来,我们步履匆匆走入了前所未有的财报意义上的成功,已经是梦想成真的最好诠释了,应该庆功,何须忧心忡忡?

其次,我看到了俞敏洪的反思:作为一个教育机构,上市也好,发展也好,盈利也好,扬名天下也好,到底什么我们应该去做,什么不应该去做?正所谓,有所为有所不为,日下的国人,应该学习俞敏洪这样的思索。我们很多人创业之初都有一份理想,不应该只是去挣钱,去服务于股东,去为老板争名争利,真正的成功和成就是什么?像睡莲,我们看到的是水面上的花开,其实美丽的绽放只是水下泥土中根系的健康苗壮的表现形式和必然结果。而恰恰在根系生长上,俞敏洪发现了问题和危机。

其实俞敏洪提出的是一个具有普遍意义的问题:到底我们需要一个怎样的企业?需要一个怎样的新东方?

如今的中国人走得太快，即便走得不快，或者还没有开始迈步的人，也都以那些走得很快的人为榜样。所有的人都在寻求财富，追逐成功。这种追求是如此的奋不顾身、争先恐后，甚至常常看到的是几近疯狂的状态。我们对失败有深深的恐惧，对成功怀着极大的冲动和激情。但是，很少有人真正静下心来，思考一下对本质的提问：我们的终极价值是什么？

因为我是一个职业编剧，也在影视领域拼搏挣扎，读这封信，我忽然想用这"俞敏洪体"对我自己进行一次有关爱心、责任和价值的思考。

一部影视剧存在的价值到底在哪里？写好一部影视剧的意义是什么？

是的，我们创作出优秀的影视作品，可以"促进文化产业的繁荣"，可以为老百姓提供一个娱乐产品，还可以名利双收。我们看到的似乎就是这样一种繁荣，大众娱乐至死，创作者陶醉在高收视率和一片世俗的爆笑中。但是，仅此而已吗？

我们的艺术作品应该让观众在娱乐之余，有更高的价值追求和收获，让他们感受到：更加充满理想和追求，从而产生崇高的生命目标；从落后走向先进，从低头自卑变得昂首自信；让工作和奋斗不再是痛苦，而成为一种乐趣；体验进取的人生是如此美好；更加习惯于思考和思辨；更加懂得关爱自己和他人；更加具有明辨是非的慧眼；更加增添对邪恶的战斗勇气与智慧……

我们也可以用艺术精品与观众分享人生感悟的同时，完成对自己灵魂的救赎，净化自己的心灵，使我们收获高尚、高贵和健全的人格。

一部艺术精品的诞生，一个影视行业的繁荣与辉煌，不能只看纷繁喧闹的表象，更应该看到睡莲水下根系的健康——核心价值的良性回归。

也许你并不在教育或文化艺术领域谋生和发展，但不妨也来对自己的工作和事业作一次这样的拷问吧。

点评人：陈秋平　资深影视编剧、导演，文学翻译，影评人，英语老师，北京电影家协会编剧分会秘书长。电影《飞歌的夏天》编剧兼导演，电视剧《川军》编剧。

李彦宏：伟大源自平等成就每一个人

【信件原文】

各位亲爱的百度同学，大家好！

非常开心又和大家相聚在一年一度的百度年会。每年站在这里，我都会发自内心地感觉到温暖，都会觉得有很多话想和大家交流。因为这个时候大家聚在一起，意味着我们又共同走过了整整一年，又要在下一轮寒暑交替中迎来新的工作、生活和期待。

"年年岁岁花相似，岁岁年年人不同。"记得 2009 年年会时我曾经感慨，总算把分散在不同地点的同学们聚集在一起，在百度大厦办公，我们又能像一家人一样在一起快乐地工作。从 2009 年到现在，也不过两年时间，我们的员工就从 7000 多人增加到将近 1.5 万人，总部办公地点就又变成了大厦、首创和奎科遥遥相望的格局。但是无论我们是不是在一栋楼里办公，我们的事业都在一起，我们的努力和成绩都在一起，我们的心都在一起！

过去的一年，是硕果累累的一年，是我们朝着新十年目标大步迈进的一年。我们圆满完成了年初制定的各项任务，公司业务快速增长，十周年时我们所制定的业绩增长 40 倍的目标,以今天的业绩为基数,已经只剩下 11 倍了。除了发展我们的核心搜索业务外,我们还推出了易平台,为移动互联网领域的发展打下基础;在国际化方面,我们进一步打通了总部技术平台资源,除了日本,我们也已经开始为东南亚、非洲等其他国家和地区提供服务。所有这些,都对公司未来的发展意义深远。

在这里,我要由衷地感谢每一位百度同学。是你们的辛勤工作,聚合成百度 2011 年最闪耀的风采。谢谢你们!

回首共同走过的 2011 年,有很多感慨。今天也想借这个机会和大家分享一下。

首先,是我们沿着使命前行的成就感。

成就感往往来源于一些小事。今年 6 月,市场部基于一个真实的案例,做了一条片子,讲一个清洁工为了女儿,通过百度视频学完了迈克·杰克逊的舞蹈动作,然后参加比赛获了奖,片子最后定格为"平等地成就每一个人"。这个片子不仅感动了我,很多客户和合作伙伴看了之后也很感动,觉得这些年跟百度在一起,在做一件很有价值和意义的事情。是的,我们的产品除了给大家带来影音的欢愉、资讯的丰富,我们也在平等成就每一个老师,不管他们在哪里,都能分享网上最好的教案和课件;我们也在帮助每一个心急如焚的妈妈,在她们的孩子发烧时,能够迅速获取知识、采取正确的退热措施……无论教授还是牧民,无论老人或是孩子,他们渴求的信息会因为百度这个平台而触手可及。当那么多的用户在用百度的产品,成就自己每一个小小的愿望时,我感受到我们工作的伟大意义。

2011 年百度推出了新首页。从"即搜即得"到"即搜即用",再到"不搜即得"、"不搜即用",我们实现了让用户获取信息从"一步到零步"的跨越。这是百度首页自诞生以来变化最大的系统工程。大家都看到了百度世界大会上新首页的闪耀登场,但很多人可能并不知道,新首页的背后我们的技术工程师和项目团队夜以继日的奋斗故事。负责新首页导航数据挖掘的团队,他们只有7个人。完成这项任务,公司只给了他们58天。在这短短58天时间里,他们汇总、整理和分析了2000多万用户的历史数据,为将近600万登录新首页的用户提供了高度准确的自动导航服务。到了项目后期,时间已经非常紧张,他们抓紧每一分钟对产品进行第二次、第三次的迭代。我和PM在这期间对产品提出了很多问题和意见,无论是上班时间还是下班之后,甚至是午夜或者凌晨,总是能看到他们很快地作出反应和调整。后来大家谈起这件事情,想知道激励他们这样日夜为之奋斗的动力是什么,他们的解释却很简单。他们就觉得这是一个非常有意义的方向,通过首页导航能够帮助更多人更好地使用互联网,每个人都是发自内心地喜欢做这件事,不仅没觉得这是什么奉献或牺牲,反倒有一种无可替代、舍我其谁的责任感和成就感。

百度一直是一个有理想、有使命感的企业,这种力量激励着我们在座的每一个人,哪怕离开了这里,这样的理想和信念仍然流淌在他们的血液中。

最近我就听到这样一个老百度人的故事。在北京一家叫作"宏立学校"的民办小学中,有一名叫潘华的老师,他曾经在百度度过了6年的时光,先后在贴吧、游戏、下吧等团队工作过。2008年,27岁的潘华作出了一个让家人朋友非常意外的决定,他登上讲台、手握教鞭,成为一位民办小学的教师。所在学校的条件很简陋,收入还不到他以前工资的五分之一,甚至因为教育管理体制的原因,他至今也没有解决教师身份的问题。但是,就是在这样的环境下,他已经送出了好几届打工子弟毕业生,其中还有不少学生考上了北京市的重点中学。面对前来采访的记者,潘华告诉他们,虽然很喜欢百度的工作,但他更向往和孩子们待在一起。尽管现在是一名教师,但百度"让人们最平等便捷地获取信息、找到所求"的使命还是一直深深影响着自己,当初在百度,这是自己每天写代码、编程序的动力,而现在,这种使命感依然激励着他朝着自己的梦想继续前行。

今天，潘华也来到了我们的年会现场。潘华，你在哪里？让我们用最热烈的掌声欢迎潘华回家！

我们的使命今天正得到越来越多人的认同，我最亲爱的百度同学们，在沿着使命前行的道路上，我们永远不会孤单，莫愁前路无知己，天下谁人不识君！

除了成就感，在这样一个公司高速发展的时期，我和管理层还特别感受到帮助员工成长的紧迫感。

在今年夏天的时候，公司颁出了成立以来的第一个"百度最高奖"。我太太后来看到现场我和获奖同学一起拍的照片，她说这是我一年当中笑得最开心的一次。是啊，那种小团队做出大事业的激情和成就，那种优秀员工收获到的回报与荣誉，永远都让我感到自豪与骄傲。

今天百度的员工总数已经接近 1.5 万人，回想一下，公司员工数量达到第一个 5000 我们用了八年的时间，而第二个 5000 仅仅用了不到两年的时间，而 2011 年，我们用了一年时间又即将突破第三个 5000。对于这样一个规模庞大、快速成长的年轻团队，员工发展是一个充满紧迫感的问题。

百度的人才观包括四个方面：第一，招最优秀的人；第二，给最自由的空间；第三，看最后的结果；第四，让优秀的人脱颖而出。这四句话承上启下，缺一不可。其实对于百度这样的高科技企业，我能非常肯定地说，在座的是互联网行业中最优秀的一批人，然而千里马常有，而伯乐不常有，在百度，伯乐是什么？伯乐就是培养和选拔人才的机制。因为只有一个好的机制，才能保证优秀的、符合百度企业文化和价值观的人才源源不断地涌现出来。

去年曾经有人说，他们也要做搜索，要让李彦宏睡不着觉。我真没想到他们这么关心我。我有时候确实会睡不好，但我睡不好时很少会想到那些人，我想得更多的是我们的用户、客户，想得更多的是百度员工的发展。我会想你们如何能够在这里发挥出你们的聪明才智；我会想你们如何能够在这里得到足够的关注和培养；我会想你们如何能够在这里看到所向往的成长和成就。这一年来我们一直在不停探索怎么能够更好地帮助员工成长,让最优秀的人才脱颖而出。不论是最高奖,还是人才培养序列、五级领导力、潜力股,我们都要在机制上保证让优秀的人获得应有的认可。接下来我们要把这样的工作做得更深、更透,让大家真正从这样的机制当中获益。

回首 2011 年,在"简单可依赖"文化氛围中工作,我还有一种深切的幸福感。

今年的年会又是百度历史上规模最大的一次,在这么快速变化的行业、这么快速发展的公司里,我们随时随地都能够看到很多纪录的刷新,我们的员工数量、业绩收入、我们的客户数、户均投入,从很多角度看我们每天都在创历史新高,这或许让我们很兴奋。但越是在这样的情形下,我们越需要坚守文化,用"简单可依赖"的文化来为公司的高速发展保驾护航。过去的一年,这种文化正在不断扎根生长,内涵也在不断丰富。

什么是简单?我跟大家分享一个小故事。去年 7 月,因为公司业务发展的需要,运维部并入基础架构体系。运维部从梦秋的团队划出,转向加入百度不久的执行总监范丽汇报。刚得到这个消息,范丽是有点担心的。她来找我,说这样的调整对梦秋团队来说是一个很大的削弱,梦秋会不会有想法。我当时就告诉她:"你想多了,这样调动的目的只有一个,就是让业务更好地发展,梦秋肯定会支持的。"后来范丽告诉我,她去找梦秋道谢,梦秋还觉得很奇怪,因为她早就觉得运维和基础体系应该一体化运转。百度发展很快,历史上整个部门的调动也是常事,但往往各调动后的部门能很快融合到一起,高效地开展工作,这就是因为我们拥有"简单可依赖"的文化。"简单",意味着没有公司政治、说话不绕弯子,意味着愿意被挑战,意味着公司利益大于部门利益,也意味着我们心无旁骛,不被外界噪音所干扰。

"可依赖"意味着什么?意味着自信,意味着开放式沟通,意味着我们只把最好的结果交给下一个环节。可依赖和可信赖是有区别的,它有亲情在里头。

在你需要帮助的时候，会有很多人愿意真心地来帮助你；在别人需要帮助的时候，你也会真心地去帮助他。在你受伤的时候，这里是你疗伤的地方，这里有你的感情寄托。去年8月，某电视台对我们进行连篇累牍的报道，公司遭遇了暂时的挫折和质疑，全体员工众志成城，团结在一起，我们的员工家属、合作伙伴们也都给予我们最坚定的支持，这是一种融入血脉的亲情。在那时，我相信很多人和我一样，感受到了家人般的相互依赖和温暖，这也是我这一年感受到的最大的幸福。当我们全体百度同学团结一心，来自外界的困难和挑战只会积蓄起我们的势能，推动我们向更高更远的目标迈进。

在"简单可依赖"的文化氛围中，我们每一个百度人始终会用积极乐观的心态去面对外界的挑战，我们每一个百度人始终会在其他兄弟团队遇到压力时与他们守望相助。这正是我们从工作中获得幸福感的源头。百度同学和家属们，你们始终都是公司迎接挑战、战胜困难的最强大的后盾！

过去一年我在百度收获良多、感触良多。然而，站在更高处俯瞰百度的事业，把百度放在中国社会和经济整体发展的格局下来看，我们还肩负着时代所赋予的特殊使命。

中国已经成为全球第二大经济体，中美互联网发展的差异也已经在明显缩小，但是，一个多月前我去华盛顿参加中美互联网论坛，会上中国企业家们都在认真介绍中国互联网产业所取得的成就，美国政客们的发言却是一口一个"China must"、"China must"，就是说中国你必须要这样，必须要那样，仅仅热衷于对我们进行指手画脚，根本就不想了解中国互联网发展现状和对社会进步的贡献，听起来感觉让人很不舒服。

我当时就建议对中国有成见的美国代表们来百度看看，真正了解一下中国的互联网产业，看看这样一批中国最优秀的年轻人聚集的地方，是如何改变着人们的生活，如何推动着社会的进步。生逢其时，我们是很幸运的一代，这个时代给了我们机会去创造历史，给了我们机会去实现梦想，我坚信，全体百度同学一定会把握住历史机遇,通过不懈努力,为中国赢得全世界的尊敬!

今天我们已经走进 2012 年,对于 2012 的传说有很多,2012 也因此具有很多的神秘色彩。我个人是不相信世界末日和灾难预言的。但我们愿意相信,我们所做的事业,是为中国更多的普通百姓,打造知识海洋的诺亚方舟,帮助他们最平等便捷地获取信息,摆脱贫穷、消除歧视,成就每一个人的梦想!

2012 年,我们将继续在使命和责任的道路上前行,我们也将收获更多的感动、更多的成长和更多的幸福时刻!

2012,我们在一起,We together!

2012 年 1 月 8 日

【背景回顾】

这是一篇在 2012 年 1 月 8 日百度公司年会上李彦宏发表的年度演讲,我们可以把它看成一封公开信。

2011 年,百度喜忧参半。上半年初就对外发布了"2010 百度搜索风云榜",4 月推出百度百科五周年活动并获得"年度十大慈善企业"称号,百度旅游也正式上线。下半年还发布了百度新首页,推出了易平台。但同时,百度也有"厄运"降临:先是遭遇了各方的涉嫌垄断的指责和中国文字著作权协会携作家向百度文库维权的运动,然后旗下的百度"有啊"商城也正式关闭。更为严重的则是百度的竞价门危机,一篇报道引发了大家声讨百度竞价排名的声浪。好在由于沟通及时,措施得力,百度的危机顺利得到化解。

2011 年,百度圆满完成了年初制定的各项任务,距离十周年时所制定的业绩增长目标越来越近,企业的发展走上了新的台阶。

【信件解读】

【成长动力】：使人发自内心热爱工作的使命感和成就感

马斯洛理论把需求分成生理需求、安全需求、归属与爱的需求、尊重需求和自我实现需求五类，依次由较低层次到较高层次排列。而这五种需求可以分为两级，其中前三者属于低一级的需要，而后两者则是高级需求，它们是通过人的内部因素才能满足的，而且一个人对尊重和自我实现的需求是无止境的。

通过自己的工作能够使人们的生活更加方便，甚至改变人们的生活方式，从而实现自我价值，这种工作带来的成就感，不是能够用金钱来替代的。

百度正是以为人们提供最便捷的信息获取方式和最好的上网体验，以及改变人们的生活方式为使命的，这是百度存在的根基。对于百度人来讲，正是这种使命感，使得他们狂热地追求更好的搜索技术，追求给网民带来最好的搜索体验，追求为人们提供最便捷的信息获取方式。这种使命感和成就感，成为激励百度人不断沿着梦想前行的力量源泉，使得百度的员工总能发自内心地热爱自己的工作。即使在离开工作岗位之后，仍然能激励自己向梦想前行。

在信中，李彦宏举了几个真实的例子，阐述了这种使命感的巨大激励作用。其实，不仅仅是互联网企业，任何企业，只要有崇高的理想和使命感，都会获得持续发展的内源力，并得到更多人的认可。

【文化氛围】："简单可依赖"，营造工作的幸福感

在百度每一个员工的工卡正中间，都用中英文写着："简单可依赖"。这五个字，也是李彦宏仅用了 10 年时间就把百度打造成一个互联网业巨无霸的关键所在，是百度的核心价值观。

简单：对内制度公开、公平、公正，充满人文关怀，为员工营造愉悦的工作

氛围。比如,员工可以穿着拖鞋上班,不用打卡可以自己安排自己的时间,聊天玩游戏不用躲着老板,想找老板讨论问题也可以……更重要的是没有公司政治,减少了内耗。"没有很多复杂的人事关系在里面,人和人之间的关系非常简单。"这样就能吸引并留住高素质的人才,降低管理成本。

可依赖:自信、开放式沟通、可信任可托付,有一种亲情在里面。百度是个充分授权的公司,管理层和员工之间,以及员工和员工之间的沟通是建立在充分信任、平等交流的基础上的。百度的沟通方式是开放的、坦诚的和有效的,这样团队成员之间就有很好的信任感,从而提高工作效率和决策正确率。

同时,百度鼓励员工创新,也容忍他们失败。对用户的需求总是采用务实敬业、精诚合作的态度,做出简单可依赖的产品,通过实现知识的共享来追求"平等成就每一个人"的目标。百度的"简单可依赖"的核心价值观作为百度软实力的重要组成部分,同时也成为百度核心竞争力的重要部分,对其成长持续发挥着重要作用。

【俯瞰百度】:把握历史机遇,肩负时代使命

百度这样的互联网龙头企业,在关注自身经营和发展之外,如何努力让我们的世界变得越来越好,将吸引它更多的思考。面对不了解情况的美国人对中国互联网业的指手画脚,李彦宏在一个更高的层次上审视企业,提出了企业还肩负着"改变着人们的生活,推动社会进步"的特殊使命,并指出百度应该把握住历史机遇,为中国赢得全世界的尊敬。

百度从来就不是一个没有使命感的企业。2006 年,百度携手微笑图书室,为甘肃藏区贫困小学捐献图书;2009 年,百度联合卓越亚马逊,推出小桔灯网上捐书平台。同年,百度获"中国企业社会责任创新先驱企业"大奖,并与中国扶贫协会签署协议,正式加入中国绿色电脑扶贫行动。百度的使命感不只体现在百度基金会、蒲公英计划、联盟·爱等类似的公益事业上,更体现在为网民、客户、产业和社会贡献力量上面。

不过,形式大好的表象之下是中国互联网业正面临着的重重挑战:用户要求越来越高、不良信息横行、版权问题日益突出,再加上全球经济萧条、被国际上误解等等,可以说是雪上加霜。只有创造性地解决好这些问题,才能引领中国互联网业走向春天。

而这些问题,在百度的努力下,正一个个迎刃而解。比如百度的新首页打造了"一人一世界"的网络生活体验,同时也是一个完全开放的平台;开展"阳光行动"打击网络不良信息;与更多版权方成功地"化敌为友",化解了自由分享与版权的矛盾……

一个企业之所以受人尊敬,不仅在于其自身高速增长的业绩,更在于它对其所服务的群体、产业链上下游、对社会是否完成了应尽的使命和责任。按照这个标准来衡量,百度肩上的担子还很重。

【信件回音】

2011 年的百度过得不大平静,作为中国互联网企业的领头羊,百度遭遇了种种挑战与冲击。对百度这样的公司,公众对其期望值是很高的,不然也不会有"内事不决问老婆,外事不决问百度"的说法。在互联网立法明显滞后的情况下,百度如何把自身发展同公众的期望值更好地契合起来,需要更高超的艺术。

李彦宏的年度演讲提出了百度致力于平等成就每一个人的观点,这实际上也是对人们质疑声的一种回应。在如今的互联网时代,百度已经不仅仅作为一家网络公司存在,它甚至已经成为人们生活的一部分,成为一种生活工具。能否成为一家"伟大"的公司,就要看百度在"平等成就每一个人"的路上究竟能走多远。

罗西点评:"放之四海而皆准"的李彦宏

清雅是干净的升级版

李彦宏原来跟我一样,也要写"年终总结",不同的是,我的总结是给老板看的,他的总结是给员工分享的。通篇读来,我看见热情、真挚、诚恳,还有一些谈心、拉家常般的淡淡美好。李老板确实没有老板的样子,因为很多时候,老板跟当官的差不多,容易有那种冷硬的八股腔调,或者老板就应该"老板着脸",他则与众不同,令我耳目一新。

这个世界浮躁、喧嚣、尘土飞扬,很多人在竞争、激奋后,渐渐变得好斗、复杂、神经质,或者一脸浑浊,或者满面愁怨,能出淤泥而不染、悠然见南山、面容干净、气质清和的没有几个;甚至有人说,"风光的背后不是沧桑,就是肮脏"。

小时候,幸福是件很简单的事;长大后,简单是件很幸福的事。一个面容干净的人,一定不坏,心里常常住着一个小孩,天真、无邪,无形里替其抵御城府或者腐败。内心干净的,因为单纯而显得年轻,甚至有些淡淡的青涩与害羞。

百度总裁李彦宏,福布斯中国内地首富,快 50 岁了,看起来像是 30 多岁,满眼望过去,众多企业老板中,他的面孔更清纯,辨析度颇高。他轻笑的时候,还有点淡淡的羞涩与天真,但是大笑的时候,是如此清爽。

百度核心文化是"简单可依赖",越简单,越安全。在百度可以穿拖鞋上班,累了就去休息室睡觉,而且也没有人打卡,李彦宏说:"我们上班第一天,就制定了两个制度:不能带宠物上班,不能在办公室里抽烟。除此以外,再无规定了。我们十年没有变化。"我看见这里的轻松氛围,他用很大笔墨讲员工的感人故事,在百度只有"同学",他一开始就喊"各位亲爱的百度同学,大家好!"据说还有"百度人民银行"的有趣提法,企业里,原来也可以有清新的纯白的校园风,难怪李彦宏身上有一种说不清的校园气息,难道是他爱敞开西服而露出的那件洁白的衬衣?

简单、天真,自然干净;到了一定年龄、层次,"干净"就会转化提升成"清雅",一种人格魅力。我看见李彦宏的清雅,清雅不仅仅是气质,更是一种可贵的品质,这何尝不是一种生命的奖赏?你想想,比同龄人年轻,这是多么美好美妙的赢得与赚到啊!是幸运,更是幸福;而有趣的是,幸福的人总爱说,"我很幸运"。

据说,每个想进百度的人都会下意识问:"这么大的企业,人才济济,我还有空间吗?"李彦宏说,其实我们现在才刚刚开始,大幕才拉开一角。记得鲁豫采访他的时候,对于自我的评价,他略有迟疑地说,"我天天都跟自己在一起,很正常",不觉得是"传奇","但是,我相信我是个很幸运的人",机遇抓到了。抓住一些机会,就已经不错了。

幸福感是安全感的升级版

2012 年福布斯全球富豪榜新鲜出炉,百度 CEO 李彦宏以 102 亿美元(643.6 亿人民币)身价,成为中国国内首富,继 2011 年之后,再次问鼎,他真的很幸运,基本是顺风顺水。但是,并不是说,就没有竞争与对手。要成功,需要朋友,要取得巨大的成功,往往需要敌人。

很多人眼里,百度是"躺着也赚钱",尊贵到可以"躺",令人羡慕;在中国人的文化里,请人"躺一下",或者可以"躺",如同吃肉一样拥有优越感与幸福感。但是 2011 年 9 月,阿里巴巴集团董事长马云在"全球网商大会"的演讲中谈到,阿里巴巴"要做的就是要让昨天很成功的企业睡不着觉"。马云当时的讲话中说:"为什么做搜索引擎,就是要让百度睡不着觉,因为百度睡得着觉,互联网的用户就睡不着觉了。"

想不到，2012年，360也来了。百度与360围绕搜索引擎的纷争已成为互联网行业最受关注的焦点之一，它也引发了多个涉及技术、行业规范等方面的话题。"战争之王"周鸿祎所到之处，常常被人夸大为"寸草不生"、"兵荒马乱"，无论是安全、手机行业还是现在的搜索行业，在我看来，周鸿祎的"战争角色"自有他的含金量，他起码让池水搅动起来，而不至于成为一潭死水。有媒体说，对于百度和李彦宏来说，一直很幸运，周鸿祎的"迟到"，也是李彦宏的幸运之一；兵临城下，百度"躺着赚钱"的日子会过去，李彦宏再次被人喊"你该睡不着觉了"。

但是，我在李彦宏去年的"年终总结"里，甚至更早的视频资料里，看见了他的淡然与从容，他在谈论幸福……"我有时候确实会睡不好，但我睡不好时很少会想到那些人，我想得更多的是我们的用户、客户，想得更多的是百度员工的发展。"偶尔也会睡着睡着就醒了，不是"发愁"，是想怎么做得更好；在清华演讲时候，有人提问："请问十多年来您怎么保持身材的？"他回答："关于身材的问题，是因为压力一直很大，所以胖不起来，每天都有很多事情要去担心，每天睡的时间也很少，就是自然变成这样，没有刻意。"

十多年来，百度换过很多个所谓的竞争对手。李彦宏说："我觉得还是我们自己把该做的事情做好了，才会有一个好的发展。而不是想办法把竞争对手卡死，我们就好了，这种看法不对。我们也看到很多其他领域里，有人把其他竞争对手弄死了，自己也没有什么好结果。对一个新兴产业、快速增长的市场尤其如此，这个市场再成长8倍、10倍，而你即使市场份额多几个百分点、少几个百分点，差别都不会太大。"

他承认，起初也有过"百度要完蛋"的危机感；一开始做百度，即2000年开始，就发现有白头发了。不过，他想得更多的是受众、员工，他说，睡觉前，还会想"谁放在哪个位置合适……"今年互联网大会上，有个花絮，网秦CEO林宇在大会演讲结束后给百度李彦宏送了一个安全帽，业内人士猜测，送一个安全帽给互联网有代表性的人物,暗喻移动互联网存在巨大的不安全因素,亟待增加"安全感",提升"幸福感"。

巧的是,李彦宏在一年前,就谈到"幸福感",或许,它真的是"安全感"的升级版。他曾经还感谢不安定感不确定感,"在我看来,这么多年百度做下来,恰恰是不确定导致了最后的创新,带来了发展的动力"。回忆开创时期,他说:"我回国时,很多人认为中国互联网大局已定,新浪、搜狐、网易三大门户鼎立,看起来再没可能塑造一个新互联网品牌。因此,百度刚开始定位于互联网公司背后的搜索引擎技术提供商。但是,对于一个初创的公司,百度逐渐面临很大的不确定性:我能够预见未来一年门户会用我的技术,但我看不到百度的未来,那么,百度的增长性如何保证? 百度持续研发的投入和创新如何维持? 只有改变商业模式。2001 年夏天,百度重大转型,从后台到前台,就做独立搜索引擎这一件事。"

在美国做中产阶级那会儿,李彦宏喜欢种满院瓜果,中国黄瓜、美国西瓜,中西合璧,悠闲自在。他对幸福感特别敏感。但是,既然创业了,而且把事业搞大了,或许那种"人愈强责任愈大"的信念也鼓舞、武装了他,他清新脱俗之下,其实也有一颗勇敢的战斗心,这从他的业余爱好、体育运动里,就可以窥见其强大而不安分的野心。他喜欢跳舞,"擦玻璃"是他经典、保留动作。他曾经疑惑,"不知道为什么北京 IT 界喜欢玩杀人游戏",后来他也被带进去,但是他仍然会"紧张"。李彦宏的爱好比较广泛,像打高尔夫、滑雪、游泳等,玩伴多数是在硅谷时认识的工程师朋友,还有公司的同事、合作伙伴、大学同学等。

他一直幸福着自己的幸运,并且贯穿在工作生活里。他常常不知道自己在电脑前是上班还是生活,但是那很自在、饱满。

企业家是科学家的升级版

据说,每一位叱咤风云的商业领袖心中都有一个关于成功的方程式。比如王石说:成功＝运气＋理想主义＋激情＋坚韧意志＋控制力＋自省力＋平常心－浮躁－懒惰－贪婪－依赖－没有同情心;比如任正非说:成功＝偏执＋勤勉＋狼性＋胆识。

李彦宏的答案更简单、更朴素,在做客中央电视台《对话》节目时,李彦宏娓娓道出了他心中关于百度的商业秘诀:成功＝技术×市场需求。

技术出身的他当然仰仗技术了。1997 年 2 月 5 日,一个名叫 Li Yanhong 的中国小伙子向美国专利局提交了一份名为"超文本文档检索系统和方法"的专利申请,这个专利在同年 7 月 6 日被批准,比谷歌创始人提交著名的 PageRank 算法专利早了一年……这位留学生就是后来创办了百度,并带领其迅速成长为全球最大中文搜索引擎的李彦宏。

当比尔·盖茨蝉联世界首富 18 年,有谁会关心因 Windows 而广为人知的窗口化操作系统,其专利实际属于以复印机产品而出名的施乐;如果没有创建百度,谁又会知道李彦宏的搜索引擎基础专利——"超链分析"甚至比 Google 的 PageRank 还要早。

优秀的工程师不一定等于优秀的企业家,技术天才不计其数,真正实现商业成就的则屈指可数。李彦宏最大魅力是由技术专家华丽转身为企业家。他说,市场经济环境下,做企业是改变世界的最佳途径,也就是他一直强调的"社会责任感"。

从 120 万美元的初始资金,到打造全球最大中文搜索引擎,李彦宏不仅实现了"技术改变世界"的梦想,并在更广阔的产业和社会领域创造着价值:百度的搜索推广服务超过 50 万家中小企业,帮助他们利用互联网更好地与市场衔接;百度联盟拥有 60 万家合作伙伴,今年一年,这些伙伴预计将从百度获得超过 20 亿元的推广分成。"最伟大的企业家做的就是这样的事,发现市场,创造市场,引领市场",在著名经济学家张维迎看来,"李彦宏是创造产业的企业家"。

　　百度的成功,与其说源于"更懂中文",不如说其更懂中国用户的需求——技术只是能力,而用户需求则是基础,如果两者剥离开来,再尖端的技术也只能孤芳自赏。百度发展从开始的一两个人到现在的 1.5 万人,远超李彦宏创业时的想象,这考验他的管理能力,他很强调高效的流程和制度,"想要做世界级的公司,必须要有世界级的流程"。

　　"2004 年我跟我妈妈说,如果我把这个公司卖掉的话,我估计我会成为亿万富翁,我妈说,你每天干得这么辛苦,你快卖掉算了,我说我不想卖,我不是为钱工作的,百度不是我一个人的。"

　　有人说:"你那么努力,其实是为资本操心。"李彦宏说:"在我心目当中,我从来没有觉得我要为华尔街打工,我不是一个打工者的心态。做百度的原动力主要不是为了挣钱,到现在我也不需要为挣钱而工作了。所以从这个意义上来讲,我并没有真正觉得华尔街给了我多大的压力,而更多的是我自己看到了这个市场的潜力,百度的影响力可以更大。"

　　在最近的一个榜单中,全球前 100 名的品牌依然没有一家来自中国内地的企业,这是一个遗憾,甚至是悲哀。与美国相比,看似红火的 IT 产业在中国并不大。关心排行榜的朋友会发现,全球市值第一的企业是苹果,互联网企业市值第二的是 Google,第三、第四是亚马逊和 Facebook。"中国已经是全球第二大经济体,却没有一家真正有全球影响力的中国品牌。"李彦宏希望更多民营企业会在不断研发追求创新的道路上越走越远,涌现出更多世界级的优秀品牌。

　　是的,他的野心,更多的是来自于他视野的辽阔、心胸的辽阔。

　　毕胜曾经这样评价他:"Robin(李彦宏英文名)放在哪里哪里亮。"他是发光体而不喧嚷,而且很安全。大部分美国留学生的太太都认为:"国内有风险,因为国内漂亮女孩多。"但是他太太难得开明,鼓励他,放他回国创业。他太太对他知根知底,知道很安全,所以更放心。他们认识一个月相爱,四个月后结婚。一个高智商才女品鉴过的男人，一定更靠谱。一个被枕边女人欣赏、放心的男人，就可以"放之四海而皆准"了。

最后，他对创业者有忠告是："做自己喜欢的事情，做自己擅长的事情。"

点评人：罗西 著名专栏作家，《创业天下》杂志执行主编，心灵牧师，电视台、电台嘉宾主持。在《好主妇》、《新民晚报》等全国50多家报纸杂志上开设过专栏。个人畅销专著有《性感是另一种高贵》、《比耳环更近的是耳语》、《你生命中的贵人往往是异性》、《创业很折腾》等30多部。

李东生：鹰的重生

【信件原文】

这是一个关于鹰的故事。

鹰是世界上寿命最长的鸟类，它一生的年龄可达 70 岁。

要活那么长的寿命，它在 40 岁时必须作出困难却重要的决定。这时，它的喙变得又长又弯，几乎碰到胸脯；它的爪子开始老化，无法有效地捕捉猎物；它的羽毛长得又浓又厚，翅膀变得十分沉重，使得飞翔十分吃力。

此时的鹰只有两种选择：要么等死，要么经过一个十分痛苦的更新过程——150 天漫长的蜕变。它必须很努力地飞到山顶，在悬崖上筑巢，并停留在那里，不得飞翔。

鹰首先用它的喙击打岩石，直到其完全脱落，然后静静地等待新的喙长出来。鹰会用新长出的喙把爪子上老化的趾甲一根一根拔掉，鲜血一滴滴洒落。当新的趾甲长出来后，鹰便用新的趾甲把身上的羽毛一根一根拔掉。

5 个月以后，新的羽毛长出来了，鹰重新开始飞翔，重新再度过 30 年的岁月！

这篇有关鹰的文章让我感触颇深,由此更加深深体会到 TCL 此次文化变革创新的必要性和紧迫性。

经过 20 多年的发展,TCL 已经从一个小企业发展成为一个初具规模的国际化企业,但一些过往支持我们成功的因素却成为阻碍我们今天发展的问题,特别是文化和管理观念如何适应企业国际化的经营成为我们最大的瓶颈。其实在 2002 年我们已经非常强烈地意识到这个问题,所以在 7 月 15 日企业文化变革创新的千人大会上我大声疾呼推进企业文化创新,并一针见血地指出了我们管理观念和文化上存在的一些不良现象。当年的 9 月 28 日,发表了"变革创新宣言书",当时该报告在员工内部引起了强烈反响。但 4 年过去了,我们在企业文化变革创新、创建一个国际化企业方面并没有达到预期的目标,我认为,这也是近几年我们企业竞争力相对下降、国际化经营推进艰难的主要内部因素。

近期,我们再次推动文化创新活动,我自己也在深深反思,为什么我们——以变革创新见长的 TCL——在新一轮文化创新中裹足不前?为什么我们引以为豪的企业家精神和变革的勇气在文化创新活动中没有起到应有的作用?为什么我们对很多问题其实都已意识到,却没有勇敢地面对和改变?以至今天我们集团面临很大的困境,以至我们在不得已的情况下再进行的改革给企业和员工造成的损害比当时进行改革更大?回顾这些,我深深感到我本人应该为此承担主要的责任。我没能在推进企业文化变革创新方面作出最正确的判断和决策;没有勇气去完全揭开内部存在的问题,特别是这些问题与创业的高管和一些关键岗位主管、小团体的利益绞在一起的时候,我没有勇气去捅破它;在明知道一些管理者能力、人品或价值观不能胜任他所承担的责任时,我没有果断进行调整。另一方面,从 2003 年 8 月份开始,我们两个重大国际并购项目客观上也分散了我和核心管理团队的精力和资源。国际化并购重组的谈判、筹建过程的复杂和艰难,及以后运作中产生的许多意想不到的问题和困难,也使我们很快陷入国际化的苦战之中,无暇顾及全力推进企业的文化变革与创新。而由于在企业管理观念、文化意识和行为习惯中长期存在的问题没能及时解决,从而使一些违反企业利益和价值观的人和事继续大行其道,令企业愿景和价值观更加混乱,许多员工的激情受到挫伤,利益受到损害,严重影响员工的信心和企业的发展,而这些问题又对企业、对国际化经营发展造成直接影响。许多员工对此有强烈的反映,但我一直没有下决心采取有效的措施及时改善这种局面。对此,我深感失职和内疚!从我自己而言,反思过往推进企业文化变革创新的管理失误,主要的有几点:

1.没有坚决把企业的核心价值观付诸行动,往往过多考虑企业业绩和个人能力,容忍一些和企业核心价值观不一致的言行存在,特别是对一些有较好经营业绩的企业主管。

2.没有坚决制止一些主管在一个小团体里面形成和推行与集团愿景、价值观不一致的价值观和行为标准,从而使企业内部形成的诸侯文化的习气长期不能克服,形成许多盘根错节的小山头和利益小团体,严重毒化了企业的组织氛围,使一些正直而有才能的员工失去在企业的生存环境,许多没有参与这种小团体和活动的员工往往受到损害或失去发展机会。

3.对一些没有能力承担责任的管理干部过分碍于情面,继续让他们身居高位。其实这种情况不但有碍于企业的发展,影响公司经营,也影响了一大批有能力的新人的成长。

久而久之,公司内部风气变坏,员工激情减退,信心丧失,一些满怀激情的员工报效无门,许多员工也因此而离开了我们的企业。回想这些,我感到无比痛心和负疚。在去年年底,我已经痛下决心要通过重新推进企业文化变革创新来真正改变内部一切阻碍企业发展的行为和现象。

过往几个月,集团的管理组织正在发生改变,我们决心通过推动新一轮的变革创新从而使企业浴火重生。经过集团几次战略务虚会的讨论,我们重新拟定了企业的愿景、使命和核心价值观。

TCL 愿景：成为受人尊敬和最具创新能力的全球领先企业。

TCL 使命：为顾客创造价值，为员工创造机会，为股东创造效益，为社会承担责任。

TCL 核心价值观：诚信尽责、公平公正、知行合一、整体至上。

我们正在讨论确定这些愿景、使命和核心价值观的内涵，和怎样将这些愿景和价值观植入我们日常工作的途径和方法；我们要开展一轮彻底的、触及灵魂的文化变革创新活动，这是决定我们企业兴衰的头等大事，我们决心要把这项活动扎实地推进下去！我在此呼吁：各级管理干部和全体员工要积极参与，大家充分沟通讨论，就我们的愿景、使命、价值观达成共识，并落实到我们的工作当中。要通过这个活动凝聚人气、唤起激情、树立信心，建立共同的价值观念和行为准则。

"鹰"的故事告诉我们：在企业的生命周期中，有时候我们必须作出困难的决定，开始一个更新的过程。我们必须把旧的、不良的习惯和传统彻底抛弃，还要放弃一些过往支持我们成功而今天已成为我们前进障碍的东西，使我们可以重新飞翔。这次蜕变是痛苦的，对企业，对全体员工，对我本人都一样。但为了企业的生存，为了实现我们发展目标，我们必须要经历这场历练！像鹰的蜕变一样，重新开启我们企业新的生命周期，在实现我们的愿景——"成为受人尊敬和最具创新能力的全球领先企业"的过程中，找回我们的信心、尊严和荣誉！

【背景回顾】

TCL 从 1996 年开始展开国际并购，几年时间就发展成为一个初具规模的国际化企业。2004 年，TCL 出资 3.149 亿欧元并购了位列世界 500 强的汤姆逊彩电,三个月之后,又并购法国通讯巨头阿尔卡特。当时,汤姆逊和阿尔卡特合计年亏损额高达 20 多亿元人民币,而 TCL 的净利润不过 4 亿多元。这两次"蛇吞象"式的并购给 TCL 带来了残酷考验,两年后,TCL 不仅国际业务全面亏损,连国内手机业务也迅速衰落,而此前,TCL 集团从来没有亏损过。雪上加霜的是,包括万明坚在内的众多高管相继离职。

李东生一下子被推倒了风口浪尖上,对照他在获得"CCTV 中国经济年度人物"时说过的"如果没有敢于成为先烈的勇气,你也不可能成为先驱"的话,人们一度将 TCL 视为国际化失败的典型案例,将他本人视为"先烈",TCL 被讽为"太差了",还有人开始预测,李东生到何时会辞职。李东生本是一个感性多过理性的完美主义者,激情万丈,然而彼时不得不背负着这些骂名和指责,两年里李东生瘦了 20 斤,脸上"简直是地狱的颜色"(牛文文语),内心的苦闷只能用沉默来掩饰。

【信件解读】

【变革意义】:阐述企业文化对国际化的决定意义

文化作为企业可持续竞争优势的重要来源,是企业国际化战略成败的关键因素。国际化战略目标对企业文化提出了更高的要求,面对国外市场不断变化的竞争压力和不确定性因素,企业文化必须具备一定的适应性和创新性。纵观商业史上探寻国际化道路的先行者们,只有那些最能够识别和协调文化差异,并充分利用文化来实现经营目标的企业才有可能获得显著的竞争优势。

TCL 在国际化进程中暴露出的文化融合、技术研发、管理观念等一系列问题,并非一天形成的,其实是积累了很久的问题。此前,李东生已经敏锐地意识到了企业的文化和管理观念必须要适应国际化,并呼吁推进企业文化创新。但 4 年过去,TCL 企业文化的变革创新方面并没有达到预期的目标,这也是其国际化经营步履维艰的关键原因。而《鹰的重生》一文,正是李东生重塑企业文化、力挽狂澜、扶大厦于既倒的尝试。

麻省剑桥 Hammer and Company 顾问公司经理迈克尔·海默认为,企业获得成功的主要原因,是吸引企业员工,建立共同的目标和价值观念,造成职工对企业的忠诚,使企业具有更强的凝聚力和向心力。良好的企业文化可以实现企业再造,实现事业的涅槃重生,李东生的成功之处,就在于首先从企业文化入手。TCL 正是靠着企业文化的变革创新,才终于逐步走出泥沼,使得国际化战略取得了阶段性的成功。

【深度剖析】:痛定思痛,主动担责,彻底变革

一家企业做强做大往往只有两条路:多元化与国际化。而李东生一向以产业报国为使命,可以说国际化是 TCL 必然要选择的道路,战略本身是没有什么问题的,只不过并购的方式、时机等技术问题或许存在可商榷之处。

很多大企业都经历过九死一生的过程,比如 20 世纪 90 年代,索尼因为并购哥伦比亚广播公司就出现了危机。相比联想、华为等企业,TCL 的国际化道路走得磕磕绊绊,甚至可以说是付出了惨痛的代价。但如果把 TCL 这个个案放到时代背景下,我们就会发现国际并购给李东生带来的冲击,是中国企业国际化、正规化、持续化道路上的一笔财富。TCL 经历的这个阶段,从企业的角度来讲可能是不可避免的。从这个角度来说,TCL 更值得我们关注,所有立志国际化的企业,都可以通过聚焦和剖析 TCL 的教训和经验,帮助自己少走弯路。

李东生经历了并购之初的痛苦,找到了问题的症结所在。他剖析了 TCL 存在的问题,这些问题对企业和国际化经营造成了不良影响。李东生更深刻自省,他总结了自己的三点失误,承担起了自己的责任。

这三点失误包括:没有坚决把企业的核心价值观付诸行动;没有坚决制止"山头主义"、"诸侯文化";没有果断"拿下"不称职的干部。其实,这三点管理上的失误,也是跟李东生感性多于理性的性格特点密切相关的,这使得他迟迟下不了"狠手"推进自己设想的企业文化变革。

但是,《鹰的重生》的发表,意味着李东生已经痛定思痛,义无反顾地走向企业文化变革创新的道路上来了。他不再对国际业务和管理流程做些修修补补的小手术,而是推倒重来,彻底变革。也只有这样,企业才能真的获得"重生"。

【浴火重生】:重塑企业文化,实现涅槃重生

变革总是要辞旧迎新的,而 TCL 的变革非常彻底。当时 TCL 内部一直存在着"山头主义"、"诸侯文化",面对国际并购而来的企业文化的冲击,原有企业文化的种种弊端已经成为阻碍 TCL 国际化的桎梏。

在信中,李东生明确提出 TCL 要秉承诚信尽责、公平公正、知行合一、整体至上的核心价值观,为顾客创造价值,为员工创造机会,为股东创造效益,为社会承担责任,这样才能成为受人尊敬和最具创新能力的全球领先企业。可以说《鹰的重生》一文是 TCL 触底反弹的典型标志。

新的愿景、使命和核心价值观,无疑引发了 TCL 的文化变革,也为 TCL 指明了发展方向。

再把 TCL 新的企业文化放在时代背景之下观察,我们看到的是一个立志百年的公司在奋斗历程中如何超越自我的迷茫探索和重获新生的阵痛。

TCL 企业文化的变革创新带来的不仅仅是企业文化的重生,它同时使得企业内部的观念、体系、系统、流程都得到了升华和改变,提高了企业的运作能力、创新能力和管理能力。重新拟定企业的愿景、使命和核心价值观,彻底推倒重来式的创新变革,不仅需要极大的勇气和魄力,更要忍受蜕变的痛苦。

【信件回音】

《鹰的重生》发表以后,首先在 TCL 内部引发了巨大的反响。在内部网站

上,员工的跟帖超过两万条,跟帖有的竟长达一万字,这些员工的肺腑之言很直率,有些甚至很尖刻,但大家都对企业倾注了浓厚的感情。很多员工是在后半夜和凌晨写的帖子,也有一些员工直接给李东生发去邮件,不少人为此度过了一个不眠之夜。大家纷纷表达了对企业文化创新活动的认同和支持,并热切期望通过这场触及灵魂的企业文化变革创新为企业赢得新生。

虽然这篇文章并没能立刻平息社会各界对他的质疑,但是却为他在企业家层面赢得了相当多的支持和尊重。有人评论说,李东生表现出了锐意变革、坚韧不拔的优秀企业家精神。时间证明,李东生的《鹰的重生》帮助 TCL 实现了"重生":不仅在 2007 年整体扭亏,而且在 2009 年第三季度实现海外业务盈利。2011 年则投资上马 245 亿元的 8.5 代液晶面板生产线,成为中国第一家全产业链彩电巨头。

经过凤凰涅槃式的重生,TCL 不再惧怕任何风浪与危机,它将走得更加自信稳健。

■■■ 专家点评 ■■■

陈润点评:重生就是一种改革精神

《鹰的重生》这篇文章成于 2006 年,它与两年前那场"蛇吞象"式的跨国大并购有关。2004 年 1 月 29 日,李东生与汤姆逊 CEO 达哈利签署合作协议,共同出资 4.7 亿欧元成立 TCL-Thomson 电子有限公司(简称 TTE),其中 TCL 出资 3.149 亿欧元,占 67％股份,这是中国企业第一次并购世界 500 强企业,TCL 借此成为全球最大的彩电供应商。三个月之后,TCL 又并购法国通讯巨头阿尔卡特。这一年,李东生获得"CCTV 中国经济年度人物",两年前他曾因 TCL 成功改制获此殊荣,领奖时他豪言壮语说:"如果没有敢于成为先烈的勇气,你也不可能成为先驱。"那时汤姆逊和阿尔卡特合计年亏损额高达 20 多亿元,而 TCL 的净利润不过 4 亿多元,等待李东生的将是一道令人胆寒的万丈深渊。

后来的故事千回百转,充满磨难,TCL 从此经历长达五年的亏损、低迷,直到 2009 年营业收入实现 442.95 亿元,利润 4.70 亿元,净利润 2.13 亿元,TCL 海外业务终于在第三季度实现盈利,并逐步整体性走出泥沼。五年间,李东生背负的骂名和指责不计其数,最初两年他瘦了 20 斤,牛文文说他脸上"简直是地狱的颜色";而 TCL 也几经挫折与困顿,甚至在资本市场戴了十个月的"ST"耻辱帽,人们将 TCL 视为国际化失败的典型案例。

从时点上看,《鹰的重生》一文正是 TCL 触底反弹的标志。此后由 TCL 员工"延安行"引发的文化变革,无疑让所有人找回"敢闯敢干"的决心和勇气。痛定思痛,李东生不再对国际业务和管理流程采取修补与改善,而是义无反顾地推倒重来,彻底变革。从那时起,TCL 已非背负汤姆逊和阿尔卡特步履蹒跚的病人,而是如虎添翼的雄鹰,以翱翔的姿态勇攀高峰。

如今回顾 TCL 的国际化历程,成败得失并没有外界想象的那么重要。因为 TCL 不只为家电行业探路,它还为日夜枕戈待旦,希望扬帆远航的优秀企业提供最实用、生动的"国际化教科书",为深处全球经济危机隐忧下的中小企业提供突围方法和重生智慧。不仅如此,对于这个日渐步入改革深水区的国家而言,人们更需要从企业家身上,重新找回"敢为天下先"的精神!

这种精神很容易让人将思绪回溯到 1992 年的深圳,"春天的故事"续写新篇,几乎整个广东都涌动着市场经济的春潮,距深圳不到 100 公里的惠州,一家名为 TCL 的企业正雄心勃勃。1981 年创办时,只是几间靠录音带和录像带维持生存的旧仓库;4 年后转型电话机生产,渐入佳境;到 1992 年,"王牌"彩电红遍大江南北,TCL 正式在家电行业站稳脚跟。

那是李东生职业生涯的第十个年头。1982 年,他自华南理工大学毕业,主动放弃公安局的铁饭碗到 TTK(TCL 前身)当工人。1995 年在北京面对外资品牌的联合剿杀,他拍案怒吼:"TCL 集团公司要做产业报国的'敢死队',我李东生就是'敢死队长'。"2004 年并购完成后,他豪情满怀:"我们这一代的人应该要勇于实践,我们要成为第一个敢于吃螃蟹的人。"李东生是一个感性多过理性的完美主义者,激情万丈,但豪迈与豁达是表象,隐忍与坚韧更符合真实。试想一下,无论是 TCL 创业时的产业转型,还是后来的产权改制、MBO,乃至国际化战略选择,哪一件不是大刀阔斧、生死攸关的大变革,除了魄力和胆识,更需耐心和妥协。

可以这么说,《鹰的重生》不是李东生在 2006 年为排解抑郁之气写就的心血来潮之作,"重生"精神也并非起于且止于那一年,它贯穿于这家企业 31 年的成长历程。站在今天的时点回望,TCL 已经穿越大洋彼岸,知道深浅,掌握方向,而大多数国内同行还在对岸徘徊犹豫。而且,经过"鹰的重生",TCL 不再惧怕任何风浪与危机,这种自信与骄傲,只有"死过一回"的人才能体会。

百舸争流,千帆竞渡,无数本土企业浩浩荡荡扬帆国际化的画面,正是这个国家拥抱世界、影响全球的缩微景象。无论是 TCL 30 年间的重生蜕变,还是中国 30 多年的改革开放,都与一个词有关:"中国梦",它充满激情与苦闷,也写满光荣与梦想。

点评人:陈润 财经作家,国内多家知名商业杂志专栏作家,中央人民广播电台经济之声特约评论员。专注于商业史、企业史研究,对家电行业、互联网、教育培训行业长期关注,著有《生活可以更美的》、《大逆转》、《赚钱是一种信仰》、《理想是用来实现的》、《全球商业一百年》等。

06

六 人生低谷

黄光裕：我的道歉和感谢

【信件原文】

所有关心我的朋友：

您好！

8月30日上午，我接到了法院的终审判决，我尊重人民法院的判决结果。我真诚地向关心我、爱护我和帮助过我的人郑重道歉！

非常感谢国家和政府，在我接受刑事调查后，尽最大的可能，保护了国美，帮助企业恢复了正常运转，这是对我本人和国美最大的关怀！

同时，感谢国美的管理团队和广大员工，没有你们持久的贡献，国美就不能发展成为具有国际竞争力的民族企业。在此，我想对每一位国美员工说：谢谢您！

还要感谢一直支持我和国美发展的全国消费者、海内外股东、供应商、银行、媒体等社会各界的朋友，感谢你们对我和国美的关心和支持！

我非常想念父母、妻子、孩子、妹妹，还有我的其他亲人，以及同事和朋友们。我非常抱歉，让你们因为我承受了巨大的煎熬和痛苦！

我知道，有不少正在创业的年轻人，曾经把我当成学习的榜样，但是我现在非常惭愧。请你们一定要吸取我的教训，只有遵纪守法，努力学习，完善自我，才能真正实现事业的成功！

我将从现在开始，以实际行动争取早日重返社会，更好地担负企业家的社会责任，为国家和社会再作出应有的贡献！

我相信，我有新的开始……

黄光裕

2010 年 9 月 3 日

【背景回顾】

1986 年，17 岁的黄光裕随其兄弟来到北京，用 3 万元的贷款开始了家用电器的经销。截至 2008 年，在"胡润百富榜"中，黄光裕以 430 亿元财富第三次当上"中国首富"。

2008 年 11 月，黄光裕以操纵股价罪被调查。2010 年 5 月，黄光裕案一审判决，法院认定黄光裕犯非法经营罪、内幕交易罪、单位行贿罪，三罪并罚，决定执行有期徒刑 14 年，罚金 6 亿元，没收财产 2 亿元。随后黄光裕上诉，8 月 30 日，北京市高级人民法院对黄光裕案进行了二审宣判，终审对黄光裕的判决维持不变。

黄光裕获刑后，陈晓正式出任集团主席，随后引入贝恩资本。贝恩资本持有国美电器股权 32.26%，仅次于大股东黄光裕家族的 33.98%。为了夺得国美电器最后的掌控权，陈晓与黄光裕的冲突明朗化。

在"国美之争"的关键时刻，深陷牢狱的黄光裕写了这封关于"道歉与感谢"的信。

【信件解读】

【姿态之变】：姿态放低，表达忏悔、宽容和道歉

草根出身的黄光裕，曾被业内普遍认为是一个具有狼性血液的开拓者，他聪明但尖锐刻薄，即使面对非议也相当霸道。然而，在这封信中，黄光裕就像变了一个人一样，变得恭谦而真诚。

信中总共用了六个"感谢"或"谢谢"来表达自己在入狱之后对国家、投资者、媒体、公众和员工的感谢，用了四个"抱歉"和"惭愧"表示对所有关爱和帮助过他的人道歉。那个像发怒的狮子一样咆哮的"教父"不见了，字里行间展示的，是一个忏悔、宽容真诚的反思者。

黄光裕自从 2008 年 11 月 17 日被警方带走，已经在公众视线里消失了差不多整整 1 年 10 个月的时间了。也许，牢狱生活让黄光裕有了更多的时间思考和沉淀，在经历过诸多身心的磨难和煎熬之后，他已经懂得隐藏起自己的锋芒。

从榜样到罪犯的无奈现实，也许比任何说教都更有说服力，黄光裕从意气风发的中国首富的宝座上一下跌落到失去自由的囚犯，显然这种落差给他的心理上带来了巨大冲击。他很聪明，真诚地感谢和道歉，能为自己的形象加分。

黄光裕理应忏悔，此前他以钱开道，熟练运用各种潜规则，兴风作浪，终于身陷囹圄。如今如若困兽，原罪交给历史、现罪交给法庭。忏悔，是唯一的自我救赎之道。

希望黄光裕的忏悔能完成自我救赎，希望牢狱之后，他能以全新的姿态回归。

【攻心之术】:温情路线,彰显自己对公司的责任心

这封信虽然只有 475 个字,但实际上是一张好牌。如前文所述,这封信是在"国美之争"的关键时刻发出,可以认为是争取国美电器控制权的舆论武器,尽管信中对于股权问题只字未提。

自 8 月份黄光裕家族向国美电器董事会发出要求罢免现任董事长陈晓的信函以来,双方就全力以赴为 9 月 28 日召开的特别股东会备战。黄光裕不会容忍自己的"孩子"改名换姓,而管理层也捆绑在一起站在对立面。

黄光裕选在此刻发表公开信,一改强势面孔,而改走温情路线,彰显的是自己对国美公司的责任心。错了就要承认,错了就要改正,这种勇于承担责任的态度,是能够提振公众和投资者的信心的。

在信中,黄光裕还不忘告诫曾以他为榜样、正在创业的年轻人不要重蹈覆辙,要吸取他的教训,遵纪守法。作为一名公众人物,这样的表态,比遮遮掩掩给自己找借口要光明磊落得多,更容易得到年轻人的支持。攻心战,应该说颇为有效。

黄光裕现在与董事会之间正是剑拔弩张的时候,发出这样一封攻心之信,争取人们的宽容与支持,从战略角度来讲,时机非常巧妙。他很容易争取到机构投资者和散户的支持。当然,这些支持者的能量能否帮他制胜,还不得而知。

黄光裕说自己将从现在开始以实际行动争取早日重返社会,更好地担负企业家的社会责任,为国家和社会再作出应有的贡献。股权争夺的胜利,不过是黄光裕从头再来的副产品。如果黄光裕能够恪守自己的这个诺言,那么他必将会拥有新的人生。

【低谷感悟】:在牢狱生活中学会敬畏、感恩和淡然

有人曾说,没有经过牢狱之灾的人生不是完满的人生。这话当然偏激了,不过,牢狱生活给人的感悟,确实比平常的日子深刻得多。

在狱中,不长的时间里,黄光裕就能从以前的飞扬跋扈变得低调而内敛,他一定是学会了敬畏。创业阶段的黄光裕或许正是凭着"天不怕地不怕"的冲劲把国美发展壮大的,但是这种性格是一把双刃剑,一旦失去了敬畏,这种冲劲就会变成不择手段。

康德的墓碑铭文上刻着:"有两种东西,我们愈是时常愈加反复地思索,它们就愈是给人的心灵灌注了时时翻新、有加无已的赞叹和敬畏——头顶的星空和心中的道德法则。"在黄光裕迅速崛起的背后,也许就是缺乏这种敬畏感,以至于自己最终超越了法律的界限,不仅让自己失去了自由,更给国美带来了巨大的灾难。而如今,黄光裕的改变,说明他已经有了这种敬畏感。

铁窗里的黄光裕还变得更加淡然和感恩。感恩这个时代,感恩日益规范成熟的商业规则,否则他永远不可能获得东山再起的机会。

人生遭受了这么大的磨难,愚蠢的人会让怨恨相伴,而聪明的人则应该学会释怀和感恩。聪明如黄光裕者,理应懂得如何选择。

【信件回音】

这封信发出的时候,让很多人几乎惊掉了下巴。而他的意味深长的结束语"我相信,我有新的开始"更让充满霸气的黄光裕变成了一个迷途知返的修道者。结合当时的背景,很多人认为这是黄光裕打的一张"感情牌",是争夺国美控制权的一种手段。

从商业角度来讲,这封信的确可以看作黄光裕的一种"公关手段",投资不大,而收效明显。不过,这封信绝不单纯是一种心理战术,其中的真情流露,相信是人生低谷处的黄光裕的真实感悟。

黄光裕既然把国美当作自己的孩子,自然不愿意把"他"过继给"养父母",因而发出这么一封情真意切的信来争取"抚养权",也是无可厚非。中国社会是一个宽容的社会,我们希望看到曾经走向歧途的黄光裕有一个全新的开始。

■░░ 专家点评 ■░░

张小平点评:黄光裕的忏悔

自从 2008 年 11 月 17 日被警方带走,黄光裕已经在公众视线里消失了差不多整整 1 年 10 个月。在 2010 年 8 月 30 日终审判决之后,身在狱中的黄光裕于 2010 年 9 月 5 日[①] 21 时终于再次发出了自己的声音。

和从前的意气风发与不可一世相比,经历过诸多身心的磨难和煎熬之后,黄光裕向社会和公众表达了自己的深深忏悔之意。

通过这篇名为《我的道歉和感谢》的公开信,我看到的是黄光裕的这样几种心态——

△平静。人往往要在某种极限的状态或境地之中,才能更加清晰地看清自己。在经过了漫长的侦查阶段及痛苦的一审和二审之后,黄光裕终于恢复了平静,开始冷静地接受现实。这种心态,将有助于他理智地面对漫长的刑期和冰冷的监狱。

△感恩。人生遭受了这么大的磨难,愚蠢的人从此让怨恨相伴,聪明的人则学会了释怀和感恩。值得黄光裕感恩的人确实很多。但他更应该感恩的是这个时代。如果没有这个混乱无序却又生机勃勃

---

① 黄光裕写信是在 9 月 3 日,由《21 世纪经济报道》记者从其家人处取得并发布是 9 月 5 日。

的时代,他也许一直是南方乡村中那一个穷小子。

　　△**思念**。身陷囹圄,当然加倍思念自己的亲人和朋友。尤其在经历了高管的集体背叛之后,亲情更显得弥足珍贵。

　　△**悔恨**。没有任何背景的黄光裕,仅凭自己的聪明、勤奋和能干,创造了一种全新的商业零售模式,创建了一个影响无所不在的商业帝国,自己也数次荣登中国首富宝座,一度成为中国所有穷小子奋斗创业的最佳楷模。但他显然辜负了这种厚望,最终与社会的黑暗面同流合污,也让自己从榜样变成了罪犯。黄光裕当然应该道歉!他比唐骏聪明得多,能及时、真诚地进行公开道歉。

　　△**激情**。和大多数从监狱里发出的庸俗、虚假、滥情的来信相比,黄光裕这封公开信虽然简短,却仍然充满了真情。尤其是最后两句话,让人看到了他未熄的激情和未灭的斗志。他说:"我将从现在开始,以实际行动争取早日重返社会,更好地担负企业家的社会责任,为国家和社会再作出应有的贡献!我相信,我有新的开始……"

曾经的黄光裕很聪明,也很尖锐、刻薄——

记得国美电器一位原高管,这样描述了他眼中的黄光裕:某年公司的年会,在开了总经理大会之后,举行了宴会。在表演了节目后,大家强烈要求黄光裕上去发言。当晚,黄光裕喝了不少酒,脸红通通地就上去讲话:"你们今天在这里玩得都很开心,我也算开心。但是你们有谁想过我的负担有多重,压力有多大?你们每时每刻都可以从国美全身而退,而我呢?我永远也退不了!退了也不可能全身!"

黄光裕接下来的话让所有在座的人始料不及:"你们这几天的表现我都看在眼里,别以为我不说话就是好糊弄的。你们那点小九九我是心知肚明!别看你们喊我黄总黄总,你们心里怎么埋怨甚至诅咒我的话心里跟明镜一样。"台下的总经理们面色各异,大部分人张大嘴巴面面相觑,个别人面无表情、正襟危坐,如泥塑木雕。

黄光裕不管不顾,脸上带着讥诮的笑继续说了下去:"你们现在翻翻口袋,哪个口袋里的钱不比我的多,我的口袋是空空如也!不要以为你们做了什么我不知道,有几个人能站出来拍拍自己的胸脯说,'黄总,我的口袋是干净的'?你们其实都比我强,你们老婆孩子一家人和和美美。而我有什么?我的个人的钱在哪里?都是你们的,都是国美的,都是社会的!我就是一个表面上的风光。但是你们在座的有几个能理解我心中的苦?!"

一通牢骚发完,他就从台上下来扬长而去,台下响起几声礼节性的稀稀落落的掌声……

如今的黄光裕学会了忏悔、宽容和道歉,他也因此更显聪明。

他在公开信中这样说:"感谢国美的管理团队和广大员工,没有你们持久的贡献,国美就不能发展成为具有国际竞争力的民族企业。在此,我想对每一位国美员工说:谢谢您!

还要感谢一直支持我和国美发展的全国消费者、海内外股东、供应商、银行、媒体等社会各界的朋友,感谢你们对我和国美的关心和支持!"

这和原来飞扬跋扈的黄光裕形成了鲜明对比。

人容易背弃上帝而寻求自身的安全与独立,并因此不惜借助一切手段,比如对自己的能力产生虚妄的幻觉,或者靠不断攫取权力和财富来巩固自己的地位等等。

"我永远也退不了!退了也不可能全身!"黄光裕当时很清楚自己将要面临的结局。现今,他果然身陷囹圄。原罪的交给历史,现罪的交给法庭。黄光裕现在更应该花时间思考的,恐怕是自我救赎的问题。

其实,黄光裕可以从自己信仰的宗教中,找到这种自我救赎的力量。比如说忏悔。

什么是忏悔？忏悔就是对于罪性的自觉，或者说是对人类生存悲剧性的自觉。中世纪的经院派神学家说："悔改是为已犯的罪哭泣，并决意不再犯那使人哭泣的罪。"幸运的是，因为世俗的奔波而日益疏离上帝的黄光裕，终于有足够的勇气和耐心回归并忏悔！

希望他有一个全新的开始。

点评人：张小平 商业观察家，新唐智库、CEO品牌网创始人，《商业文化》杂志副主编。曾荣获"2010年度蓝狮子中国最佳本土商业作者"，"2012年度和讯华文图书大奖"之"最佳公司传记图书奖"。著有《再联想：联想国际化十年》、《首富长青：刘永行刘永好兄弟中国式创富》、《首富真相：黄光裕家族的财富路径》等书。关注研究领域有：互联网趋势、CEO品牌建设、企业品牌提升和文化建设、企业风险防范等。

牟其中：狱中书简

【信件原文】

代牟其中发表这篇狱中书简，以飨关心的朋友们！

2005年4月，《中国企业家》杂志刊出了《牟其中狱中来信》，对郎咸平提出的中国民营企业家一律天生具有原罪的观点进行了批判。网易立即予以转载，并进行了网上投票调查。我的支持率为45％，郎咸平为54％。在郎旋风所向披靡的当年，我们捋了虎须，的确是一道疾风劲草的风景。

此次已是我第三次入狱，前两次经中央当时主要领导人干预，均已获得了平反。这一次也必然再度获得平反。原因十分简单，中央和全国公众都高度关注着这个案件，众目睽睽之下的假案，不可能长久维持下去。

我案还有一个重大的特征：公、检、法三家的具体办案人员一直站在我们一边，一直不停地为我们申诉，为了彰显法治，追求公平、正义，甚至寻求媒体监督的支持。《法人》杂志2004年5月号上有该刊记者采访知情法官，记述法官遭受巨大压力的报道；2007年1月16日《新京报》上有该报记者采访湖北高法刑庭法官，透露湖北高法已请示报告要求再审我案的报道。这让我十分感动。

　　预审中我接触到的公安、检察人员，感情上也站在我一边，一位公安预审人员公开说："很多事情你牟其中知都不知道，怎么说得清楚？"一位检察官说："你是世界名人，开庭时有许多国际国内媒体旁听。每一件证据都需要经得起反复推敲才行。"当时我的确说不清楚，自己一头雾水。以后法庭作出了"南德与信用证无关"的判决。对与自己没关系的人和事，我怎么可能讲清楚呢？

　　党和国家高层领导人在 2003 年年底也作出了要求在法院系统依法处理的批示。

　　没有中央的这一原则规定，没有办案人员顶住巨大压力的据理力争，我案的申诉不可能进展到今天的地步。

　　我案目前成为一个法院审了 12 年、休庭了 5 年有余、审到了不敢开庭地步的案件。世界上哪里有法庭怕被告的道理？哪里有被告一再要求开庭，法庭闪烁、推诿的案件？猫怎么可能害怕老鼠呢？

　　我案件目前仍然是个未结案件。

　　我案仍为一个未结案件的定性，不但有诉讼代理人手中湖北高法《延期开庭审理通知书》作物证，还有 9 月中旬湖北省人民检察院正式接待小夏时的证言。这位检察官说，该案是未结案件。并说，湖北省高法也承认该案至今未结。

　　希望能在媒体的新闻监督之下，维持最起码的人权与法治尊严，要求把全社会高度关注的牟其中案件审完，得出结论，让全社会在电视机前或网络视频上，从公开再审牟其中的法庭上，判断牟其中究竟是有罪还是有功？

　　我与南德理事会，特别是夏宗伟，能十数年如一日满怀信心地坚持申诉，没有如绝大部分遭受冤屈，但努力几年无果之后选择妥协的人一样的根本原因，是我们始终认定牟其中案件是一个公共事件，不是个人安危、荣辱的私事。

　　既然法庭、法官在高压下仍然坚持南德与信用证无关，但却被以诈骗信用证的事实判处有罪,那么,背后肯定存在着巨大的黑幕。

如果仅仅把南德理解为一个以营利为目的企业,把牟其中理解为一个企业家,那么一定无法解释南德与牟其中的许多行为。目前社会各界看不懂牟其中,只能纷纷猜测的原因,也在于此。

南德作为中国经济体制改革的试验田,自觉地承担着先行先试排头兵的责任。

中国现代化的运动,从 1840 年开始计算,至今已走过了 169 年。169 年的探索、试验,教训多于经验,失败多于成功,但正是这些探索、失败才成为邓小平提出改革开放路线的坚实基础。

我是一个爱国主义者,从小读史,对祖国的积弱不振,常常激动得泪涕纵横。经历了"大跃进"、"三年困难时期"、"文化大革命"(我家 5 口人中,饿死了 2 个人)之后,自然对邓小平提出的中国特色社会主义理论有了亲切的感情。

既然有了如此的思想准备,法庭、监狱、家人离散等等常人视为地狱之火的痛苦,对我来说也就成为争取中华民族复兴必须付出的代价。

唯一感到遗憾的是对家人、朋友正常人生道路的冲击,不能尽父亲、丈夫、朋友的人伦责任。

如果失去了这一精神支柱,我是不可能一次又一次、如此长久地在不同的监狱中,始终如一地保持着旺盛的斗志的。

第一次的牢狱之灾,单独关押于死牢之中,倒是读了不少马克思、恩格斯艰深的哲学原著,接受了十分纯粹的哲学训练。人的大脑,似乎与地壳一样,也有空间距离的深度,只有在极度的空宁中才可能钻探得更深,稍有杂念,则只可能浅尝辄止。难怪陈独秀说,世界上只有两个出思想的地方,一是监狱,二是科学家的实验室。

这一次牢狱之灾虽然时间最长,但没读什么名著,主要原因是没有时间也没有环境。经营南德时,虽然商旅繁忙,但我有条件安排几个人专职为我读书、读报。每天把重要的媒体文章摘要送我。双休日则去京郊潭柘寺后山茶园,一边品茶,一边倾听他们对出版新书的介绍。此次狱中生活更似一名与腐败势力搏斗的战士,每天得浏览十余种报刊,重点阅读我了解的一些公共知识分子,例如吴敬琏、周瑞金、茅于轼、秦晖等几十个人的文章。通过他们对社会的观察、抨击,努力保持自己与被高墙阻隔了的这个社会的同步思考。所以,每天忙得不亦乐乎,往往需要加班加点。

除读报之外,雷打不动的活动就是跑步。运动量的确惊人,每天 40 分钟之内,或跑楼梯上下各 100 层,或平地跑 6000 米。八九年以来,无论冬夏寒暑、春节元旦,从未中断过一天。我知道自己对国家、对社会、对家人、对朋友欠账太多,还有许多事要做。第一次牢狱之灾结束时,全国流行一个口号:"把'四人帮'耽误的青春夺回来",以此激励学生苦读、工农拼命干活。

每当跑步体能耗尽,气喘吁吁,本能停止下来时,我就自勉:"把监狱耽误的时间夺回来",于是又昂头向前了。

最近,我已正式向南德理事会提出了"再干一个 20 年"的口号。综合各方面的因素考虑,是可以做到的。

需要 20 年干什么呢?继续南德智慧经济生产方式试验,完成智慧经济的企业模型。

大家只了解南德完成了飞机易货、全世界第一颗电视直播卫星的研发、满洲里的建设开发等奇迹般的经营业绩,大家并不了解以上业绩是在我们中央银行——人总行——不断发文严禁任何金融机构为南德提供贷款的条件下完成的。

南德凭什么创造了奇迹呢?我戏称南德发现了空手道经济现象。所谓空手道经济现象,即是不拼资源、不拼资金,而是重视员工的个人智慧的一种生产方式。可惜不少思想僵化、不学无术的财经记者,竟然把人类经济史上的这一最伟大进步,与经济犯罪视为同义语。似乎只有对资本顶礼膜拜,浪费更多自然资源才是值得尊敬的生产方式。

南德试验遭到了更多的不理解，我经常感到的是伽利略、哥白尼等人的苦恼，经受的是布鲁诺的命运。

虽然南德在 1996 年已发表了被当时有人誉为继《人权宣言》、《共产党宣言》之后，可能对世界进步产生重要影响的《智慧经济南德宣言》，但当时我们对智慧经济生产方式更多是停留于现象的观察和感觉阶段，还无法作出价值观层面的政治经济学证明。

这次十年的监狱生活，给予了我这样一个机会，对南德试验发现的可与西方文明孕育出工业文明生产方式相媲美的智慧文明生产方式进行科学的论证。

被捕前 22 天——1998 年 12 月 16 日——我写出了《海日生残夜，风正一帆悬——南德智慧经济试验报告之一》，描绘了智慧经济冲破资本主义生产方式层层暮色，喷薄而出的壮丽景观。

入狱之后的第 6 年——2005 年 7 月——我写出了《一项可能解决人类贫困的生产方式的试验——南德智慧经济试验报告之二》。第一次认识到了智慧文明生产方式是消灭人类贫困的唯一科学途径，把智慧经济与扶贫事业联系了起来。

去年——2008 年——我的研究集中于智慧文明生产方式的基础——新劳动价值论。目前基本框架已经完成，在最近写的《高山流水遇知音》一文中，已披露了不少内容。平反之后我会集中一段时间整理出版。

与其被定格为悲情英雄，我更认定自己是一名"一种全新生产方式的开拓者"。大约我充满传奇色彩一生最后的归宿就是看见了智慧文明时代生产方式桅船的桅杆，看见了一个全新时代的曙光。

我一生蹲了三次监狱，共计愈 16 年之久。每一次都与一篇文章相关。三次监狱苦难，三篇里程碑式的文章。

　　第一次是组织了《马克思主义研究会》，批判"文化大革命"，纲领是《中国向何处去》。该文的价值是把此前人们认为水火不相容的社会主义与商品生产两个概念结合起来了，提出了在共产党领导下，建立商品生产秩序的设想。

　　第二次在收容所中，写出了《论中国特色的社会主义学说和我们的历史使命》。该文写于1984年元旦，是我国第一篇把中国特色社会主义视为一个理论体系，而非一句时髦政治口号的文章。文章除了明确提出社会主义商品生产概念之外，还指出了我们这几代人的历史使命是实现中华民族的伟大复兴。

　　第三次在监狱中的时间最长，研究成果也最大，完成了新劳动价值论的研究，从而把智慧文明时代的生产方式置于了科学的基础之上。

　　我赞成此次金融危机是世界经济失衡的结果，把危机根源归结为华尔街高管们的贪婪，是肤浅的。自利是任何人的本性。出路在于如何解决世界经济平衡的问题。对我国来讲，就是如何增加城乡居民的财产性收入，大力发展能持续增加城乡居民财产性收入的民营经济，形成两头小、中间大的橄榄型社会结构，即极富与极穷的阶层人数均十分少，中间社会阶段庞大。果能如此，内需就上来了，许多社会问题也就解决了。

　　资本市场的发育对正在完成工业化的我国经济讲来固然十分重要。但这已是社会的热点，不需我去特别关注。平反之后，我更关注的是"吸引和管理智慧能力"的智慧市场和智慧经济企业模型。因为在智慧经济时代，这是比资本主义生产方式更有效率、更大规模的一种生产方式。对此，我在祝贺李开复"创新工场"开业的《高山流水遇知音》一文中已作了粗浅的说明，可供你们参考。

　　南德试验中由于我只感觉到了有一种有别于目前主流生产方式的生产方式存在，但却还没有找到与这种生产方式相适应的管理方式，所以无意中伤害了不少满腔热情投身南德事业的员工。这也是引发不少人批评南德管理混乱的原因。当时我已感觉到了以资本为中心生产方式管理的最高原则，即以人格化的资本——老板——为中心的原则，不可能适用于以智慧——人的创造性思维——为中心的生产方式，但又苦于找不到恰当的新的管理原则。一切都在试验之中，不免对习惯于工业文明生产方式管理原则的员工产生了伤害，这是我至今引以为憾的。

南德在国内外还有几十亿元的资产可以收回，更重要的是在我已掌握的智慧经济生产方式中，资本不是第一位的要素，所以这方面不需要更多的帮助。

但是，我特别需要与更多的认可智慧经济生产方式的朋友合作。1996年，当我第一次认识到了智慧经济生产方式核裂变的威力时，兴奋之余贸然提出了《十年之内进入世界十强》的奋斗目标。现在回想起来，不觉感到汗颜，就如刘姥姥进了大观园，探宝者突然闯进了聚宝窟一样手脚无措。

我今天之所以对此反思，并非十年之内达不到十强的目标，但以我今天的认识，提出如此功利的浅薄目标，似乎仍然不免散发着不少民营企业家中一夜暴富之徒的粗俗。我平生最看不惯的是为富不仁、恃强凌弱和骄奢淫逸。

所以，在2005年7月写的《南德智慧经济试验报告之二》中，我已把南德发现的这种效率极高、规模极大的全新生产方式与解决人类贫困的伟大目标联系起来了。

最近，在规划平反之后的新南德时，提出的口号是再干一个20年，目标是帮助更多家庭摆脱贫困，帮助更多自信者成为成功的企业家。

爱因斯坦的名言："人生的意义在于奉献，而不在于索取。"十年之内达到十强，总难免带点赛富、索取的味道，格调太低了。

匆忙之中的狱中书简，疏漏之处难免。

牟其中

【背景回顾】

牟其中，1941 年生于四川万县，南德集团前董事长。一生入狱三次，第一次是在 1975 年，他因为一篇《中国往何处去》的长文，被打成了反革命，4 年后平反；第二次是在 1983 年，他在重庆做了一万个仿制的"555"牌座钟，再倒卖到上海去，被政府以投机倒把罪收押，关了一年多；第三次是在 1999 年，他因涉嫌信用证诈骗罪被刑事拘留，并于 2000 年 5 月 30 日被判处无期徒刑（后改为 18 年有期徒刑）。

牟其中是个传奇人物，曾经当过"首富"，也曾经被人称作"首骗"。他 300 元钱起家，办了三件大事：飞机易货、卫星发射、开发满洲里。其中，用轻工产品从苏联换回 4 架图－154 民航客机的跨国生意，使他一夜成名。

在监狱里待了十年，他仍然没有放弃自己的雄心壮志，期待出来后继续大有作为。

【信件解读】

【不屈申冤】：以情动人，不停喊冤

尽管在狱中待了十几年，牟其中仍然如祥林嫂一样喋喋不休地向外界申诉着自己的"冤情"。对于这个人，人们毁誉参半，而他自己显然坚定地认为是蒙受了不白之冤。有人说：中国的企业家是改革开放的"试错品"。如果这个说法成立，那么牟其中尤为不幸，他可以说是"试错品"中的"试错品"，进监狱对他来说是家常便饭。因为，他做的事，都是别人没有做过的，无从参照，也不知对错。政策和法律，跟不上他的大步向前。

在这份传出的"狱中书简"中，他大篇幅引用旁人的言行来反证自己的无

辜:"公、检、法三家的具体办案人员一直站在我们一边,一直不停地为我们申诉,为了彰显法治,追求公平、正义,甚至寻求媒体监督的支持。"而且,他还透露党和国家高层领导人在 2003 年年底曾做出要求法院系统依法处理的批示。"没有中央的这一原则规定,没有办案人员顶住巨大压力的据理力争,我案的申诉不可到今天的地步。"

这些不同形式的支持与关切令牟其中对"平反"信心十足,他甚至要求司法部门在媒体的新闻监督之下维持最起码的人权与法治尊严,"要求把全社会高度关注的牟其中案件审完,得出结论,让全社会在电视机前或网络视频上,从公开再审牟其中的法庭上,判断牟其中究竟是有罪还是有功?"

字里行间,不难看出牟其中的鸣冤沉静而理智,毕竟牟其中时年已 68 岁高龄,年近古稀,早已不惑。况且在监狱服刑整整 10 年,无论人生心境和抗"灾"能力都千锤百炼,不会再年轻气盛,遵循"有理不在声高"的古训,这位传奇老人只会以情动人。

【狱中生活】:规律而充实,为出狱做准备

已经年近七旬的牟其中,在武汉洪山监狱服刑,据说这个监狱条件比一般的招待所还要高档,住的地方有空调、室内淋浴、冰箱、微波炉,服刑人员还可定期购买食品。牟其中在监狱里比较轻松,但他把每天的时间安排得很紧凑,生活很有规律。大多数时间,他都在反思、读书、写作,手稿已达数百万字。

除此之外,牟其中还坚持每天跑步锻炼身体,并且运动量惊人。他每天早上 5 时 15 分起床,绕着监狱内的小篮球场跑几十圈,直到全身汗流浃背。午休后就来回爬楼梯——六层楼上下十几趟,高度相当于爬了一座纽约帝国大厦。

而且,他还坚持洗冷水澡,做自编的体操,即使数九寒天,或者春寒料峭都雷打不动。他滴酒不沾,每周供应的两次肉也忍住不吃,以此增强体魄。牟其中的身高超过 1.8 米,现在的体重为 170 斤左右。十年前显得臃肿的体态,现在已经改变了。因此,有人说他是"六十多岁的身体,三十来岁的心脏"。

牟其中非常遵守监狱制度,在考核极为严格的洪山监狱,他从未有过违纪的行为发生,还多次获得表扬。这也使得他继无期徒刑改为 18 年有期徒刑之后,又获得了减刑的机会。

牟其中在狱中已待了 10 年,但他的梦想从未终止,他计划出去之后进行三个"最宏大也最科学的发展计划":发射 88 颗低轨道卫星、开发西伯利亚、喜马拉雅耕云播雨工程。他的计划依然是那么"超前",或者说是"骇人听闻"。

【南德实验】:探索先进生产方式,做改革的试验者

牟其中曾说:"我是改革开放的先行者、试验者、捍卫者。"这样的人,是注定要走一条前人没有走过的路的,牟其中的性格中,先天有这种开拓者的因子。早在 19 岁时,生性爱好折腾和冒险的牟其中,便在一首《虞美人》的词中写下了"莫道大好河山无人顾"这样豪迈之句。

牟其中曾创造过神话,也曾提出过惊人的点子。比如,他曾提出要把喜马拉雅山炸个缺口,让印度洋暖湿的季风吹进青藏高原;他还要为中国海军买一艘苏联航空母舰……他是中国第一位登上瑞士达沃斯"世界经济论坛"的企业家,也是富豪榜上第一位落马者。他是改革的先行者,也是一位"失败者"。

牟其中的商业意识总是超前而又孤独。他创业的年代,外部环境比现在更加恶劣无序,他的每一次行为,总是走在制度的前面,总是撞上铁壁,他想打开外界的束缚,注定了要碰得头破血流,这就是先行者的悲哀和需要付出的代价。

然而,牟其中超前的思维绝不会因与实践的断裂而止步不前,他也绝不会因为个人的际遇放弃自己的试验。先行者不仅仅是"试错者",他们往往也是"殉道者",然而从牟其中的信中来看,他依然选择了走下去。

夏宗炜说:"老牟爱说'大话'的毛病没改,他是一个喜欢生活在梦中的人,一旦失去了梦,他的精神将会崩溃。"也许,正是他的梦,支撑他不断寻找最合理的、智慧经济型的"新南德"。

【信件回音】

从这封信来看,牟其中是一位喜欢思考的人。他给人的印象似乎不是个商人而是个文化人;这个人是生活在理想之中的。他似乎不满人们不理解他的"满腔报国心",但他并不绝望,他对这个案子平反很有信心,他坚信自己能够东山再起。这是一个意志坚强的人。

对于信中表达的"冤情",很多人认为牟其中太过偏执,他这个年纪,最好不要再把时间浪费在申诉上,不如申请假释。一个人意志力再强,调控力再强,也需要适应的时间。早日假释,早一天自由,才有可能实现他的那些对未来的构想。

专家点评

罗天昊点评:雄才误人

激流浊流,浪里分不出有没有。

读牟其中的狱中书信,让人对这个功罪集于一身的人有了立体的感受,神还是魔,一切都需要从时代背景去解读。

牟其中平生三次入狱,前两次都在中央主要领导干预下,获得了平反,这是他的当下第三次为自己申诉的底气。牟其中也充满期待:在众目睽睽之下的假案,不可能长久维持下去。

牟其中希望能够在电视上公开其审判视频,以判断是有罪还是有功。

牟其中认为,如果仅仅把南德理解为一个以营利为目的的企业,把牟其中理解为一个企业家,那么一定无法解释南德与牟其中的许多行为。

而事实上，这就是牟其中今生最大的错误。

被捕前22天，牟其中写出了《海日生残夜，风正一帆悬——南德智慧经济试验报告之一》，在这篇文章里，牟其中描绘了"智慧经济"的蓝图。一直到入狱之后的第6年，亦即2005年，牟其中还写了一篇《一项可能解决人类贫困的生产方式的试验——南德智慧经济试验报告之二》的文章，提出智慧文明生产方式是消灭人类贫困的唯一科学途径。而早在1996年，牟其中就已发表《智慧经济南德宣言》，他将这个宣言拔高到"继《人权宣言》和《共产党宣言》之后，可能对世界进步产生重要影响的著作"。其心态之狂妄，可见一斑。

某种意义上说，牟其中绝对是一个富有思考能力，并且洞察社会大势的人。他一生蹲了三次监狱，写了三篇文章，第一篇为"文化大革命"时期写的《中国向何处去》，第二篇为改革初期写的《论中国特色的社会主义学说和我们的历史使命》。这两篇文章在当时，都有一定超前性，提出了建设市场经济的设想，牟其中有某种穿透历史的惊人能力。

纵使在监狱中，牟其中对于当下的全球经济危机，以及中国面临的问题，也有透彻的认识。他认为，本次世界金融危机是世界经济失衡的结果，但是把危机归结为华尔街高管们的贪婪，是肤浅的。自利是任何人的本性。出路在于如何解决世界经济平衡的问题。对中国讲来，消除两极分化，形成橄榄形的社会结构，才能解决经济问题。而这种预见，却是为中国未来需要努力的方向之一。

牟其中称，不能把南德仅仅理解为一个企业，言下之意，不能把牟其中仅仅理解为一个企业家。

为什么？牟其中到底想干什么？

在很多人眼中，牟其中是一个富有梦想的人，这种梦想不仅在商业领域，更远远扩展到其他领域。

牟其中曾经提出过要炸喜马拉雅山，让印度洋的季风吹进来；还提出南水北调的思路，牟在90年代初、中期提出过一个"三峡移民构想"，把一部分三峡移民移到美国,每两个移民在美国开一个连锁店,有多少开多少。让留下来的移民专门种植农作物,供那些连锁店卖。据说,牟还真的召集这些移民开会;牟甚至还设想开发满洲里;最后,乃至于设想用7.65万美元兼并国有企业,他有一句"名言":"世界上没有办不到的事,只有想不到的事。"其想象之瑰丽,构思之宏伟,抱负之远大,曾一度赢得无数人的崇拜。

正是由于这些太过于宏大的抱负,使牟其中的社会角色定位,远远超过了其能力和地位所及。很多设想,根本不是一个商人可以完成的,甚至不是政治领袖可以完成的,可能需要几代领袖才能完成,比如三峡工程,从孙中山、毛泽东到邓小平,一直到江泽民时代才完工。牟其中的设想,无疑将自己置于旷世伟人、人间圣贤与领袖的地位上,而在现实中,并没有给予他这个人生舞台。

牟其中手中只有南德,于是,牟其中欲以南德为底牌和基地,完成其种种不符实际的宏伟抱负。

一个人发狂并不可怕,可怕的是认认真真的发狂。为此,当牟其中不得不依靠其仅有的人生舞台——南德的时候,做大南德,无疑是一种非常现实的需要,由此,产生种种急功近利的举动,直到最后违法,乃是必然,从这个意义上说,是走火入魔的雄才大略与宏图大志,葬送了牟其中的人生。

但是,这种过错,又并非牟其中一人。冯仑曾说过,企业家不要去做政治家的事,但是,当一个人具有政治领袖的器局与才识时,一个开放的、多元的社会,应该成就一切有梦想的人,而为什么在中国,一个人的社会角色如此难以改变?近年来的阶层固化,更加大了社会垂直流动的难度,与改革初期相比,中国的社会活力日益丧失,个人实现抱负、改变身份的机会日益萎缩,或者,这才是牟其中悲剧的深刻根源。

为其中惋惜,为苍生叹息。

点评人：罗天昊　　国务院国资委商业科技质量中心研究员，长江商学院原高级研究员。主要研究国家战略、区域与城市竞争。著有《大国诸城》。

企业家来信 21

黄宏生：快乐的意义

【信件原文】

秋的夜晚，一轮明月在浩瀚的星空中光耀夺目。我们创维的同仁，是否有联想到精美的月饼盒上印有"嫦娥奔月"的梦境神话已经鱼跃到人类现实的生活中？你是否留意，就在 2006 年的 9 月，美国企业的女富豪花了 2000 万美元，乘太空船上宇宙旅行？

只见一飞冲天的火焰，在千钧重压的极限中，红尘落定，星河泛起，人的生命融入一片星光璀璨的意境之中。她得到了地球上多少钱都买不到的痛苦和快感，她挑战了常人想都不敢想象的神话，她揭示了人类那无限的创新精神和冒险精神。

进入了 21 世纪，人类似乎对生命和意志力的挑战愈加兴致盎然。有人目光远大而上"天堂"去探索；有人意志顽强，则不惜到大海去旅行。就在中秋前夕，太平洋彼岸又传来令人惊叹的传奇：一位 71 岁的老人，著名 IT 制造大厂台达电子退休老总村田和雄先生，展开其完全不同的挑战——独自驾驭一艘小船，从亚洲日本的一个港口，横渡风急浪高的太平洋，驶向彼岸 13000 公里之遥的美国旧金山。其间孤独无援的三个月行程中,他要在恶劣无常的海洋气候中寻觅正确的航向,他要在缺食少水的漂泊中留住年老的生命,他一次又一次地从海浪颠覆的死亡边缘中逃生。最后他终于穿过咆哮无边的大海,胜利地抵达旧金山的彼岸。

曾经驰骋企业竞争沙场的老将,退休后通过一种全新的尝试,挑战生命和意志力的极限,真是可歌可叹,尽显人类生生息息的挑战本性。

相对于上述"上天堂,下海洋"的挑战,创维的创办人黄宏生本人是没有那么光荣了。他在参与创维500亿元新里程的目标征程中,不幸遭暗箭强射落马,被迫到十八层的地狱长征。那深处的空间有限,但他的心中却扬起自由的风帆;那里的生活没有日新月异的精彩,却有他平静求知的精神富足;他领悟到人生有前进的一面,却也有回首的一面;为了完成未来繁重而伟大的梦想,他需要养精蓄锐。尽管与大家分离有三个月了,他信仰的力量却没有减弱。他勇敢地面对痛苦,并产生了更大的力量去克服,从而体会到快乐的意义。

无论上天堂抑或下地狱,或在地球上阳光明媚的岗位上作业,人类有生以来都要面对形形色色的挑战。吃完甜馅的中秋月饼后,我们还是要面对企业如临大敌的竞争环境。就以上半年的创维运营来讲,我仔细拜读了人事局送给我的各种报表,发现做到盈利绝非易事。一个十分突出的挑战就是,消费电子的行业不断制造惊人的平板跌价,创维分布在各个产业公司的库存除净之后,大多数的事业部情况并不乐观。如何力挽狂澜,创造下半年同期增长的盈利,这绝对是我们每一位创维人的挑战。我们必须面对无处不在的挑战而未雨绸缪。

我不时想到咱们CEO张学斌的巨大压力,另一个对他以及对每一个事业部总裁的巨大压力是庞大的经营费用在无止境地增长。也许艰苦朴素的革命传统已经丢到了围墙之外,每每慷企业之慨的大手笔活动代替了创维"精打细算"的美德,结果总是费用上天,红旗却落地(亏损见红)。

　　世界著名的企业界圣书《从优秀到卓越》告诉我们，企业界的精英团队，时刻要面对无比残酷的事实，时刻要在危机来临前作出挑战的突破，才能浴火重生，迈向成功的里程碑。而企业的员工，才能领略到那种战胜险恶之后的成就感、幸福感，才能领略到登山英雄王石那种"欲穷千里目，更上一层楼"的崇高境界。

　　让我们树立面对挑战的坚强意志吧。创维18年来，一直在大风大浪的挑战中成长。可是这一次，可谓内外交困，祸不单行，其严峻程度胜过18年来任何一次的灾难。一方面，养育2万多人的电视产业转成平板后，其盈利空间越挤越微；另一方面，海外业务及应用电子面临困境。我们的愿望是，要通过下半年180天的冲刺，把创维既定的盈利抢回来，把我们的优势夺回来，把创维人的那种不败精神激发出来！

　　蒙难的两年来，我对生命的挑战与意义又有了更深层次的认识。我看到不少名商贵人顶不住人生的打击，含冤而死。短短一个时期来，有海关高官不满突然袭击，跳楼自尽；有警队的红色接班人愤恨极权部门的卑鄙手段而两度轻生，最后英年早逝。也有名商人士，大敌当前人格反叛，将"责任"推卸给昔日的战友，甚至以无中生有的编造，换取自己的苟延残喘，从此销声匿迹。当然，更多的人临危不惧，活在坚强的信仰与自尊中。其实，人生有顺利的时候，也有不顺甚至不公的时期。如果你热爱生命，热爱生活，勇于挑战逆境，战胜平庸，快乐将永远相随着你！

　　你问我会不会万念俱灰，生不如死？我的回答是：肯定不会！相反，当我们有机会再见面时，一定是看到红光满面、笑容可掬的老板。因为我的心始终与你们火热的产业竞争伴随在一起。每一份来自战地一线的报告和数据都让我如临其境。你们每一个新产品的消息、每一点的改善、每一处流程中费用的降低，以及每一个产业公司的进步，都让我激动万分。活在这样一个充满斗志的创维生命中，我怎么会孤独呢？

我希望与创维的同仁们分享快乐的意义。如果你的孩子几经努力，考上了向往的名牌大学，你是不是一定会开心得跳起来？如果你的事业部挑战了自我，盈利有突破性增长，远胜于别的同行，你的成就感是不是与众不同？你年纪轻轻就克服了同龄人所没有面对过的困难，你是不是前途无量？挑战一个瓶颈，就赢得一个胜利，更形成了你卓越的性格，最后在你们的精神财富中注入了意志与快乐。你成为真正主宰自己命运的人，是一个永远幸福快乐的人！

我衷心地为所有的创维同仁们祈福！

2006 年 10 月 12 日

【背景回顾】

黄宏生是创维创始人、原创维集团兼创维控股董事局主席。1956 年生于中国海南岛，他出身贫寒，"文化大革命"时曾下乡劳动，之后进入华南工学院无线电工程系深造，毕业后在华南电子进出口公司当助理工程师。1988 年，黄宏生移居香港创业，先后失败了三次，但他没有放弃。2000 年，黄宏生的公司以科网概念股包装在香港上市，集资 10 亿港元。

2004 年 11 月，在香港廉署"虎山行"行动中，身为第十届全国政协委员的黄宏生被拘捕。2006 年 7 月黄宏生及其胞弟、创维前执行董事黄培升因串谋盗窃及诈骗上市公司资产等 4 项罪名成立，被判监禁 6 年。以职业经理人张学斌为首的创维管理团队发挥了积极作用，创维安稳地度过了这次危机。

这封信是他在狱中所写。2009 年 7 月，黄宏生被保释出狱。2012 年 8 月 9 日，黄宏生以集团顾问的新身份重返创维。

【 信件解读 】

【平稳过渡】:"老板进去,企业倒下"的悲剧没有发生的原因

2004 年冬天,黄宏生因涉嫌造假账被香港廉政公署拘捕,创维就此失去了"老板",进入了自己的冬天。在"老板进去,企业倒下"的商业生态圈中,人们普遍认为失去黄宏生的创维也将难逃这种命运,将很快由鼎盛走向衰落。

不过,这次发生了奇迹,老板黄宏生进去了,创维不仅没有倒下,反而站得更稳、跑得更快了。结合黄宏生信中谈到的,我们发现奇迹发生的原因可以归结为两个:一是选择了合适的职业经理人;二是健康的财务状况。

事件发生后,在与黄宏生完全失去联系的 48 小时中,以张学斌为首的创维职业经理人团队发挥了他们应有的作用。他们良好的职业素养和忠诚度经受住了考验,保证了创维的正常运转,并使事件的负面影响降到最低。

张学斌们首先想到的是企业,而不是个人,是救危而不是夺权。他们成立危机处理领导小组,张学斌四处奔走,争取了经销商、银行、原材料厂家的公开声援,使得创维渡过了第一道难关。为了复牌,张学斌请教了香港专家,并按照专家的意见进行了布置,这对创维恢复公信力以及之后的复牌起了关键作用。

2004 年中期财报显示,公司创造了 2 亿多元利润。"在行业里面利润是最好的。"第二年更好。

另外,创维稳健的财务风格也起到了很大的作用。如果没有充足的现金流,企业很难渡过危机,黄宏生事件发生时,创维的银行存款保持在 10 亿～20 亿元,这是一笔能救命的钱。这一点,值得企业家们重视。

【充分授权】:充分授权,发挥职业经理人的积极作用

在中国,很多老板不愿意放权,一个原因是怕被"架空"甚至被踢开,另一个原因则是控制欲太强、专制。结果,很多老板累死累活甚至身体早早垮掉,而企业的持续健康发展依然无法解决。

中国很多企业家不敢信任职业经理人,是有现实的原因。在中国,大多数的职业经理人都有所谓的"创业"意识,对老板的忠诚度可能不是那么高。今天我为你打工,只是为明天我自己当老板铺路。这些人掌握着企业的核心技术、机密、人才,一旦成为老板的竞争对手,就麻烦了。这正如蒙牛之于伊利,步步高之于小霸王,这样的对手最可怕。

不过,显然出身贫苦、对钱财一向谨慎的黄宏生对张学斌充分放权了。虽然,这个授权是张学斌主动跟他要的。当时张学斌面对创维混乱的组织结构和错综的人际关系,而自己这个中国区总裁没有实权,根本无法发挥自己的能力。

于是,张学斌决定伸手向黄宏生要权:成立彩电事业部,要这个事业部的经营权、人事权、财务权,3000万元之内,不需要老板批准。事实上,经营过程中,超过3000万元的支出很少。结果黄宏生当时就签署了给张学斌的授权书,这么大的权限也彰显出黄宏生的气魄。

黄宏生的放权没有错。在黄宏生2004年11月至2009年7月失去自由期间,以张学斌、杨东文为代表的职业经理人,不仅没有像国美陈晓那样开展"去黄夺权"运动,而且把创维经营得蒸蒸日上,比黄宏生在的时候业绩还要好。黄宏生出狱时,他的个人资产已增值了10倍。当然,张学斌等几百名职业经理人,也由于期权鼓励而收获颇丰,双赢。

事实证明,在商业社会,一个强大的团队,远比独立巅峰的创业英雄更为强大和重要。

【后台遥控】:后台遥控,保持自己的影响力

黄宏生事件发生后,为了取信于香港联交所和投资者,黄氏家族集体撤出创维的领导层,这也是惯例。2006年1月11日,创维股票复牌;次月,黄宏生的妻子林卫平女士即成为创维数码执行董事。这也说明，黄宏生虽然充分放权，但是对职业经理人并不是完全放心。他要随时了解董事会的动向。

要让企业的创始人真的完全放心地把企业交给他人管理，他们多多少少还是有些割舍不下的。创始人往往把企业看成自己的孩子，生怕孩子在"后妈"手里出现什么岔子。对于黄宏生来讲，他是幸运的，他亲自培养的职业经理人没有辜负他的期望。

但是，这种创始人的心理，注定了他不能容忍企业忽略自己的存在。于是，他采用后台遥控的方式继续保持自己对企业的影响力。哪怕所有权和经营权完全分离了，这种精神上的维系依然无法割断。

黄宏生入狱后，每月两次的探视时间保证了他与企业的联系不被中断，除了探视以外，黄宏生的这封狱中来信，不就是这种后台遥控的生动体现么？"我不时想到咱们CEO张学斌的巨大压力……每每慷企业之慨的大手笔活动代替了创维'精打细算'的美德，结果总是费用上天，红旗却落地（亏损见红）。"

这样的语言虽然不是指令性的，但是其中蕴含的意义，下属们岂会看不明白？

【信件回音】

正如黄宏生自己在一封信中所说，创维如今进入了一个"后老板"时代，一个由现代企业家团队引领的巨型组织前进的时代。所以，黄宏生不能再对具体的经营事务"指手画脚"，即使参加会议讲话，也只能讲一些宏观的，比如产业、理念等等。

在狱中的时候，心系创维的黄宏生不得不甩手，但他依然通过书信发挥着他的影响力。或许正如他自己的信中说的，快乐的意义在于主宰自己的命运，在于成就感。身在狱中，人身自由都主宰不了的黄宏生，对于缔造创维的成就感,或许才是他快乐的最大意义。如今,身为集团顾问,终于名正言顺地回到创维,这份快乐将赋予黄宏生更多的人生意义。

韦三水点评:心灵的救赎之路

2012 年 8 月 9 日,创维数码发布公告"黄宏生先生被聘用为集团顾问,为期一年"。在经历一番跌宕起伏之后,创维创始人黄宏生以新身份重返创维。56 岁的他精神很好:"身体比以前更好,性格比以前风趣多了,偶尔还会讲讲笑话,现在比以前更放松了。"对过去 6 年的图图日子,黄宏生不避讳,但显然不愿多谈。他说,一切向前看。

但正如黄宏生自己所说:"只有被火烫了,才知道什么是疼。"而英国诗人拜伦的一句话,或许更与黄宏生的感慨形成呼应:"无论头上是怎样的天空,我都准备承受任何风暴。"

众所周知,创维自成立以来,一直都在大风大浪的挑战中成长。2004 年的"虎山行事件"中,黄宏生与其胞弟黄培升在香港的港政公署被拘捕,后被裁定为串谋盗窃及诈骗等 4 项罪名,分别被判入狱 6 年。

这一消息的传来,对创维无疑又是一次致命的打击。自从"陆华强事件"以来,创维的士气遭到了很大的挫折。2000 年,集团副总陆华强携创维 150 多名中高层集体跳槽。不得不说,人生几起几落的黄宏生,在亲政时代,由于待人处事小气且疑心颇重的小商人缺点,让那些围绕在他身边的职业经理人们感到很痛苦,也逐渐引起了他们的猜疑。这从财政的归属权上就可以看出,由于缺乏安全感,黄宏生一直将财务体系交由自己的嫡系亲信把控,他们的执行权甚至要高于其所属部门的负责人。除此之外,他还时时监控公司内高管的出勤情况,甚至还会直接找一些员工谈话。

在黄宏生看来,这些或许都是他理所应当做的,因为在内心深处,他对职业经理人是非常不信任的。"投之以李,报之以桃",黄宏生给他的职业经理人们投的不是"信任的李子",所以职业经理人们报之以他的当然也不是"信任的李子",而是"猜疑的桃子"。公司高管的频频出走,给创维带来了很大的负面影响。前面提到的"陆华强事件",就是对创维生死攸关的考验:创维股价大跌、公司亏损严重、人心不稳。

苏霍姆林斯基曾经说过:"对人的热情,对人的信任,形象点说,是爱抚、温存的翅膀赖以飞翔的空气。"此时的创维经理们多么想获得黄宏生的"信任和热情",因为"不信任"给他们带来的同样是缺乏安全感。经过"陆华强事件"后,黄宏生开始渐渐明白"用人不疑,疑人不用"的道理了。在这一方面,曹操做得最好。他身边有很多的能人贤才,为了迎接一位谋士,曾经赤脚相迎。他的爱才和渴慕人才的心态在《短歌行》中被淋漓尽致地刻画了出来:"山不厌高,海不厌深。周公吐哺,天下归心。"

遭到重创后的创维,重新调整了自己的战略。2002 年,黄宏生果断对公司进行治理结构的改革,加大授权力度,让公司的 800 名管理层人员和骨干员工获得了股票期权。同时,有着慧眼的黄宏生将张学斌纳入自己的旗下,并给予他充分的权力。可以说正是由于张学斌的加入,创维才没有在"陆华强事件"中倒下去,临危受命的张学斌担任了创维的 CEO。三年之后经历黄宏生事件后的创维在张学斌的带领下,不仅渡过了难关,而且还超越了黄宏生时代。

从幕后走到讲台前的张学斌在黄宏生入狱后,开始对创维进行全面的改革——"加减法":"减法"是对内销体制进行改制和改良,此外还以低价转让了创维移动 80% 的股权;"加法"是创维向新领域产品的进攻。2011 年,创维总营收 281.37 亿港元,比 2004 年时的 104 亿元人民币多出一倍以上,并进入了"彩电三强"的行列:创维、TCL 和海信。

可以说，这一切与张学斌的付出是分不开的，同时也反映出黄宏生对张学斌充分授权的"英明"。黄宏生和他的职业经理人团队之间保持着清醒和明智的理念，尤其在黄宏生入狱之后，创维并没有出现"鹬蚌相争"的局面。身为老板的黄宏生隐身幕后，从公司的文化和运行上来作些指导。而张学斌每有重要决策，也会聆听黄宏生的意见，缘于他对自己的清醒定位——"打工的"。

"创维如今进入了一个'后老板'时代，一个由现代企业家团队引领的巨型组织前进的时代。这是我一直以来所期盼的，因为在全球企业发展的长河中，很多世界级的公司已经成功地代代相传，给予了新兴的中国企业以光明的前景。"而黄宏生在狱中写给创维董事局扩大会议信中的内容正在成为现实。

如今经历过五年监狱生活的黄宏生已经不是原来的那个自己了："经过这么多事情，我终于想通了一个道理，企业小的时候百分之百的钱都是自己的，企业大了以后，一切都是社会的。"

"精神永存，只有在心灵深处的追求达成一致，你才会被认可。电视剧《亮剑》里男主角李云龙创造了一个师的灵魂，人不在了，但是灵魂代代相传。军中如此，企业也如此。"黄宏生走出囹圄对媒体的这番表白，显然为他和创维的过去、同样也为他和创维的未来，写下了一种令人意味深长的注脚。

点评人：韦三水　财经作家、整合营销专家以及媒体人，曾为《第一财经日报》核心创始团队成员。现为北京三十度空间传媒创始人兼总裁、中国品牌营销学会常务理事，以及对外经贸大学 CSR 研究中心副主任（特聘）。产业经济观察者、现代新国企论提出者。2008 年被中国生产力学会等权威机构评为"改革开放 30 年中国策划标志人物"。相继出版了《谁人不识宁高宁》等多部财经著作。

图书在版编目(CIP)数据

企业家来信 / 张小平等编著. —杭州:浙江大学
出版社,2014.7
　ISBN 978-7-308-13112-4

　Ⅰ. ①企… Ⅱ. ①张… Ⅲ. ①企业管理—通俗读物—
Ⅳ. ①F270—49

中国版本图书馆 CIP 数据核字(2014)第 074064 号

企业家来信

张小平等　编著

策　　划	杭州蓝狮子文化创意有限公司	
责任编辑	黄兆宁	
封面设计	红杉林文化	
出版发行	浙江大学出版社	
	(杭州市天目山路 148 号　邮政编码 310007)	
	(网址:http://www.zjupress.com)	
排　　版	杭州中大图文设计有限公司	
印　　刷	杭州钱江彩色印务有限公司	
开　　本	700mm×960mm　1/16	
印　　张	16.5	
字　　数	218 千	
版 印 次	2014 年 7 月第 1 版　2014 年 7 月第 1 次印刷	
书　　号	ISBN 978-7-308-13112-4	
定　　价	42.00 元	